COLLECTION ARTHUR SAVAÈTE A 3 FRANCS 50

LES BRÛLOTS ANGLAIS

en rade de l'île d'Aix

(1809)

PAR

J. SILVESTRE

AVEC UNE PRÉFACE

DE **M. Frédéric MASSON,** *de l'Académie française*

ET

suivi d'un Dictionnaire des termes de marine

PARIS
ARTHUR SAVAÈTE, ÉDITEUR
15, RUE MALEBRANCHE, 15 (PANTHÉON), Ve.

ARTHUR SAVAÈTE, ÉDITEUR, 15, RUE MALEBRANCHE, PARIS

VOIX CANADIENNES : VERS L'ABIME

Par Arthur SAVAÈTE

8 forts volumes in-8°. Ont paru jusqu'ici :

TOME I *(Épuisé et en réimpression)* revu et considérablement augmenté Wilfrid Laurier; Biens des Jésuites, le Tri-centenaire, suivi de trois Causeries Franco-Canadiennes relatifs au libéralisme canadien et questions annexes, 1 fort vol. in-8° . . . . 7 fr. 50

TOME II : Tri-centenaire ; Programme catholique ; l'Université Laval et son enseignement ; Mémoire de Mgr Laflèche à la S. C. de la Propagande et conséquences de ce mémoire. Un vol. in-8° . . . . 5 fr. »

TOME III : Polémiques, *La Source du mal de l'époque au Canada* ; Mgr Laflèche et l'irrégularité de la fondation de la succursale de Laval à Montréal ; Les Canadiens catholiques et Léon XIII ; Mgr Laflèche prêtre et évêque ; Influence indue du Clergé ; Opinions des évêques ; Solutions. Un vol. in-8° . . . . 5 fr. »

TOME IV : La fondation de la succursale de Laval à Montréal ; Critiques de Mgr Laflèche ; Mémoire d'Odet d'Orsonnens à la S. C. de la Propagande ; l'Illégalité de la succursale : Procès et plaidoyers pour et contre la légalité de la succursale ; Le Bill, l'École de Médecine et de Chirurgie de Montréal. Un fort vol. in-8°. . . . . 7 fr. 50

TOME V : L'Université Laval ; Mémoire de MM. Trudel et Desjardins ; Documents pontificaux et épiscopaux ; Opinions légales ; Le comité épiscopal et les Délégués de l'École de Médecine et de Chirurgie ; Condamnation de l'École et ses appels au Saint Siège ; L'École exécutée quand même, intervention de Rome ; Procédés devant Mgr H. Smeulders, délégué apostolique ; L'Université Laval et les Jésuites : le procès Landry contre Hamel et le cardinal Taschereau. Un fort vol. in-8°. 7 fr. 50

TOME VI *(Sous presse)* : Mgr Laflèche, évêque des Trois-Rivières et la division de son diocèse avec documents. Un fort vol. in-8°. . 7 fr. 50

TOME VII : Les Écoles du Nord-Ouest canadien : historique de la question : Mgr Taché et les Écoles du Manitoba ; Mémoire du même ; Autres opinions ; La loi réparatrice ; L. O. David et les évêques ; Éducation au Canada et le Droit international ; Manœuvres de W. Laurier ; Mgr Merry Del Val au Canada. Un fort vol in-8° . . . . 7 fr. 50

TOME VIII *(En préparation)* : Suite de la question des Écoles au Nord-Ouest canadien jusqu'à nos jours. Un fort vol. in-8° . . . . 7 fr. 50

AUTRES OUVRAGES DU MÊME AUTEUR

Les Naufragés de Kertugal (roman). Vol. in-12. . . . . 3 fr. »
Les Rivales Armes (roman d'aventures). Fort vol. in-8 . . . . . . [illegible]
Zuléma [illegible] In-8 . . . . 3 [illegible]
Odila, [illegible] en 5 actes et en vers . . . . 3 [illegible]
La Dame Blanche du val d'Halid. Vol. in-12 carré. . . . . . . 2 [illegible]
La Main Noire *(suite du précédent)*. In-12 carré . . . . 3 [illegible]
Les Vengeurs de la Main Noire. Vol. ill. . . . . 7 [illegible]

SOIRÉES FRANCO-RUSSES

1re Soirée : Mort de Louis II de Bavière dans le lac de Starnberg. Vol. in-8. 3 »
2e [illegible] Le Drame de Meyerling. Mort de Rodolphe. In-8. . . . 3 [illegible]
3e [illegible] Boers et Afrikanders avant la Guerre. In-8 . . . . [illegible]
4e [illegible] Choses d'Orient. Vol. in-8 . . . . [illegible]

Les Leçons de l'Histoire contemporaine. Vol. in-8 3
Études sur Joseph de Maistre. Vol. in-8 . . . . 2 » »
La Ferriade, évolution fantastique d'un insecte politique. Vol. ill. et en vers. 1 » 50
En préparation : La Fille du Lépreux (Drame) . . . . 3 » »
Le Sauvage du Mont Pelé (roman) . . . . 3 » 50

LES BRÛLOTS ANGLAIS

en rade de l'Ile d'Aix — 1809

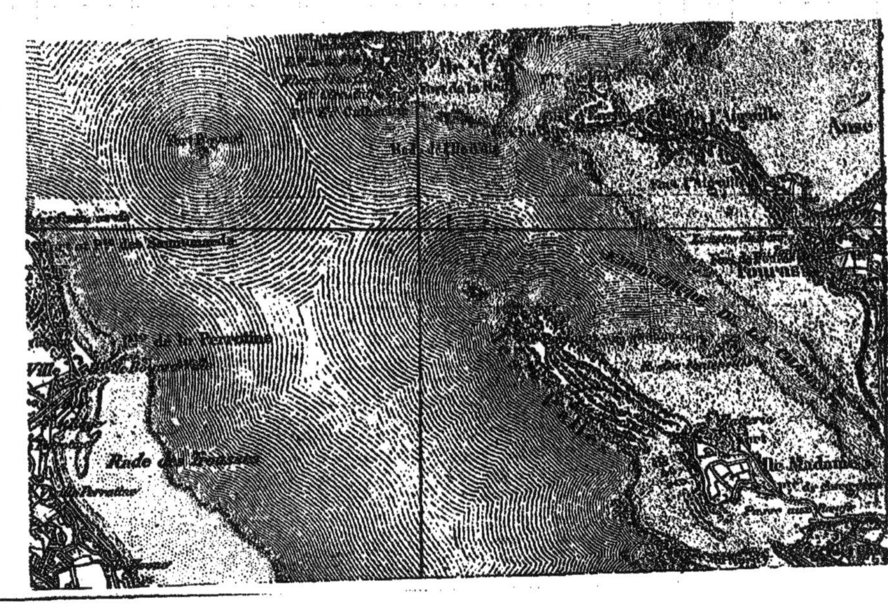

Collection Arthur Savaète à 3 francs 50

LES BRÛLOTS ANGLAIS en rade de l'île d'Aix (1809)

PAR

J. SILVESTRE

AVEC UNE PRÉFACE

DE M. Frédéric MASSON, *de l'Académie française*

ET

suivi d'un Dictionnaire des termes de marine

PARIS
ARTHUR SAVAÈTE, ÉDITEUR
15, rue Malebranche, 15 (Panthéon), Ve.

OUVRAGES DU MÊME AUTEUR

A LA MÊME LIBRAIRIE

Numismatique de l'Asie orientale : *Monnaies et médailles de l'Annam et de la Cochinchine française.* Saïgon, 1880 (*épuisé*). — *Chine et dépendances, Laos, Cambodge, Siam.* — *Monnaies circulantes dans les pays d'Extrême-Orient.*

L'empire d'Annam et le peuple annamite. Aperçu sur la géographie, les productions, l'industrie, les mœurs et les coutumes de l'Annam. Paris, 1889.

Politique française dans l'Indo-Chine : Annam, d'après le cours professé à l'École des Sciences politiques. Paris, 1898.

Considérations sur l'étude du Droit annamite. Paris, 1901.

La Malmaison, Rochefort, Sainte-Hélène. Rochefort, 1902.

Rochefort, Château et Châtellenie (1047-1666), Rochefort, 1899.

Henri de Cheusses, dernier seigneur de Rochefort, et sa famille. Rochefort, 1908.

De Waterloo à Sainte-Hélène. Paris.

Renaudin et le vaisseau Le Vengeur. Rochefort, 1911.

PRINCIPAUX OUVRAGES MIS A CONTRIBUTION

BESNARD. — *Lettres du canonnier Besnard (1809-1814)*. — « Bulletin de la Société de géographie de Rochefort ». T. XXIV, n° 3, p. 199.

Biographie Michaud : « Allemand ».

HENNEQUIN. — *Biographies maritimes* : « Allemand ».

Dr HŒFER. — *Biographie* : « Barbier ».

JURIEN DE LA GRAVIÈRE. — *Souvenirs d'un amiral*, T. II.

LA CAILLE. — *Mémoire en révision pour le sieur Charles Nicolas La Caille*, ancien capitaine de vaisseau, adressé au roi le 10 juin 1816.

JULIEN LAFON. — *Histoire des brûlots de l'île d'Aix.*

G. DE LA LANDELLE. — *Le langage des marins.*

R. P. LESSON. — Dans les *Annales maritimes et coloniales*, 1820, IIe Partie.

Le Moniteur. — 11 octobre 1809.

O' MÉARA. — *A Sainte-Hélène.*

H. MOULIN. — *Drame de l'île d'Aix. L'Angleterre et ses brûlots. (1809).*

POTESTAS. — *Manuscrit.*

LE COMTE POUGET. — *Vie et Campagnes de l'amiral Martin.*

CH. ROMME. — *Dictionnaire de la marine française. 1791.*

E. SALNEUVE, capitaine de frégate. — *Journal d'une escadre en temps de guerre, ou les Brûlots de l'île d'Aix en 1809.*

E. SUE. — *Histoire de la marine française.*

A. THIERS. — *Le Consulat et l'Empire.* T. XI.

VIAUD ET FLEURY. — *Histoire de la Ville et du port de Rochefort.*

PRÉFACE

Depuis les premiers jours qu'il *fut* mêlé aux affaires et qu'il assuma une part, si médiocre fût-elle, des destinées de la nation, Napoléon comprit à quel point était indispensable une flotte, composée de navires bien armés et munis de tout leur outillage, montés par des équipages disciplinés, braves et manœuvriers, commandés par des officiers instruits et entreprenants. Tant que la France n'aurait point acquis la puissance de la mer, elle serait, quels que fussent ses succès sur terre, en infériorité absolue vis-à-vis de son éternelle rivale et, pour la domination du monde, rien ne compterait de ses victoires continentales si elle ne balançait pas, au cas où elle ne parvînt à l'écraser, la marine britannique.

Impuissant et désarmé, il avait, tout jeune officier, assisté, à Toulon, à la destruction, par les Anglais, alliés du roi de France, de la flotte, qui représentait vingt années d'efforts, et de l'arsenal, où étaient accumulées, depuis Louis XIV, des ressources qui semblaient inépuisables et qui assuraient pour des siècles le ravitaillement et l'armement des vaisseaux. Il s'était traîné ensuite à la remorque de cette escadre qui ne sortait de la rade que pour y rentrer aussitôt sur une fausse manœuvre ayant amené une collision, sur un gros temps ayant causé des avaries, sur la crainte d'un combat où, malgré sa supériorité numérique, l'amiral français n'osait se risquer. L'insubordination des équipages égalait leur ignorance, la nullité des officiers surpassait leur timidité. On se promena le long des côtes de Provence sans oser ni toucher la Corse, ni affronter Rome, et si on se risqua à envoyer un vaisseau à Naples, on l'y perdit.

Durant les campagnes d'Italie, le général en chef n'eut point directement à pâtir de notre infériorité navale : les Anglais se retirèrent bénévolement pour laisser la France reprendre la Corse, dont ils étaient las et qui leur coûtait trop, à leur gré. On ne saurait dire qu'ils y aient été contraints. Les autres conquêtes insulaires que Bonaparte fit alors, comme les Sept-Iles, demeurèrent toujours à la merci des Anglais. Etre maître de la mer, c'est être maître des îles de la mer et les Anglais confirment chaque jour la vérité de cet axiome.

Après Campo-Formio et Rastadt, lorsqu'il essaya, en inspectant les côtes de l'Océan, de se rendre compte des ressources utilisables pour une expédition maritime, il constata que les combats navals soutenus depuis 1793, la tentative manquée de Hoche, surtout le mauvais entretien des vaisseaux, la déplorable administration, l'exercice des influences politiques avaient réduit presque à néant la flotte dont le Directoire s'était flatté de disposer. Faire passer, de la Méditerranée dans l'Océan, la flotte de Toulon, reconstituée tant mal que bien, était une entreprise si hasardée qu'alors on la jugeait presque impossible : on ne pouvait attaquer l'Angleterre que sur un point que la flotte de Toulon pût toucher. Quel pouvait être ce point, sinon l'Egypte, grand'route désignée des Indes ? Si ce ne fut point là une des raisons théoriques, philosophiques, politiques, qui déterminèrent l'expédition, au moins doit-on penser que ce fut une des raisons pratiques, et sans doute des meilleures. Par une série de chances heureuses, l'expédition parvint à son but ; mais, aussitôt que la flotte se trouva livrée à elle-même, son chef, par son imprévoyance et son incurie, amena un désastre à jamais irréparable. Après les incendies de Toulon, la défaite d'Aboukir, tout honorable que l'ait rendue le courage de certains officiers, n'en a pas moins livré la Méditerranée aux Anglais pour seize ans. Quels efforts Napoléon déploya, dès qu'il fut en possession de l'Autorité, pour construire, partout où il pouvait placer un chantier, sur les côtes de Provence, de Ligurie ou du royaume de Naples, à Corfou et à Venise, des navires qui, sortant à son signal, devaient en même temps, prendre la mer, se former en divisions, se réunir en escadres, s'agglomérer en flotte, forcer le détroit, pénétrer dans l'Océan, y rejoindre la flotte sortie, elle aussi, de tous les ports, depuis Anvers jusqu'à Bayonne, et, avec une supériorité de forces écrasante, aborder l'ennemi.

Mais, pour arriver à concevoir ce plan grandiose, que l'admirable obstination du génie britannique et les caprices de la fortune ne lui laissèrent pas le temps de réaliser, Napoléon avait traversé encore des épreuves qui lui avaient mieux montré la nécessité d'organiser la puissance navale de la nation. C'avait été l'impossibilité de secourir à temps l'Armée d'Egypte, d'y jeter un général, d'y porter des renforts, et toutes les tentatives à cet effet échouant l'une après l'autre.

Puis, lorsqu'il se fut déterminé à tenter l'expérience d'une paix avec l'Angleterre et qu'il l'eut faite avec une entière loyauté, ce fut, par le gouvernement britannique, le même jour, à la même heure, l'embargo mis sur tous les navires français et hollandais; ce fut l'ordre à tous les vaisseaux anglais de courir sus aux Français, expédié deux jours avant que la guerre ne fût déclarée; ce fut les navires anglais, s'approchant, sous pavillon tricolore, de nos navires en mer, au mouillage ou dans les ports, et appuyant le pavillon britannique de leur première bordée. Par là, un vaisseau, six frégates, une vingtaine de moindres bâtiments furent pris et leurs équipages jetés sur les pontons.

Il fallait répondre; comment? Pour construire des vaisseaux, que de temps, que d'argent, que de moyens ne faut-il pas? Pour les mener, comment former à terre des équipages et leur enseigner les manœuvres? Comment créer des officiers, les instruire à ce métier le plus délicat et des plus aventureux qui soit, où le succès dépend, autant au moins que de l'habileté du commandant et de la valeur de ses matelots, du vent et de la mer?

N'est-il point, pour attaquer l'Angleterre, porter chez elle une guerre, où nos soldats, invincibles sur terre, retrouvent tous leurs avantages, des moyens plus simples, plus expéditifs, moins onéreux, ceux qu'employèrent César le Romain et Guillaume le Normand, pour conquérir l'Ile blanche? Pourquoi pas? Que le Canal soit libre trois jours et le saut est fait, l'armée a passé, Londres est pris, la dynastie des Hanovre a cessé de régner.

Impossible, dit-on; pourquoi? Sur toutes les rivières de France et des Pays-Bas, on construit, sur un modèle uniforme, des prames, de trente-cinq mètres de long, de huit mètres trente de large, de deux mètres cinquante de tirant d'eau, mâtées et gréées en corvettes, portant douze canons de vingt-quatre, embarquant soixante cavaliers ou deux cents fantassins; on construit des canonnières, vingt-quatre mètres et demi de long, cinq mètres et demi de large; on construit des bateaux canonniers, dix-neuf mètres et demi de long sur un mètre et demi de large; puis des péniches, des caïques, et on achète tous les navires de commerce qui sont dans les ports. Que faut-il pour réussir? Un bon vent, ou plutôt un moteur puissant et rapide. Avec les moteurs qu'on a trouvés de nos jours, qui hésiterait à passer?

Mais il faut écarter la flotte anglaise de la Manche, et Napoléon imagine la combinaison stratégique la plus audacieuse et la plus admirable sans doute qu'ait conçue son cerveau, mais où le terrien qu'il est n'a point tenu compte des vents et de la mer. Il donne ses ordres à ses vaisseaux comme à des régiments qui marchent sur leurs jambes et arrivent toujours, et il se trouve des contre-temps, des faiblesses, des erreurs de jugement, comme dit l'amiral Villeneuve lui-même, « de mauvais mâts, de mauvaises voiles, de mauvais officiers et de mauvais matelots. »

L'Empereur ne veut point entendre cela. Si on est battu,

c'est trahison ou incapacité. Dès avant Trafalgar, lors de la rentrée de Villeneuve à Cadix, il a pensé à le faire traduire en conseil de guerre. Il l'a destitué et remplacé; mais Villeneuve, croyant qu'on met en doute son courage personnel, a combattu dans des conditions formelles d'infériorité; tout a tourné contre lui et il a succombé.

Et c'est à des causes semblables qu'est due la défaite de Leissègue au combat de Santo-Domingo, où l'on perd cinq vaisseaux et plusieurs milliers d'hommes tués, blessés ou prisonniers : insuffisance des états-majors, des équipages et surtout des canonniers. L'escadre anglaise, en totalité, a moins d'hommes hors de combat qu'un de nos vaisseaux : soixante-quatorze tués, deux cent soixante-quatre blessés; et notre *Alexandre* trois cents hommes hors de combat, notre *Brave* deux cent soixante, notre *Jupiter* deux cents. Quant à la bravoure des officiers et des équipages, elle a été magnifique, mais en pure perte. Le combat de Santo-Domingo est du 6 février. Il fut le dernier livré en escadre sur l'Atlantique.

Désormais, c'est une tactique différente qu'adopte l'Empereur; il attend qu'il ait forgé l'outil qui lui assurera la victoire. Partout il construit des navires; Anvers devient, au nord, un immense chantier; Cherbourg sera le plus vaste des ports de refuge et les rades de Rochefort abriteront des flottes entières.

Les Anglais ne pouvant plus attaquer en pleine mer les escadres qu'on leur dérobe, viennent les chercher dans les ports et les rades. Enorgueillis par les succès qu'ils vont remporter à l'île d'Aix, ils dirigeront, dans cette même année 1809, une expédition sur Walcheren et Flessingue, avec Anvers pour objectif; mais alors c'est sur terre qu'ils combattent, et leur infructueuse entreprise échoue misérablement. Pourquoi n'en a-t-il pas été de même à l'île d'Aix?

En 1808, l'empereur avait ordonné qu'on y exécutât d'urgence des travaux qui eussent mis la rade à l'abri; on a négligé de s'en occuper; ils sont à peine commencés et, grâce à cette incurie, les Anglais obtiennent, les 11 et 12 avril, un succès mémorable, qui doit d'autant plus les enorgueillir que, comme à Quiberon, le sang anglais n'a point coulé.

Le 24 février, l'escadre de Brest, sous l'amiral Willaumez, était venue s'abriter dans la rade. Le 15 mars, Willaumez, relevé de son commandement, a été remplacé par l'amiral Allemand, qui s'est employé, sans trouver près de la marine les secours nécessaires, à construire une estacade et à mettre les onze vaisseaux et les quatre frégates rangés sous son pavillon à l'abri des brûlots avec quoi les Anglais se flattaient de les détruire. A la vérité, ce système de guerre ne leur avait point réussi contre la flottille et le port de Boulogne, mais ils comptaient que le colonel Congrève l'avait perfectionné et ils l'avaient appelé, pour présider à la destruction, à rejoindre de sa personne la flotte anglaise, composée de onze vaisseaux, sept frégates, trois corvettes, treize petits bâtiments, quarante transports ou brûlots et trois navires-machines infernales à la Congrève.

L'histoire du combat de l'île d'Aix est demeurée singulièrement confuse. La France y perdit quatre vaisseaux, une frégate, des masses d'artillerie, de munitions et d'approvisionnements. Pourquoi? En grande partie parce que les forts n'avaient pu utilement tirer contre les navires anglais. Le commandant Leclerc, commandant le poste de l'île Madame, écrivait, le 14 avril, à M. Kérangal, commandant d'armes : « On peut considérer toutes les poudres existantes ici comme hors de service pour la guerre; elles sont détériorées et sans force, s'écrasant sous les doigts comme une pâte de charbon. J'ai reconnu, avec douleur, que les gargousses apprêtées avaient été saignées. » D'autres gargousses étaient composées de charbon et de terre, sans un grain de poudre.

L'Empereur ordonna qu'on fît toute la lumière et qu'on ne ménageât personne, qu'un conseil de guerre fût assemblé devant lequel comparaîtraient les officiers reconnus coupables d'avoir abandonné leurs navires ou de n'avoir point combattu avec énergie. Il ordonna qu'on publiât toutes les pièces. Or, une grande partie fut soustraite et a disparu; l'amiral Allemand, qui eût dû porter la responsabilité la plus lourde, ne fut point inquiété et fut même récompensé, tandis que le capitaine de vaisseau Lafon était condamné à mort et exécuté; que le capitaine de vaisseau Lacaille était puni de la destitution et de deux années de détention.

Déjà Lacaille lui-même, le petit-fils de Lafon, M. H. Moulin et M. Salneuve avaient consacré des mémoires, des brochures, même des ouvrages de plusieurs volumes (Lafon), à cette affaire des brûlots, mais ils n'avaient pu réunir la documentation nécessaire pour asseoir un jugement impartial. On doit penser qu'un tel arrêt va être rendu par le commandant J. Silvestre, ancien directeur des affaires civiles et politiques en Annam et au Tonkin, dont la compétence sur la matière asiatique est si bien établie qu'il en professe à l'Ecole libre des sciences politiques, et qui, habitant Rochefort une partie de l'année, y consacre ses loisirs à des études d'histoire locale, touchant essentiellement à l'histoire générale. C'est ainsi qu'on lui doit un livre excellent, publié d'abord à Rochefort, sous le titre *La Malmaison, Rochefort, Sainte-Hélène*, puis, à Paris, sous le titre *De Waterloo à Sainte-Hélène*, et qu'on lui devra demain *Les brûlots anglais en rade de l'île d'Aix*.

C'est l'œuvre d'un patriote en quête de justice et de vérité, qui apporte, il faut le reconnaître, des documents terriblement accusateurs contre le ministre et les bureaux de la marine, en même temps qu'ils justifient amplement l'attitude et la conduite de Napoléon, qui, exaspéré du désastre atteignant ses vaisseaux jusque dans ses ports, était en droit et en devoir de demander des comptes et ne pouvait penser qu'on les lui fausserait.

Frédéric Masson,
de l'Académie française.

LES BRÛLOTS ANGLAIS
en rade de l'Ile d'Aix — 1809

I

ÉVÉNEMENTS ANTÉRIEURS À 1809

Quand Napoléon, visitant nos départements du Sud-Ouest, descendit la Charente jusqu'aux rades de Rochefort et prit pied sur l'enrochement de Boyard, le 5 août 1808, il fit du regard, lentement, le tour de l'horizon. Il se vit à peu près au centre d'un superbe lac marin, à profondeurs variables mais sûres, et abrité dans une très large mesure contre les tempêtes de l'Océan et contre les entreprises de flottes ennemies. Trois passes seulement en permettaient l'accès. Au Nord, c'était l'étroit pertuis Breton, fermé par l'île de Ré et La Rochelle; à l'Est, la côte de l'Aunis, inabordable pour les navires de mer à cause des hauts-fonds qui la prolongent vers le large; au Sud, Maumusson, goulet étroit, dangereux et presque impraticable à des forces ennemies. Mais au couchant s'ouvrait la trouée d'Antioche, plus large et facile par les vents de la partie de l'Ouest, qui sont les vents dominants, et laissant une porte ouverte sur la Charente, sur le port et l'arsenal de Rochefort. Il y fallait des gardiens solides; deux suffiraient : l'île d'Aix, sentinelle placée là par la nature, et Boyard. Ces deux points mis en état de résister à toute attaque, la porte de Rochefort était barrée. Il y avait bien la rade des Basques, au N. de l'île d'Aix, qui pouvait recevoir une flotte ennemie, mais cette rade était exposée en plein aux vents de N. O.; plus bas sont les rades de l'île d'Aix et des Trousses, qui n'en feraient qu'une, superbe et sûre, n'était la « Longe de Boyard », grand banc dont certaines parties découvrent à marée basse, et qui s'étend dans la direction N. O.-S. E., sur 600 mètres d'une part et 1.500 de l'autre.

Toutes ces rades sont au fond du pertuis d'Antioche, ce long passage resserré entre les îles de Ré et d'Oléron, avec une largeur moyenne de 15 kilomètres. La distance des mouillages, à l'entrée du pertuis, à l'extrémité N. O. de l'île d'Oléron, est d'environ 20 kilomètres.

La rade de l'île d'Aix est la continuation du pertuis, son aboutissement à la Charente, ainsi que la rade des Trousses, que le banc de Boyard a faite distincte, mais dont la passe N. O. était peu fréquentée, bien qu'elle fût cependant accessible, à toute marée, aux navires, même de 8 m. 50 de tirant d'eau.

En somme, sur ces rades, une flotte trouvait un vaste parallélogramme d'une largeur moyenne de 1.300 mètres, où, sur une superficie de 1.500.000 mètres carrés, existaient des fonds de 10 mètres et plus, et où vingt vaisseaux, et davantage, pouvaient mouiller en toute sécurité, les ancres solidement prises dans le fond de vase; et avec un cercle de giration d'au moins 430 mètres de diamètre. En dehors de ce champ se rencontraient des fonds de 9 à 5 mètres, et là une trentaine au moins de bâtiments plus légers pouvaient trouver un bon mouillage.

Napoléon avait reconnu que, dans les rades intérieures, une flotte serait en parfaite sécurité : le peu de relief de la côte permet une surveillance efficace vers le large et une flotte ennemie ne peut s'aventurer dans le pertuis, la nuit, sans le secours d'amers, de feux et de pilotes expérimentés. De jour même, le danger eût été grand d'évoluer à la voile dans ce couloir relativement étroit, sous les feux croisés des forts et des batteries de Ré et d'Oléron durant une douzaine de kilomètres, à la merci d'une saute de vent qui permît aux forces françaises de se présenter au combat.

Là, encore le génie de Napoléon avait bien jugé de la situation.

Rochefort avait déjà ses pages dans l'Histoire, et l'empereur les connaissait bien. Faisons, comme lui, un retour en arrière, qui fera mieux comprendre l'importance de la position et expliquera mieux les événements qui vont suivre.

Le port de Rochefort est tel, au point de vue de la puissance maritime de la France, qu'il a toujours fixé l'attention de nos ennemis et qu'aucun sacrifice, avoué ou occulte, ne leur a coûté pour le détruire. Nous seuls, Français, semblons ignorer sa valeur.

Rochefort était à peine fondé et mis en activité que les Hollandais, alors puissants sur mer, envoyaient la flotte de l'amiral Tromp contre lui. C'était en 1674; Rochefort était né depuis huit ans seulement, mais les facilités de la défense étaient déjà telles que les soixante-douze voiles de la Hollande durent se retirer sans autre succès que le ravage de Noirmoutier, qui n'était pas gardée et que l'on pilla au retour.

En 1696, autre ennemi. Le 18 juillet, six vaisseaux anglais et autant de galiotes-à-bombes viennent mouiller devant Saint-Martin de Ré et, pendant trois jours, couvrent la citadelle de leurs projectiles. Ils voulaient établir là un point d'appui contre Rochefort; mais la résistance découragea l'agresseur, qui reprit bientôt la route de la Manche.

On apprit, en 1703, que l'on construisait dans la Tamise deux cents bateaux plats qui étaient destinés à une descente en Saintonge, ou plutôt pour obstruer l'embouchure de la Charente, comme les Rochelais avaient obstrué la Seudre et, par ce moyen, ruiné Brouage. C'était si vrai que, en même temps, les Anglais préparaient des bâtiments — transports maçonnés, — toujours comme pour Brouage — et préméditaient de les couler entre Fouras et le Port-des-Barques, ou plus avant dans le fleuve s'il était possible. La flotte vint en effet, sur nos rades, fit mine de bombarder La Rochelle tâta le terrain; mais, voyant qu'on était prêt à la bien rece voir, elle vira de bord.

Trois ans plus tard, nouvelle entreprise : le 2 juin, hui vaisseaux chargés de troupes de débarquement se présenten devant l'île d'Aix; ils hésitent, s'éloignent, enfin vont cher cher du renfort. En juillet, ils reviennent plus nombreu mais se retirent encore sans avoir osé attaquer. Cette bi coque les a-t-elle intimidés? ou bien n'ont-ils fait cette dé monstration que pour favoriser d'autres plans? En tout cas comme par hasard, à ce moment même des incendies, allu més on ne sait par qui, détruisent les magasins de l'Arsen et ruinent le commerce de la région. Des étrangers exciten des émeutes, et il faut tout l'ascendant qu'exerçait l'inte dant Michel Bégon sur la population pour empêcher les plu graves désordres.

En 1748, nos côtes furent de nouveau menacées : le trait du 30 avril arrêta les hostilités.

Mais la guerre éclata en 1756. On sait la victoire de L Galissonnière sur l'amiral Byng; l'Angleterre fut exaspér par ses revers sur toutes les mers; elle voulut une revanch éclatante. Pour commencer, elle soudoya des traîtres dan nos ports : le 4 juillet, l'Arsenal de Rochefort fut incendi une fois encore; les pertes furent très importantes, et l'o ne sut pas découvrir les auteurs du crime. Ce n'était pa suffisant pour apaiser des ressentiments causés par nos succè en Amérique, il fallait que Rochefort fût détruit.

Les relations qui sont restées nous permettent d'entre dans d'intéressants détails sur l'événement alors préparé grands frais.

Le 23 août 1757, le ministre de la Marine avisait confiden tiellement l'Intendant du port de Rochefort que, selon de avertissements secrets, les Anglais préparaient une descent sur nos côtes, — à Brest, disait-on, — et armaient dan cette intention dix-neuf vaisseaux de ligne, dont sept à trois ponts, et vingt mille hommes de troupes. La cour avait envoyé des ordres en Bretagne, mais le ministre jugeait prudent de faire bonne garde partout, et l'événement lui donna raison.

En conséquence, à Rochefort, on arma et l'on mit en mer quatre vaisseaux : le *Capricieux*, le *Prudent*, le *Florissant*, et le *Raisonnable*. Les miliciens des paroisses du littoral furent appelés sous les armes et répartis dans les batteries mises en état de guerre. Sous le commandement supérieur du maréchal de Sennectère, des forces de terre se concentrèrent et occupèrent tous les points qui pouvaient être menacés.

Le lieutenant-général de Langeron alla camper sur la côte de Fouras, avec quatre mille hommes fournis par les régiments de Bigorre, de Béarn, de Hallwill (Suisse) et de Royal-dragons, et deux mille miliciens; — sur la rive gauche de la Charente, M. de Surgères prit position avec un bataillon du régiment de la Sarre et deux mille miliciens; — à La Rochelle, ce qui restait de Bigorre et de Béarn, neuf cents hommes de la garde bourgeoise et deux cents volontaires; — à l'île de Ré, un bataillon du régiment de Languedoc, un du Royal-Corse, deux des grenadiers royaux de Brulart, un de miliciens de Saint-Brieuc et deux mille cinq cents miliciens gardes-côtes; — à l'île d'Oléron, deux bataillons du régiment de Rouergue, un de la milice de Gascogne, un de la milice de Poitou et deux mille cinq cents miliciens gardes-côtes; — à l'île d'Aix, un bataillon de la milice de Saint-Maixent.

On appela, en outre, du camp général de Saint-Mathieu, commandé par le duc d'Aiguillon, trois bataillons de volontaires étrangers formant un effectif total de deux mille hommes, et la cour expédia, à marches forcées, quatre bataillons de Gardes françaises et deux bataillons de Gardes suisses.

A l'embouchure de la Charente, deux vaisseaux étaient

embossés en batteries flottantes, avec, en avant d'eux, un navire marchand mouillé en plein dans le chenal et prêt, en cas de besoin, à être coulé pour boucher celui-ci à l'ennemi.

Comme on voit, l'Arsenal était bien défendu.

Si l'on veut bien examiner attentivement le tableau qui précède, de la position et de la répartition des forces de la défense, en s'aidant d'une carte, on reconnaîtra que le maréchal de Sennectère avait admirablement compris les nécessités de la situation et adopté un plan que ne désavoueraient pas nos modernes stratèges, s'il n'avait négligé un point très important, l'île d'Aix, — et c'est là justement que se portera l'effort de l'ennemi. Il semble pourtant que dans les vingt-cinq mille hommes dont il disposait il aurait pu affecter à la défense du point central de la résistance autre chose qu'un simple bataillon de la milice provinciale. Cette faute évitée, l'expédition anglaise échouait plus piteusement encore.

La flotte ennemie espérait nous surprendre : le premier coup de canon fut tiré le 23 et contre l'île d'Aix. Après deux heures de bombardement, le fort dut capituler, et il sembla qu'aussitôt l'ennemi prenait des dispositions pour une descente à Fouras. L'alarme fut vive de notre côté. Langeron appela des renforts : les troupes de la marine, restées à Rochefort pour la garde de l'Arsenal, remirent le service aux habitants de la ville et accoururent à Fouras; en même temps, l'intendant réunit les archives du port et les expédia vers l'intérieur, sous la garde d'un bataillon de miliciens de Rennes, appelé de Laleu à cet effet. Une telle mesure était bien faite pour provoquer la crainte dans la population civile : il en résulta l'exode des femmes et des enfants.

Le 25, les Anglais, probablement pour diviser nos forces, prirent position devant la pointe des Minimes, tirèrent une soixantaine de coups de canon, puis retournèrent au mouillage de l'île d'Aix; mais, la nuit venue, l'amiral Hawke fit avancer contre Fouras une galiote-à-bombes; celle-ci fut reçue par deux de nos chaloupes armées chacune d'une pièce de 24 à l'avant, et la réception fut si chaude que la galiote dut se retirer sous la protection d'une frégate venue à son secours. Les deux navires, sans pousser plus loin leur tentative, rallièrent la flotte, et l'on apprit que l'amiral avait mis à terre, à l'île d'Aix, des troupes et même des chevaux.

La dernière semaine du mois d'août et tout septembre se passèrent sans que, d'une part ni de l'autre, on engageât aucune action décisive. Du côté français, la seule tactique raisonnable était la défensive : les quatre vaisseaux du port de Rochefort ne pouvaient se mesurer avec la puissante *Armada* britannique; mais que faisait, qu'attendait celle-ci? Probablement des ordres ou les renseignements de quelques traîtres. Qui n'a pas les siens?

Nos gens, qui faisaient bonne garde et bonne contenance, virent appareiller la flotte le 1er octobre. L'heure de la lutte va sonner...

« Sans doute l'honneur les enflamme,
» Ils vont pour un assaut former leurs rangs épais... »

Mais les vaisseaux s'arrêtent; ils demeurent en panne quelques heures dans le pertuis d'Antioche et, le 2, ils prennent le large.

Les Anglais partis, on compte nos pertes. Maîtres de l'île d'Aix et de la poignée de braves gens jetés là par l'imprévoyance du maréchal de Sennectère, ils avaient rasé les fortifications, encloué les canons, tout détruit. La garnison prisonnière avait été emmenée, sauf les officiers qui avaient consenti à prendre l'engagement d'honneur de ne pas servir pendant trois ans. L'un de ces derniers a affirmé qu'il avait reconnu, aux côtés de l'amiral Hawke, un certain Clarke, ingénieur, qui était à Rochefort quelques années auparavant et servait d'agent de renseignements à l'ennemi. Ce Clarke avait insisté pour que l'on prît terre sur le continent aussitôt l'île d'Aix occupée et constituée en base d'opérations; il se disait sûr du succès, il en répondait sur sa tête. Il est possible, en effet, que les Anglais, s'ils avaient brusqué le mouvement, nous surprenant dans le désordre et l'insuffisance des préparatifs, aient pu arriver à Rochefort, brûler l'Arsenal et la ville, pour se retirer précipitamment ensuite, comme ils ont fait plus tard aux Etats-Unis. Mais la lenteur de leurs opérations nous donna le temps de prendre des dispositions telles que les espions qu'ils entretenaient chez nous — et dont plusieurs furent arrêtés, — purent les avertir que la partie était perdue.

Ils se retirèrent donc; mais pour « sauver leur face », ils alléguèrent qu'ils avaient trouvé là une côte plate et vaseuse ne permettant pas à leurs vaisseaux de soutenir efficacement les troupes de débarquement. C'est un fait, dont ils devaient être prévenus; et disons aussi qu'ils opéraient à l'époque des plus fortes marées, par beau temps et vents favorables. Pour se laver du reproche de n'avoir pas tenté de forcer l'entrée de la Charente, ils prétendirent y avoir renoncé par ce motif qu'ils avaient appris que, pour cela, nos propres vaisseaux étaient obligés de s'alléger de leur artillerie. Enfin, ils avaient à bord un grand nombre de malades.

La vérité est tout autre. Ils avaient cru nous surprendre cette fois encore, et ils nous avaient trouvés prêts et résolus; nos chaloupes canonnières les avaient si bien gênés qu'ils avaient promis mille écus pour la capture ou la destruction de chacune d'elles; s'ils n'ont pas détruit nos forts et nos batteries, c'est que, tenant à rester eux-mêmes, hors de portée de nos coups, leurs bombes n'arrivaient pas au but visé.

En fait ils se contentèrent de ruiner l'île d'Aix. Il leur en coûta, dit-on, une quarantaine de millions, et ils se glorifièrent de cet exploit en disant que la chute de ce fort faisait tomber l'Arsenal de Rochefort. Chez nous, on en pensa autrement; des brocards, des chansons, des bons mots gravèrent dans la mémoire du peuple le souvenir de cette expédition, où le grotesque le disputa à l'odieux. Quelque quarante ans plus tard, R. P. Lesson pouvait recueillir, de la bouche d'un vieillard, cette anecdote qu'il a racontée dans les *Annales maritimes et coloniales*, en 1820 :

Un meunier, dont le moulin était situé à l'île d'Aix, à l'endroit dit *La Sommité*, et où l'on ne pouvait parvenir qu'en passant par un étroit sentier à travers un marais difficile, s'y enferma avec un de ses parents, s'y barricada et soutint l'attaque. Les Anglais le cernaient; ils étaient nombreux et tiraillaient sans relâche; les meuniers ripostaient et tiraient juste, si bien que les assiégeants, inquiétés par les pertes qu'ils subissaient et convaincus que le moulin était plein d'hommes armés, envoyèrent un parlementaire qui offrit une capitulation honorable. La garnison accepta et Jacques Bonhomme sortit avec armes et bagages, mais sans tambour, et pour cause. Il était seul : son parent avait été tué. Nous signalons ce tableau à M. Edouard Detaille, comme un modeste pendant à sa superbe « Reddition d'Huningue ».

Contentons-nous de ces faits. Nous pourrions parler encore de quelques entreprises avortées et de continuelles intrigues. En 1799, une division espagnole de cinq vaisseaux et une frégate, sous le commandement du contre-amiral Malgarejo et portant un corps de troupes, vint mouiller en rade de l'île d'Aix. Une forte escadre anglaise se présenta bientôt et prit ses dispositions, non pour combattre mais pour incendier au moyen de brûlots. Martin était déjà préfet maritime à Rochefort; Malgarejo lui demanda et obtint de lui toutes les ressources utiles à sa défense, ainsi que les conseils de sa vieille expérience. Des estacades furent établies, le Commandant de la marine au port se rendit en rade et monta à bord du vaisseau-amiral, le *Real Carlos;* des bombardes furent placées en bonne position, et quand les Anglais se décidèrent à l'attaque, le 2 juillet, leurs machines infernales furent détournées. Les forts foudroyèrent les vaisseaux ennemis qui s'aventurèrent à portée de leurs feux; et l'escadre anglaise, battue en dépit de ses dix vaisseaux et de ses deux frégates, reprit la mer, avec ses mouches, ses canonnières, ses bombardes et ses brûlots.

La leçon porta ses fruits : à Londres, on se mit à étudier des procédés plus perfectionnés. Le 17 messidor an VIII, le ministre de la Marine Forfait prévint les autorités des ports qu'il était informé de projets incendiaires contre Rochefort. L'Amiral Martin fit bonne garde, mais il n'en fut pas de même partout. Une lettre du ministre, du 18 thermidor de la même année, fit savoir qu'une partie des magasins de la marine à Nantes avait été détruite par un incendie dont la cause paraissait devoir être attribuée à la malveillance. A peu près au moment où avait lieu cet événement on surprenait des individus cherchant à s'introduire furtivement dans les ports de Rochefort et de Lorient, et leurs coupables intentions ne firent de doutes pour personne.

« En rapprochant ces différentes circonstances, disait Forfait, on pourrait être fondé à croire qu'un système de destruction a été organisé par les ennemis, soit de l'intérieur, soit de l'extérieur, pour l'anéantissement de la marine et de ses arsenaux. »

Les soupçons du ministre n'étaient que trop fondés : le système était bien organisé; le colonel Congrève était à l'œuvre, et nous allons voir l'épanouissement de ses savantes recherches.

SOLLICITUDE DE L'EMPEREUR A L'ENDROIT DE ROCHEFORT

Dans une autre étude[1], nous dirons les préoccupations de l'empereur et ses décisions à l'endroit des rades de Rochefort, ainsi que les ordres donnés. Mais on sait combien il y a loin, quelquefois, de l'ordre à l'exécution. Ce fut ici le cas : soit par incurie, soit qu'ils n'eussent pas compris la pensée du chef, les agents d'exécution avaient répondu aussi peu et aussi mal que possible aux conditions et aux nécessités pressantes de la défense. Il faut reconnaître aussi que de sérieuses difficultés étaient survenues; des tempêtes extraordinaires, l'insuffisance des matériaux dans la région, l'insalubrité des lieux de cantonnement des ouvriers à l'île d'Oléron, et peut-être d'autres causes sur lesquelles des données incertaines ne nous permettent pas d'insister, avaient retardé les travaux.

Mais Napoléon, qui sentait mieux que personne l'approche de dangers menaçants, avait hâte de voir s'élever les forts et les batteries. A l'île d'Aix il avait déterminé tout un plan de défense, avec le fort Liédot pour réduit très puissant et absolument défilé des feux du large; sur l'enrochement de Boyard, trouvant les ingénieurs occupés à construire la plateforme d'une forteresse destinée à ouvrir soixante embrasures, il avait bouleversé leurs compas et leurs mesures. L'exécution de leurs plans exigeait des années : — « Quand votre fort sera achevé, leur dit-il, je n'en aurai plus besoin »;

1. *Napoléon dans le S.-O. de la France en 1808.*

et, agissant en ingénieur et en artilleur à la fois, il traça séance tenante une batterie mieux orientée, d'une construction plus rapide et plus facile, et dont les douze pièces de canon suffiraient à fermer la passe.

L'empereur prophétisait : l'année suivante, le fort n'existait pas encore, mais le désastre prévu se réalisait. Nous verrons quel intérêt attachaient les Anglais à cette position du fort Boyard et comment l'un des premiers actes de la flotte de l'amiral Gambier fut de détruire tous les travaux en voie d'exécution, quelque rudimentaires qu'ils fussent encore.

III

SITUATION DE LA FRANCE EN 1809

Le 14 août 1808, Napoléon rentrait à Saint-Cloud. A Bayonne et au cours du voyage de retour les nouvelles s'étaient succédé, de plus en plus alarmantes : l'insurrection générale en Espagne, la capitulation de Dupont à Baylen, Joseph sorti de Madrid, le Portugal soulevé, enfin la coalition des puissances; et tant de sujets de préoccupations n'avaient pas empêché l'empereur d'accomplir, comme il l'avait arrêté, sa tournée d'inspection dans le S. O. et l'O. de l'empire. Tout en discutant les intérêts des régions qu'il traversait, en réglant les détails des plus petites choses, il méditait des plans d'une autre envergure et en préparait la réalisation foudroyante.

Mais l'Angleterre, âme de la coalition, ne s'endormait certes pas. Le moment lui semblait venu d'agir ouvertement dans la péninsule, en y débarquant des troupes pour encadrer les forces locales et prendre la direction de la guerre. Cinq mille hommes, tirés d'Egypte et qui attendaient des ordres en Sicile, furent d'abord jetés en Portugal; dix mille hommes envoyés d'Angleterre les rejoignaient quelques jours plus tard, et Sir Arthur Wellesley, le futur duc de Wellington, prenait le commandement de l'armée.

Nous avons dit ailleurs, et nous prions qu'il nous soit permis de le répéter ici, que nous ne prétendons pas écrire pour ceux qui savent, mais pour ceux qui savent mal ou ne savent pas. Nous avons dit aussi qu'on peut être exposé à dénaturer la vérité historique si l'on détache un fait de ses antécédents et de ses conséquences. Tout se tient, et c'est pour cela qu'il nous semble nécessaire, au risque de commettre des diversions, de préparer par des vues d'ensemble le tableau particulier que nous voulons présenter.

Cette explication formulée, reprenons notre sujet, par une brève synthèse des événements préliminaires.

Les fautes de Junot amenèrent la capitulation de Cintra, le 30 août, et l'armée française en Portugal fut rapatriée par les vaisseaux anglais. Nos forces perdaient, de ce fait, vingt-deux mille hommes. La péninsule était évacuée jusqu'à l'Ebre; le Mexique et le Pérou s'étaient jetés dans les bras des Anglais et, par suite de l'arrivée de nouveaux renforts, ceux-ci ne comptaient pas moins de trente mille hommes en Portugal et en Espagne. De notre côté, des cent trente mille hommes qui avaient passé les Pyrénées, il n'en restait que soixante mille : Baylen, Cintra, la guerre sans merci partout, avaient fait des vides énormes.

Mais Napoléon fait face à tous ses ennemis : en Espagne, il expédie des renforts considérables; à la coalition, il parle haut et ferme. Le 27 septembre il est à Erfurt, où il peut contempler ce « parterre de rois » dont on a parlé : Alexandre de Russie, le roi de Saxe, le duc de Weimar, le prince Guillaume de Prusse, le roi de Bavière, le roi de Wurtemberg, le roi et la reine de Westphalie, etc. etc. On sait quelles effusions et quelles fêtes éclatantes précédèrent la signature de la convention franco-russe du 12 octobre 1808. Le 18, Napoléon était de retour à Saint-Cloud.

Plus rassuré désormais du côté de l'Autriche, il décide alors de se transporter en Espagne, où les événements réclamaient sa présence; car, ainsi que disait le fusilier Goguelat, « partout où il n'est pas, ses généraux se disputent et ne font que des bêtises ». Avant de partir, cependant, il veut, une fois de plus, offrir à l'Angleterre l'occasion de faire la paix : il voit ses avances repoussées. Alors, il quitte

Paris, le 29 octobre, se rend à Bayonne, d'abord, et le 4 novembre il entre en Espagne.

Il a voulu que la marine jouât un rôle dans la campagne qu'il va entreprendre, et son ministre a reçu, à cet effet, les instructions les plus formelles. Rien n'a été négligé pour réparer les pertes immenses faites non seulement à Trafalgar, mais encore à Santo-Domingo, où Lesseigues, qui commandait cinq vaisseaux, deux frégates et une corvette, s'est fait battre, non sans gloire, du reste, par l'Anglais Durckorth; nos flottes sont reconstituées et notre pavillon peut se montrer hardiment sur l'Océan et dans la Méditerranée.

La présence de l'empereur sur le théâtre des opérations a ramené la victoire dans nos camps. Le 4 décembre, un mois — jour pour jour — après son entrée en Espagne, il a réoccupé Madrid. Le 25, l'armée anglaise va être enveloppée et, vraisemblablement, prise ou anéantie; mais la Fortune nous refuse ce succès : les Anglais, (vingt-neuf à trente mille hommes) décampent, se dérobent et filent vers la Corogne.

Nous touchons ici à un chapitre de la guerre d'Espagne qui demande à être résumé rapidement, à cause de sa corrélation avec notre sujet spécial.

L'ennemi, disons-nous, se replie sur la Corogne. Ce n'est pas une retraite, mais une fuite désordonnée. Il ne se contente pas de faire sauter les ponts derrière lui, il sème les routes de bagages abandonnés, et, ivres de vin d'Espagne, les soldats pillent et brûlent les maisons. Leur conduite fut telle que « les Espagnols, a dit Thiers, en étaient arrivés à ce point qu'ils regardaient *presque nos soldats* comme des libérateurs ».

A partir d'Astorga, c'est Soult qui dirige la poursuite. Il laisse échapper des occasions de les battre; mais il les atteint à La Corogne et leur livre bataille. Il en coûte aux Anglais deux généraux tués, Moore et Baird, et douze cents hommes tués ou blessés. Le reste se rembarque précipitamment, abandonnant bon nombre de prisonniers, un matériel considérable, et laissant les blessés et les malades à la gé-nérosité du vainqueur.

Cette première phase de la campagne a coûté cher à nos ennemis : six mille hommes, trois mille chevaux, le maté-riel de guerre et, chose grave, ils ont perdu la confiance des Espagnols.

Napoléon, qui connaît les intentions de l'Autriche d'enta-mer les hostilités au printemps prochain, ne perd pas un jour : il part de Valladolid le 17 janvier, est rentré aux Tui-leries le 22, au milieu de la nuit, et se met immédiatement à négocier pour le maintien de la paix, en se préparant à toute éventualité.

La guerre lui est déclarée; et il ouvre la campagne de 1809 : Ratisbonne, Eckmühl, Vienne, Essling, Wagram, etc. Tandis que, de ce côté, notre armée inscrit sur ses drapeaux ces noms de victoire, les lieutenants de l'empereur en Es-pagne continuent la lutte et leurs querelles. En faisant mar-cher l'Autriche, les Anglais ont obligé l'empereur à s'éloi-gner, et avec lui les troupes aguerries qui les ont battu[s]. Alors Wellesley reparaît avec des forces nouvelles; nos sol-dats combattent vaillamment, mais la désunion est parmi nos maréchaux, le roi Joseph gêne tout le monde, et l'e[nnemi] est réduit à battre en retraite. La politique britannique a dé-tourné le meilleur de nos forces de la péninsule, pour la guerre en Autriche; il faut maintenant les détourner de Vienne et, pour cela, accentuer les efforts contre notre marine et contre notre littoral. Car il ne s'agit pas tant de venger la défaite de Moore que de poursuivre, sur un champ où l'An-gleterre est maîtresse, l'anéantissement de nos forces de toute nature, en s'attaquant, cette fois, à notre puissance mari-time.

Le plan consiste à nous attaquer sur tous les points, à dé-truire nos ports et nos vaisseaux depuis Bayonne jusqu'à Hambourg. Notre flotte est dispersée à Anvers, à Cherbourg, à Brest, à Lorient, à Rochefort : il faut la supprimer, il fau[t] n même temps brûler nos chantiers de construction et nos agasins depuis l'Escaut jusqu'à la Bidassoa; il faut mettre feu et à sang tout notre littoral sur la mer du Nord, la Manhe et l'Océan. La Méditerranée aura son tour. Aucun sacrice ne coûtera. On sait les projets de Napoléon : c'est une uestion de vie ou de mort.

Le moment est singulièrement favorable : nos vaisseaux ont dispersés, nos côtes sont mal défendues. Deux points ont menacés tout d'abord, Anvers où ont été créés des étalissements qui regardent la Tamise, et Rochefort. Pourquoi ochefort? C'est que là était le danger le plus pressant; là ussi les moindres difficultés, pensait-on. Et puis, il fallait éduire Napoléon à l'impuissance contre les îles britanniques; out était subordonné à ce but essentiel, on lui sacrifierait u besoin des préférences secondaires, on renoncerait s'il fallait à la déchéance de l'empereur, on se contenterait la rigueur de garanties moins certaines, pourvu qu'il y eût es garanties suffisantes du maintien d'une paix maritime ui consacrerait les conquêtes coloniales de la Grande-Bregne, lui assurerait l'empire de la mer et dissiperait à jamais cauchemar de Boulogne.

Tel était l'objectif de la politique anglaise, et ainsi s'explique l'effort tenté en 1809, par les moyens abominables que ous allons voir.

IV

L'ESCADRE WILLAUMEZ

Le 21 février 1809, l'amiral Willaumez partit de Brest, avec une division de huit vaisseaux et deux frégates; des vaisseaux de Lorient et de Rochefort, ralliés au passage, devaient former une deuxième division, et cette flotte, réunie sous le commandement en chef de Willaumez, devait se rendre de Rochefort aux Antilles, y jeter des secours en hommes, en munitions, en vivres, puis rejoindre le port de Toulon.

Quand les vaisseaux de Brest se présentèrent devant Lorient, le 22, ceux de ce port n'étaient pas prêts. S'arrêter à les attendre était dangereux : l'ennemi pouvait être averti, — sa conduite, par la suite, a prouvé qu'il l'était, en effet, — surgir au large, bloquer nos navires et ruiner l'entreprise dès ses débuts. C'est pourquoi l'amiral résolut de continuer sa route vers les rades de la Charente, où il parvint sans encombre le 24 au matin.

Dans la nuit précédente, notre division avait rencontré un groupe de navires de guerre anglais, qui passèrent à contre-bord, à portée de canon, mais sans oser attaquer ni même accepter le combat, ce qui causa quelque surprise de notre côté, où l'on avait pris les dispositions nécessaires.

Le 24, à sept heures du matin, l'escadre de Brest étant par le travers de la pointe des Baleines, à la tête de l'île de Ré, on aperçut trois frégates françaises poursuivies par toute la division du contre-amiral anglais Robert Stopford, sauf deux frégates laissées en observation. C'était, du côté anglais, trois vaisseaux et une frégate; du côté français, la *Calypso*, capitaine Jacob; l'*Italienne*, capitaine Jurien de la

Gravière; et la *Cybèle*, capitaine Cocault. Seules, de la division de Lorient, elles avaient pu sortir, le 23 à neuf heures du matin, avec l'aide d'embarcations qui les remorquaient, et venaient se ranger sous le pavillon de Willaumez; les trois vaisseaux et les frégates armées en flûte, qui complétaient la division Troude, n'avaient pu prendre la mer faute de vent.

Menacées par des forces d'une supériorité si disproportionnée, nos frégates furent s'embosser sous les batteries des Sables-d'Olonne et surent résister si bien à l'ennemi que celui-ci dut se retirer; malheureusement elles restèrent échouées et furent perdues pour la marine militaire. Cependant ce combat des Sables-d'Olonne fit grand honneur, à juste titre, aux trois capitaines français. Au coucher du soleil, toute la division Stopford prenait son mouillage derrière Chassiron.

Mais la division de Rochefort n'était pas plus en état de prendre la mer que celle de Lorient, la moitié seulement des équipages à bord et les navires mal espalmés. C'étaient les vaisseaux : la *Ville-de-Varsovie*, le *Patriote*, le *Jemmapes*, le *Calcutta*, en flûte, et les frégates la *Pallas* et l'*Elbe*, sous le commandement supérieur du capitaine de vaisseau Bergeret.

Dans les rades de Rochefort, la sécurité paraissait devoir être complète à tous égards; d'autre part, il était indispensable de compléter la flotte, tant au point de vue militaire, qu'en approvisionnements, en chargement; on se résigna donc à attendre au mouillage, et cette résolution, que cent bonnes raisons inspiraient, fut cause d'un désastre.

Au moment même où nous écrivons ces lignes, nous avons sous les yeux, là, sur notre table, quelques monnaies du roi George : au revers elles présentent le dieu de la mer, Neptune, et son trident, commandant aux flots. Il est certain que, la part faite aux qualités britanniques, une fortune extraordinaire favorisa nos ennemis. Le retard apporté à l'entreprise ordonnée par l'empereur dépassa toutes les prévisions; un de nos vaisseaux, le *Jean-Bart*, de la division de Brest, se perdit dès le 26 février sur la pointe des Palles, et pourtant il avait pour commandant Le Bozec, réputé le premier pilote et le meilleur manœuvrier de France; — chose plus grave encore : il s'établit entre le contre-amiral Willaumez et le capitaine de vaisseau Bergeret, chef de la division de Rochefort, une mésintelligence telle que le ministre n'y trouva d'autre remède que de relever l'un et l'autre de leur commandement, et l'escadre fut placée provisoirement sous les ordres du contre-amiral de Gourdon, en attendant le nouveau chef désigné, le contre-amiral Allemand.

Allemand (Zacharie-Jacques-Théodore) était à Toulon lorsque le 10 mars, à six heures du matin, lui arriva l'ordre de se rendre à Rochefort pour prendre le commandement en chef de la flotte. A une heure, le même jour, il montait en chaise de poste et le 15 il était rendu à son poste. Le lendemain, 16, il recevait sa nomination au grade de vice-amiral et arborait son pavillon sur le vaisseau l'*Océan*.

Le ministre pouvait croire ce choix justifié par le passé d'Allemand qui, en brumaire, an X, était sur la rade de l'île d'Aix, capitaine de vaisseau commandant l'*Aigle* et chef de division.

Mais la situation était bien changée. Willaumez avait vu, dès le 25 février, au coucher du soleil, arriver des renforts aux Anglais, dont les événements avaient si singulièrement fait le jeu. Des conseils de guerre avaient été tenus à bord du vaisseau-amiral, et consultés sur le parti qu'il convenait de prendre. Tous les capitaines furent d'avis de courir à l'ennemi sans plus attendre. Un procès-verbal fut signé de tous et envoyé au ministre. Que répondit celui-ci? En tout cas l'amiral se contenta de donner l'ordre de caler les mâts et de déverguer les voiles pour offrir le moins d'aliments possible à l'incendie. C'était là ce que voulait l'Anglais, mais pour d'autres effets.

C'est à Rochefort qu'il a projeté de porter d'abord tous ses efforts; il a tout préparé à cet effet, et voilà que, par un hasard véritablement complice, nous y rassemblons le plus gros de nos forces sur l'Océan. Cette circonstance était bien faite pour exciter l'ardeur britannique; aussi, en mars, l'amiral Gambier part avec des vaisseaux, des frégates, des corvettes, des bricks et des bombardes, et vient mouiller hardiment devant l'île d'Aix, dans la rade des Basques. Il ne s'agit pas de livrer bataille; il suffira d'établir un blocus, en attendant les moyens d'incendier nos navires d'abord, l'arsenal ensuite, quoi qu'il en puisse coûter.

Quand la flotte anglaise parut en vue de l'île d'Aix, elle comptait douze ou treize vaisseaux, dix frégates, cinq corvettes et six bâtiments-transports. Dès qu'il fut à la tête des forces françaises, l'amiral Allemand prit ses dispositions, uniquement défensives, et quelles dispositions!... Les vaisseaux furent disposés sur deux lignes parallèles, six et cinq, embossés Sud-quart- Sud-Est et Nord-quart-Nord-Ouest, et endentés de façon à réserver autant que possible le jeu des pièces. Cet ordre, évidemment vicieux, lui parut s'imposer par les dimensions de la rade, qui ne permettaient pas d'établir l'escadre en ligne. Les vaisseaux de tête s'appuyèrent à l'île d'Aix, afin que l'ennemi ne pût se frayer passage entre l'escadre et la terre; quant à nos frégates, l'*Indienne* prit place au centre et en avant des lignes d'embossage, et les autres formèrent une avant-garde, avec ordre de se replier en deuxième ligne en cas d'attaque.

Le 20, une péniche anglaise était venue sonder aux abords de Boyard. L'ennemi, qui connaissait les vues de l'empereur sur ce point, croyait les travaux plus avancés et craignait qu'ils ne fussent déjà en état d'être rapidement poussés afin de couvrir notre escadre.

Le 22 mars, de nouveaux bâtiments vinrent grossir la flotte anglaise, et parmi eux on reconnut des brûlots : ce n'était plus un combat qui se préparait, mais une tentative d'incendie, avec, tout au plus, un coup de main contre l'île d'Aix. L'amiral Allemand prit aussitôt les mesures qu'i jugea les meilleures : il décida d'établir en avant de ses lignes une double estacade[1] et, à cet effet, il fit appel aux ressources qui pouvaient lui être fournies par le port de Rochefort. Il faut avouer qu'il n'y trouva pas l'activité ni le bon vouloir que réclamaient les circonstances, et ce fut là un argument dont, plus tard, il tira un parti abusif, quand pour se justifier il prétendit que, malgré ses demandes, le préfet maritime de Rochefort, l'amiral Martin, ne lui avait jamais donné une marque d'attention. Nous trouvons la preuve du contraire dans une lettre de Martin à Allemand, datée du 25 mars, où il est dit : « Le parti que vous avez pris de former une estacade en avant de votre première ligne d'embossage est une mesure très prudente, et j'en ai moi-même donné l'exemple au golfe Jouan ». — Dans une autre lettre, au capitaine de vaisseau Barbier, directeur des mouvements du port, le préfet maritime s'exprime ainsi, le 1er avril : « Il est bien étonnant que depuis le 24, que vous avez reçu l'ordre de faire parvenir à l'île d'Aix les objets nécessaires pour former une estacade, ces objets n'y soient point encore arrivés. Les circonstances actuelles prescrivent impérieusement que ces objets partent sur-le-champ. Je vous préviens que vous deviendrez personnellement responsable des retards qui occasionneraient quelque événement qu'on doit prévoir d'après l'avis dont je vous ai donné connaissance.

» Il paraît également que c'est votre Direction qui retient les objets nécessaires pour l'armement des chaloupes de l'escadre. Faites travailler de suite, de jour et de nuit s'il est nécessaire, pour que l'on n'ait aucune occasion de se plaindre de l'activité du port de Rochefort ».

Cette dernière lettre établit une circonstance des plus atténuantes en faveur de l'amiral Allemand, mais elle rend bien

1. La deuxième, malheureusement, ne fut pas construite.

inexplicable la conduite du ministre Decrès qui, après le désastre des 11 et 12 avril, ne demanda aucun compte à Barbier, si coupable, et volontairement coupable, puisqu'il était du nombre de ceux qui raillaient la prudence de l'amiral, sa crainte des brûlots, le traitant de peureux et de fou. Bien plus, Barbier fut désigné par le ministre pour faire partie du Conseil de guerre appelé à juger quatre malheureux capitaines de l'escadre.

Quoi qu'il en soit, et en réunissant les moyens dont on put disposer, le capitaine de frégate Pesron, chef d'état-major, réussit à établir l'estacade, et on se crut à l'abri des brûlots, d'autant mieux qu'un service de continuelles rondes de nuit y fut organisé pour la défense contre les chaloupes de l'ennemi.

Mais la flotte anglaise grossissait de jour en jour, et les navires qui lui arrivaient étaient visiblement destinés à servir de brûlots. A la fin du mois de mars, elle comptait douze vaisseaux, sept frégates, sept corvettes, quatre cutters, et le reste formé de transports, bâtiments légers ou brûlots. Dès ce moment, on s'aperçut que l'amiral Gambier, commandant des forces britanniques, faisait étudier la direction des courants.

Allemand, qui suivait les manœuvres anglaises, ne pouvait plus garder de doutes. A Paris, le ministre ne pouvait en avoir davantage, car les Anglais ne cachaient plus leurs projets. Evidemment, la police impériale avait mis sous ses yeux les journaux de Londres, notamment le *Britisch Review* qui, le 6 avril, disait : « On annonce une attaque pour détruire l'escadre française dans la rade des Basques. Le colonel Congrève est parti avec des brûlots d'une invention nouvelle et promet d'incendier les onze vaisseaux. Les esprits sont bien partagés sur cette expédition et quelques personnes sont effrayées de voir ce qu'on enseigne à l'ennemi et qu'on l'autorise à recourir au moyen le plus puissant de détruire notre marine. Vivons-nous dans un siècle où une nation puisse cacher à une autre ces horribles découvertes et se servi[r] d'un moyen de destruction qui sera bientôt imité ou surpass[é] par ceux qui en auront souffert! Les Français sont-ils moin[s] avancés que nous dans les secrets destructeurs de la méca[-] nique et de la chimie? Ils montrent de l'horreur pour ce[s] compositions et ces machines que nous-mêmes nommons in[-] fernales; faut-il les forcer à y recourir par tous les motif[s] de la plus légitime vengeance?

» On ne change pas impunément les lois de la guerre, n[i] celles du droit des gens. Quel intérêt avons-nous à user de[s] brûlots quand nous avons tant de vaisseaux victorieux?

» Nos plus belles flottes peuvent donc être, à leur tour, livrées à l'entreprise de quelques intrépides incendiaires? Le[s] vieilles forteresses de notre île peuvent donc s'abîmer en quelques heures dans les mers?

» Voilà ce que le colonel Congrève et ce que notre minis[-] tre veulent apprendre à un ennemi, dont nous avons tant à craindre le génie, la haine et le courage. »

Ou la police impériale était lente ou mal faite, ou le minis[-] tre Decrès ne comprit pas immédiatement; ce n'est que le 13 avril qu'il donna des ordres à Rochefort, d'armer en toute hâte une flottille et d'attaquer l'ennemi, ordres étrangement tardifs : le 13, notre flotte était détruite ou dispersée, et l'on avait entendu jusqu'à Tours le bruit des explosions des brûlots.

Le 1er avril, la frégate anglaise l'*Amélia* et un brick avaient délogé les ouvriers restés sur les travaux à Boyard. S'étant approchés, ils les canonnèrent, puis envoyèrent des péniches, dont les équipages renversèrent les chèvres, les apparaux, les jalons, bouleversèrent ou détruisirent tout. Ces péniches ne regagnèrent leurs bords que lorsque les forts de l'île d'Aix et des Saumonards, les frégates françaises d'avant-garde et des embarcations de la rade leur rendirent la situation pé[-] rilleuse.

Le même jour, à 1 heure de l'après-midi, pour reconnaître

la direction du courant, l'ennemi jeta à la mer un baril de goudron enflammé, qui fut recueilli par un canot envoyé par l'*Elbe*.

Le 3 avril, la flotte anglaise avait reçu de nouveaux transports et d'autres brûlots.

Le 5, une frégate osa venir en observation à portée de canon de notre escadre. On fit, à cette occasion, l'expérience des dispositions prises par l'amiral Allemand. L'*Océan*, le *Cassard* et le *Régulus*, de notre côté, voulurent s'entraverser pour présenter leurs batteries à la frégate anglaise et, à cet effet, ils portèrent des aussières l'un sur l'autre, car leurs grelins d'embossage ne purent leur servir. Mais après être parvenus à s'entraverser, ils se trouvèrent tellement masqués l'un par l'autre que le *Régulus*, tout en masquant l'*Océan* complètement, ne put tirer que de trois pièces de l'arrière. C'eût été peu si l'Anglais était venu attaquer, en rangeant les Palles. Mais l'ennemi ne songeait point à une attaque de vive force; ses observations faites, la frégate se retira et cette reconnaissance fut suivie de l'envoi de barils de goudron enflammés, pour vérifier la direction des courants, qui vinrent droit à l'estacade et, conséquemment, sur notre escadre.

Le 8, les forces anglaises réunissaient soixante bâtiments Le 10, on en comptait soixante-douze.

V

LES FLOTTES FRANÇAISE ET ANGLAISE EN PRÉSENCE

Le 11 avril, les vents sont au N. O., le temps est brumeux; les forces en présence se composent ainsi :

Du côté anglais :

VAISSEAUX

1. — *Caledonia*, de 120 canons. Amiral Gambier. Capitaines Harry Neale et W. Bedfort.
2. — *Cæsar*, 80. — V. amiral Robert Stopfort, capitaine Ch. Rishardson.
3. — *Gibraltar*, 80. — Capitaine Henry Lidgbird Ball.
4. — *Hero*, 74. — Capitaine James Newman.
5. — *Donegal*, 74. — Cap. Palteney Malcom.
6. — *Resolution*, 74. — Cap. George Burlton.
7. — *Theseus*, 74. — Cap. Jones Poer Beresford.
8. — *Valiant*, 74. — Cap. John Bligh.
9. — *Illustrious*, 74. Cap. W. Robert Broughton.
10. — *Bellona*, 74. — Cap. Stair Douglas.
11. — *Revenge*, 74. — Cap. Robert Kerr.

FRÉGATES

12. — *Indefatigable*, 44. — Cap. John Tremayne Rodd.
13. — *Impérieuse*, 38. — Cap. Cochrane.
14. — *Aigle*, 36. — Cap. George Wolfe.
15. — *Emerald*, 36. — Cap. Maitland.
16. — *Union*, 32. — Cap. Lucius Hardyman.
17. — *Pallas*, 32. — Cap. George Francis Seymour.
18. — *Mediator* (en flûte), 32. — Cap. James Wooldridge.

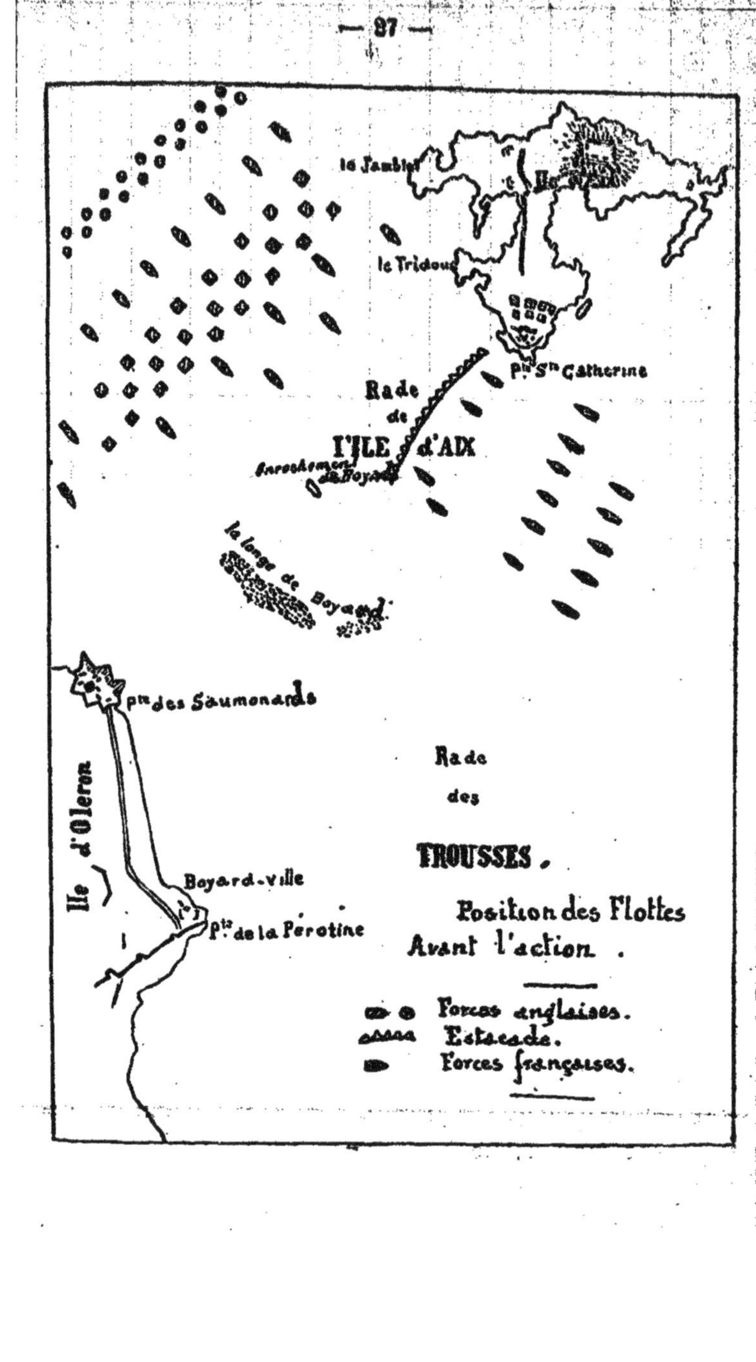
le Tridou
Pte Ste Catherine
Rade
de
l'ILE d'AIX
la longe de Boyard.
Pte des Saumonards
Ile d'Oleron
Boyard-ville
Pte de la Pérotine
Rade
des
TROUSSES.
Position des Flottes
Avant l'action.
Forces anglaises.
Estacade.
Forces françaises.

BRICKS. — CORVETTES

19. — *Beagle*, 18. — Cap. Francis Newcombe.
20. — *Doterel*, 18. — Cap. Anh. Abety.
21. — *Foxhound*, 18. — Cap. Pitt Green.
22. — *Lyra*, 10. — Cap. W. Bevians.
23. — *Redpole*, 10. — Cap. John Joyce.

BOMBARDES

24. — *Thunder*. Cap. James Caufield.
25. — *AEtna*. Cap. W. Godfney.

BRICKS. — CANONNIÈRES

26. — *Insolent*, 14. — Lieut. John Morris.
27. — *Encounter*, 12. — Lieut. James Talbot.
28. — *Conflict*, 12. — Lieut. Joseph Batt.
29. — *Contest*, 12. — Lieut. John Gregory.
30. — *Fervent*, 12. — Lieut. John Hare.
31. — *Growler*, 12. — Lieut. R. Crossman.
32. — Schooner : *Whiting*.
33. — Cutter : *Nimrod*.
34. — Cutter : *King George*.

Soit : 11 vaisseaux, 872 canons.
7 frégates, 250 canons.
3 corvettes, 54 canons.
8 bricks, 84 canons.
2 bombardes, ?
1 schooner, ?
2 cutters, ?
34 unités, — 1260 canons.

Auxquels il faut ajouter :
40 transports ou brûlots,
3 navires-machines infernales à la Congrève.
Ensemble 77.

Le Colonel Congrève est arrivé pour diriger lui-même les opérations incendiaires.

Du côté français :

VAISSEAUX

1. — BR[1]. *Océan*, de 120 canons. V. Amiral Allemand, capitaine Lissilour.
2. — BR. *Foudroyant*, 80, C. Amiral de Gourdon, cap. Henry.
3. — BR. *Tourville*, 74, cap. La Caille.
4. — BR. *Tonnerre*, 74, cap. Clément de la Roncière.
5. — R. *Calcutta* (en flûte), 54, cap. Lafon.
6. — BR. *Cassard*, 74, cap. Amable Faure.
7. — BR. *Aquilon*, 74, cap. Maingon.
8. — R. *Patriote*, 74, cap. Mahé.
9. — BR. *Régulus*, 74, cap. Lucas.
10. — R. *Jemmapes*, 74, cap. Fauveau.
11. — R. *Ville-de-Varsovie*, 80, cap. Cuvillier[2].

FRÉGATES

12. — BR. *Indienne*, 46, cap. Proteau.
13. — R. *Elbe*, 46, cap. Bellenger.
14. — BR. *Hortense*, 46, cap. Halgan.
15. — R. *Pallas*, 46, cap. Le Bigot.

Soit : 11 vaisseaux, 852 canons.
4 frégates, 184 canons.
15 unités, 1036 canons.

Nous ignorons le nombre et la qualité des petites unités ajoutées à l'escadre française.

Nos vaisseaux sont toujours mouillés sur deux lignes d'embossage, endentés et tellement serrés qu'il est à peu près impossible qu'un brûlot passe sans accrocher l'un ou l'autre.

Les frégates sont en avant-garde (et là elles ne peuvent

1. Port d'origine : BR, Brest, — R. Rochefort. — Lorient n'a pas rejoint.

2. Cuvillier, cap. de frégate, avait pris le commandement en remplacement du cap. de vaisseau Bergeret, débarqué le 17 mars.

qu'empêcher les vaisseaux de tirer sur l'ennemi), en arrière de l'estacade placée à quatre cents toises en dehors de la première ligne. Elles seules ont la mâture haute.

Nos vaisseaux, affourchés S. E. sur E. et N. O. sur O., ferment exactement l'entrée de la Charente, de la pointe S. de l'île d'Aix à celle N. O. des Palles; par conséquent ils sont en plein travers du flot. S'ils eussent été affourchés N. E. — S. O., c'est-à-dire parallèlement au courant, par suite au trajet que suivront les brûlots, ils auraient pu éviter ceux-ci en filant l'un des deux câbles, en tombant à l'appel de l'autre. On avait malheureusement fait le contraire; les vaisseaux étaient évités debout au vent et affourchés dans sa direction, avec une ancre qui venait de l'avant, et une autre de l'arrière en passant par-dessous le bâtiment. Dans cette situation, en filant le câble de N. O., on ne faisait que culer sans s'effacer ni se soustraire aux brûlots qui viendraient à toutes voiles, avec vent et marée; il ne pourrait rester d'autre ressource que de couper les câbles, et alors on était porté à la côte. Les ancres de bossoir, empennellées, avaient cent brasses de câble dehors, et la distance entre les vaisseaux était de cent brasses, d'étrave à étrave.

Le *Calcutta*[1], placé en tête de la première ligne, était un vaisseau armé en flûte et n'avait que deux cent vingt hommes d'équipage. Destiné au rôle de transport à La Martinique, il était chargé d'approvisionnements, parmi lesquels onze pesants mortiers. L'encombrement était tel qu'on n'avait pu trouver un emplacement pour un poste de malades, et c'est ce vaisseau qui, mouillé à trois encablures de l'île d'Aix, était censé devoir, en fermant le passage entre la terre et notre escadre, empêcher l'Anglais de renouveler la manœuvre d'Aboukir[2].

1. Pris aux Anglais le 27 septembre 1805.

2. Le *Calcutta* était chargé de 586 quintaux de lard salé, 388 quintaux de bœuf salé, 120 barriques de vin de campagne, 8 pièces d'eau-de-vie, 20 barriques de vinaigre, 5.940 quintaux de farine, plus de grandes quantités

Le *Tonnerre*, serre-file, en seconde ligne et à l'autre extrémité, était à deux encablures et demie des hauts-fonds marqués par la bouée des Palles.

En avant était l'estacade (une et non point deux, comme avait si judicieusement conseillé Martin). Cette estacade, longue de neuf cents toises, était faite de bois flottants, liés fortement ensemble et tenus au fond par de fortes ancres. En raison du retard mis par le port de Rochefort à fournir les apparaux demandés, l'amiral Allemand avait dû y employer ce qui restait d'ancres et de grelins sur l'escadre; l'on eut à le regretter amèrement quand les vaisseaux s'en trouvèrent dépourvus, à l'heure où ils eussent été si nécessaires pour se maintenir en position, et plus tard, pour se relever de la côte.

C'est le 22 mars, qu'Allemand avait adressé ses demandes à Rochefort. Le 1er avril, ne recevant rien et pressé par les circonstances, il s'était décidé à consacrer ses propres ressources à la construction de l'estacade. Le 8 avril seulement vinrent les bois et ferrures du port, et nous avons rapporté la lettre comminatoire qu'avait dû écrire le préfet maritime pour vaincre l'inertie du directeur des Mouvements du port.

Dès le 1er avril, l'amiral avait formé une flottille de soixante-treize embarcations pour veiller à l'estacade. Onze des cha-

---

de matériel encombrant, de munitions de guerre et d'armes. Destiné pour La Martinique, il avait pris la mer à la fin de novembre 1808; mais une fois au large il donna si fort de la bande qu'on pensa chavirer. Il fallut revenir au port pour refaire un arrimage absurde. Par exemple, les pièces d'artillerie, mortiers et canons, ainsi que les boulets en chargement, avaient été placés dans l'entrepont, surchargeant ainsi, en dépit du bon sens, la partie haute du navire. Rentré à Rochefort, on commença par mettre à terre huit cents soldats passagers, provenant des dépôts coloniaux, et une partie de l'équipage; puis on travailla à une meilleure répartition du chargement, et cela avec une telle lenteur qu'avant qu'on fût prêt, on apprenait que la Martinique était tombée au pouvoir des Anglais. C'est dans ces conditions, encore en plein travail d'armement, que le *Calcutta* reçut l'ordre d'entrer au nombre des forces placées sous les ordres de l'Amiral.

Par cet exemple, on peut juger de la prévoyance qui avait présidé à l'organisation de notre flotte.

loupes portaient une pièce de 36, canon ou caronade, et quatre pierriers; dix-neuf canots avaient également, chacun, une caronade de 36 et quatre pierriers; les quarante-huit autres embarcations avaient, chacune, quatre espingoles.

Cette mesure, qui semble justifiée, à première vue, entraîna des conséquences funestes, dont nous aurons à parler; mais dès l'abord on reconnut que cet armement, au moins pour les chaloupes et les grands canots, leur faisait une surcharge telle à l'avant qu'ils s'emplissaient d'eau dès que la mer était grosse. L'amiral n'en tint pas compte : la défense de l'estacade le rendait aveugle et sourd à toute autre chose et lui suggérait les résolutions les plus extraordinaires, telles que celle-ci : réclamer du port de Rochefort l'envoi de bombardes. Des bombardes contre des buts essentiellement mobiles!...

Le 5, après l'alerte causée par l'approche de la frégate anglaise et les expériences faites dans le courant au moyen de barils de goudron enflammé, on redoubla de surveillance à l'estacade, que l'on renforça à l'aide des apparaux reçus du port. Des capitaines de vaisseau durent y faire le service, obligés ainsi d'abandonner leur bord en présence de l'ennemi.

Le 8, enfin, l'estacade était achevée. Ce jour même, de nouvelles forces arrivaient à la flotte ennemie, mais l'amiral Allemand n'en prit pas d'inquiétude : il se jugeait si bien garanti qu'il ordonna à tous les navires de l'escadre de déverguer les voiles qu'il estimait désormais inutiles, de dépasser les mâts de perroquet et de caler les mâts de hune, bridés en trois endroits aux bas-mâts. Ainsi, dans sa confiance insensée en son estacade, l'amiral, qui avait déjà ôté aux vaisseaux ancres, câbles et embarcations montées, les privait encore du moyen de se soustraire aux brûlots en mettant à la voile. En effet, le cas échéant, on aurait pu, menacé par les brûlots, courir une bordée au S. O. et, en revenant à l'autre bord, reprendre le mouillage sous l'île d'Aix, en passant au vent des brûlots, qui courraient vent arrière (le vent soufflait du N. O.) et que le courant entraînerait sous le vent. On voit que pas une faute à commettre n'était omise.

Par surcroît de précautions, ordre était donné encore de retirer les gréements, de mettre à fond de cale les matières inflammables, afin de laisser au feu le moins d'aliment possible; enfin de rentrer tout ce qui, faisant saillie à l'extérieur, était susceptible d'accrocher une machine incendiaire.

Ces dispositions prises, on attendit les événements.

Du côté anglais, on avait également achevé les préparatifs, et on jugeait venu le moment d'agir.

Le 11 avril, le vent soufflait grand frais de la partie de N. O.; le ciel était couvert, le temps à grains, la mer grosse. Dans la soirée, on signala un mouvement inaccoutumé dans la flotte ennemie : des frégates s'en détachèrent, se rapprochèrent et vinrent prendre position à environ quinze cents toises en avant de notre ligne, au centre et à égale distance de nos deux divisions, mais hors de portée des batteries de terre. Puis trois frégates, sous les ordres de lord Cochrane [1], vinrent mouiller sur ce banc de Boyard, dont Napoléon avait si bien compris l'importance, — mais où nos ingénieurs n'avaient encore à peu près rien fait; elles s'arrêtèrent sur la traverse du haut-fond dit Le « Pointeau », et derrière elles se rangèrent des chasse-marées, mâtés seulement du mât de misaine. Les forts de l'île d'Aix et des Saumonards les canonnèrent sans effet.

L'amiral Allemand ne pouvait douter de l'imminence de l'attaque : des signes certains n'avaient pu lui échapper, puisque la veille d'autres barils de goudron enflammé avaient encore été abandonnés au courant par les Anglais, afin de vérifier une dernière fois les points de lancement les plus favorables, la direction suivie et les points d'arrivée. Les longues-vues avaient signalé des matelots installant, sur les ver-

1. C'est le même Cochrane qu'on vit, plus tard, servir successivement au Brésil, en Grèce et au Chili.

gues de certains bâtiments à allures de navires de comme ce, des grappins d'abordage, des bombes et autres artif ces, etc. Le doute n'était possible pour personne.

Que fait alors notre Amiral? Il fait avertir le généra Brouard, à l'île d'Aix, qui répond qu'il a vu, tout comme lu les dispositions prises par l'ennemi et qu'il est prêt, bi qu'Allemand n'eût pas pensé à lui remettre un renfort d 419 canonniers destinés à ses batteries. Aux navires de l'e cadre, celui-ci fait le signal de « liberté de manœuvre », e se référant aux instructions déjà dites.

A cinq heures et demie du soir, les frégates anglaise s'avancent, remorquant des bâtiments de différentes gra deurs: l'une d'elles mouille dans le nord de l'accore d Boyard; une frégate et une corvette s'approchent en obse vation. De notre côté, on se prépare à tout événement. A si heures, l'amiral signale d'envoyer, à huit heures, les 4e e 5e divisions des embarcations à l'estacade. Pourquoi ce d lai? A six heures on avait la fin du jusant; à huit heur il fallut ramer contre grand flot. Parmi les embarcations d deux divisions se trouvaient de mauvais canots de six et mêm quatre avirons, et cela pour combattre des péniches de tren à quarante avirons! Les embarcations, surchargées ou tro faibles, ne purent gagner contre le grand vent, le courant d marée et la grosse mer; elles allèrent en dérive, et les vai seaux en furent privés, sans qu'elles servissent à l'estaca N'est-ce point le cas d'appliquer ce dicton des anciens : *Qu vult perdere...*

La nuit s'était faite, l'obscurité était profonde et l silence solennel, à part les bruits du vent et de la m L'amiral n'avait pas fait le signal de branle-bas de comb mais les capitaines y avaient pourvu, de leur propre mo vement.

VI

ATTAQUÉ PAR LES BRULOTS

Il est huit heures et demie ou neuf heures du soir. A bord de nos vaisseaux chacun est à son poste, attentif, anxieux même, mais résolu. On a disposé des espars pour repousser les brûlots; les pompes sont préparées, ainsi que des bailles pleines d'eau, du sable, des cuirs verts, etc. Toutes les embarcations qui restent sont armées et munies de grappins pour accrocher et détourner les navires incendiaires.

Le vent avait redoublé de violence et l'obscurité s'était faite plus profonde encore, rayée seulement, sur la mer, par l'écume quelque peu phosphorescente des vagues. A ce moment, deux coups de canon sont tirés par la flotte ennemie. C'est le signal d'agir. Les frégates que l'on avait aperçues sur le banc de Boyard, dans le lit du courant et vers le centre de notre ligne, hissent des feux de position et l'on constate qu'elles se sont rangées comme pour jalonner un trajet. Précipitamment, l'amiral Allemand signale alors de diriger la flottille tout entière à l'estacade. Les embarcations s'éloignent à force de rames; elles ont le sort de la 4e et de la 5e divisions. Nul autre bruit, au milieu des rumeurs du vent et de la mer, que les éclats de voix qu'apportent les rafales : ce sont nos marins qui luttent contre le N. O. et le flot pour gagner l'estacade, et sans succès.

Tout à coup, vers le centre de l'obstacle, un véritable volcan fait explosion avec un bruit effroyable : des matières incandescentes, une pluie de projectiles retombent aux alentours; obus, grenades et fusées incendiaires sont lancés dans toutes les directions. La nuit en fut illuminée, et l'on put ainsi apercevoir des masses nombreuses (on en compta trente-trois, dont deux vaisseaux, deux frégates et de gros transports) qui s'avançaient, toutes voiles dehors, vers le même point de l'estacade, poussées par le vent et la marée. Elles s'enflamment, se pressent, se heurtent; dans l'assaut donné à l'obstacle qui doit protéger notre escadre, les gros coulent les petits. L'Angleterre a voulu liquider avantageusement son vieux matériel.

Le premier brûlot avait été conduit par Cochrane. Au dire du « Naval Chronicle », n° 126, il renfermait quinze cents barils de poudre vidés dans des pièces de deux établies dans la cale, ouvertes, et au-dessus étaient quatre cents bombes chargées et amorcées, trois mille grenades à main. Ces pièces étaient assujetties par des câbles et des coins en bois, les vides comblés par du sable humide et battu. Les brûlots qui suivaient étaient disposés en *machines infernales* et portaient, chacun, dans ses hunes, cinquante fusées de l'invention du Colonel Congrève qui, d'ailleurs, était présent et dirigeait sur les lieux cette abominable entreprise.

Sous les chocs et la poussée de ces masses l'estacade se rompit en son milieu et, le flot et le vent aidant, la flotte embrasée se dirigea vers nos vaisseaux. Nos frégates d'avant-garde, menacées les premières, coupent leurs câbles, mettent à la voile, et fuient devant l'incendie. Les brûlots continuent leur course sur nos vaisseaux immobilisés, et ceux-ci font feu de leurs canons pour essayer de couler les infâmes machines avant qu'elles ne les atteignent. Mais les dispositions adoptées par l'amiral ont si bien restreint le nombre des canons utiles que le tir n'obtient point l'effet voulu, et bientôt les brûlots de tête les rangent.

A ce moment, le feu ayant gagné les batteries des brûlots enflammés, leur artillerie se mit à tonner des deux bords, tandis que, soit des ponts, soit des hunes, sont projetés tous les projectiles imaginables et des fusées incendiaires. Vainement nos vaisseaux continuent le feu de leurs canons, vainement les batteries de l'île d'Aix et des Saumonards tirent sans relâche : nos moyens sont insuffisants et *les autres*, que les éléments favorisent, sont trop nombreux.

Il faut renoncer à décrire le désordre qui règne dans l'escadre : l'amiral a abdiqué toute direction et toute responsabilité des mouvements de ses vaisseaux en donnant « liberté de manœuvre » à ses capitaines, et chacun de ceux-ci a à pourvoir comme il l'entend au salut de son bâtiment. Mais on a vu que les vaisseaux avaient dû se démunir d'une partie considérable de leurs ancres et de leurs grelins, de leurs embarcations et des officiers et marins qui les armaient; les voiles sont déverguées, les mâts sont calés; ils n'ont sous leurs pieds que des espèces de pontons qui vont devenir le jouet des fortunes les plus hasardeuses. Dans cette situation émouvante, un desastre complet semble inévitable. Il n'en sera rien, pourtant, et nous allons voir que si nos pertes furent considérables, si quelques défaillances se produisirent, du moins le courage et la ténacité du plus grand nombre réussirent à priver en partie l'ennemi des fruits de son abominable forfait.

Le vaisseau-amiral, ayant tout le premier coupé ses câbles, aborda ses voisins, le *Régulus* et le *Tonnerre*, qu'il obligea ainsi à couper les leurs, eux aussi. L'amiral Allemand a dit, dans son rapport, qu'il y avait été forcé pour éviter deux brûlots accrochés sous son beaupré; mais le capitaine de vaisseau Lucas, du *Régulus*, a contesté le fait[1]. Selon lui, l'*Océan* ne fut abordé que par l'arrière et par un seul petit brûlot, qu'il renvoya par l'avant. Allemand a soutenu qu'ayant pu se dégager d'un vaisseau et d'une frégate tout en feu, il fut accroché à l'arrière par un grand transport-brûlot. On

1. L'Empereur a réclamé les commentaires de Lucas sur le rapport d'Allemand, et ces commentaires, qui nous sont connus, sont extrêmement sévères envers l'amiral. M. Julien Lafon (*Histoire des brûlots de l'île d'Aix*) assure que Decrès les fit disparaître et qu'ils causèrent la disgrâce de son auteur.

réussit à l'éloigner, mais il reprit au bossoir et communiqua le feu au vaisseau. On fit appel à de braves gens de bonne volonté, qui se dévouèrent; avec l'aide d'un canot du *Tonnerre*, commandé par l'enseigne de vaisseau Allary, on put éloigner le brûlot, mais deux hommes périrent dans le brasier, beaucoup furent grièvement brûlés ou tombèrent à la mer. Allary en recueillit une vingtaine.

A neuf heures et demie du soir, le *Régulus*, déjà jeté en dérive par l'abordage de l'*Océan*, fut accroché par un brûlot à l'avant; en un instant ses focs sont dévorés par les flammes, et un deuxième brûlot, qui se fixe sous son beaupré, met le feu à bord. Le brave Lucas pare au danger; il sait commander le calme et le sang-froid à l'équipage. Dans la dérive, il réussit à n'aborder aucun autre navire, repousse encore des bricks-brûlots, deux bombardes, et n'a qu'un seul blessé.

Le *Tonnerre*, qui a été abordé par l'*Océan* abattant sur tribord, a été obligé de couper son câble de N. O.; mais le *Patriote*, également embarrassé, vient alors tomber en grand sur lui; il lui faut filer par le bout le câble de S. E.; il part en dérive, sans moyens de se diriger, et le courant le jette sur les Palles, le cap au Sud. A onze heures et demie, il donne une forte bande, et son grand mât vient en bas. Il fait eau de toutes parts, si bien qu'à trois heures et demie du matin, les pompes ne peuvent plus franchir.

Le *Calcutta*, vers dix heures, s'est vu menacé par trois brûlots; il réussit à en couler un à coups de canon et évite les deux autres en coupant son câble de N. O. Mais à onze heures d'autres brûlots s'approchent; il arme deux embarcations qui lui restent encore, pour les détourner : le courant les entraîne; il faut couper le câble de S. E. Le peu de voilure que le vaisseau peut orienter ne lui permet pas d'éviter suffisamment pour courir sur l'entrée de la Charente, car le navire n'obéit pas à sa barre, et à minuit il s'échoue vers le S. des Palles, où il laisse tomber l'ancre pour attendre la pleine mer. Il a pu éviter tout abordage et, un brûlot à trois mâts le menaçant dans cette position, il peut l'éloigner. A une heure du matin, par mer étale, il essaie d'appareiller, lève l'ancre, mais il est jeté en plein sur les Palles et abat sur tribord. On défonce les pièces-à-eau, on jette à la mer le lest volant pour s'alléger. Efforts inutiles. A cinq heures, on a perdu tout espoir. On en fait le signal à l'amiral.

Le *Tourville*, à neuf heures du soir, a été abordé par la frégate la *Pallas* appareillant pour éviter une frégate-brûlot; elle est tombée sur le bossoir de tribord et a cassé le tangon du vaisseau, qui a été obligé de couper son câble du même bord. Peu après, c'est le *Régulus* qui menace de l'aborder : on coupe le câble de bâbord et le vaisseau appareille sous le petit foc; autour de lui, le commandant en second Calloche, dans les embarcations, travaille à éloigner les brûlots. A dix heures et demie, il s'échoue sur un fond de vase dure; on s'efforce aussitôt de l'alléger, on vide les pièces-à-eau et, pour le cas où le feu serait mis à bord, on défonce les barils de poudre afin d'être prêt à les noyer au besoin.

Le *Cassard* et le *Foudroyant*, qui ont pu d'abord garder leur poste, sont également partis en dérive, mais le hasard les protège et ils peuvent éviter tout échouage. La situation des autres vaisseaux est analogue; ils ont tous été obligés de couper ou de filer leurs retenues pour se dérober aux masses enflammées qui vont s'attacher à leurs flancs, ou pour éviter l'abordage de quelqu'un des nôtres, et alors, sans voilure ou à peu près, empêchés d'en improviser une puisque leurs mâts sont calés, ils se sont vus réduits à s'abandonner à la fortune du vent et de la marée; ils tombent l'un sur l'autre, et plusieurs sont portés à la côte, d'autant mieux que l'état de leur mâture ne leur permet de déployer que quelques lambeaux de toile insuffisants pour gouverner, et que l'embrasement du ciel et de la mer rend la côte moins apparente.

A bord, « c'était, a dit le capitaine de frégate Salneuve,

un tumulte, une mêlée, un désordre, une confusion dont o ne peut que difficilement se faire une idée, en même temp qu'un spectacle sublime d'horreur et d'épouvante et fait po mettre la terreur au cœur des plus braves. Nos vaisseaux, à l vue de ces volcans flottants se portant en masse sur eux, sem blaient ne pouvoir échapper à une conflagration imminente.

Le sort des frégates est le même. Nous avons vu la *Palla* en retraite, se jeter sur le *Tourville;* le sort de l'*Indienne* es plus critique encore. Des brûlots l'entourent; les vaisseaux d l'escadre tirent à les couler, et notre frégate se trouve entr deux feux; les boulets français hachent sa mâture. Pou se tirer de cette situation, elle file son câble du N. O. et vien à l'appel de celui du S. E.; mais alors deux brûlots se croisen sous son beaupré et les manœuvres de l'un d'eux accroche son bout-dehors; la frégate coupe son câble du S. E. e abat sur tribord, ce qui lui permet d'envoyer quelques vo lées de bâbord aux brûlots. Jetée sur la *Ville-de-Varsovie*, ell peut l'éviter, range le *Foudroyant* et le *Tonnerre* et vien prendre mouillage en arrière de nos lignes, à son poste. Là d'autres brûlots arrivent sur elle; il lui faut partir en dérive elle va s'échouer sur des fonds vaseux, à la « pointe de l'Ai guille » et Enet. Pour s'alléger elle jette à la mer jusqu'à une partie de son artillerie, sans réussir à se remettre à flot.

La *Pallas* est allée s'échouer par le travers de l'île Ma dame, à une portée de canon du rivage.

L'*Elbe*, après avoir coupé ses deux amarres, a manœuvr pour entrer en rivière; elle touche sur le haut-fond de « La Mouclière ». Le commandant Ballanger, qui voit arriver su lui des brûlots, s'allège en jetant des canons, des boulets, du lest volant, etc., se remet à flot, mais va s'échouer sur les vases du Port-des-Barques, où il a la chance de voir passer, sans être atteint, cinq brûlots, dont trois s'échouent près de la fontaine de Lupin.

L'*Hortense*, qui s'est trouvée une minute sous le feu des canons français, a dû couper ses câbles. Elle fait route au

S. E., à travers les machines incendiaires, mais va s'échouer sur l'île Madame où elle demeure, quoiqu'elle ait jeté à la mer une partie de son artillerie et d'autres choses lourdes. Deux brûlots vont l'atteindre, quand l'enseigne de vaisseau Guézenec, envoyé par le commandant Halgan, réussit à les accrocher et à les détourner. A l'un des deux, Guézenec amarra lui-même le point du grand foc de cette machine infernale à l'arrière de son canot, malgré l'intensité de la chaleur du brasier flottant et les grenades qui éclatent autour de lui. Il l'éloigna ainsi de l'*Hortense* et ne le lâcha que lorsqu'il eut dépassé la *Pallas*, également échouée. Nous ne citons que ce fait, mais il est cent autres actes de dévouement que l'on pourrait relever de la part de nos braves marins.

Nous n'essayerons pas de dépeindre davantage le tableau que présenta la rade de l'île d'Aix dans cette affreuse nuit du 11 au 12 avril 1809; il nous est impossible aussi de raconter en plus de détails les dangers qui se multiplièrent autour de nos vaisseaux désemparés; mais on peut se figurer aisément l'état d'esprit de nos marins dans ce combat si nouveau pour eux, où l'on périssait, non sans honneur, mais sans gloire, dans un chaos de flammes et d'obscurité, et au milieu d'un désordre inénarrable. Obligés de manœuvrer sans moyens, dans une rade étroite, par une nuit profonde, et pêle-mêle avec trente et quelques brûlots en feu, ils vont où les pousse la violence du vent et du courant, se heurtant, se brisant les uns contre les autres. L'estacade rompue, comme rien n'avait été prévu pour ce cas, on peut dire que l'escadre était abandonnée à tous les hasards. Et deux heures avaient suffi à la flotte anglaise, sans qu'elle risquât un seul de ses marins en un combat loyal, pour réduire à cet état un adversaire redouté, bien qu'inférieur en forces.

VII

LE LENDEMAIN DE L'ATTAQUE

La nuit du 11 au 12 avril avait été cruelle et pleine d'angoisses pour nos marins; elle leur parut interminable. Ils la passèrent en manœuvres difficiles et périlleuses, parant les abordages, essayant de diriger leurs vaisseaux par des moyens de fortune, détournant les brûlots qui, une fois évités, allaient s'échouer et achever de se consumer sur les Palles ou au rivage d'Oléron ou de Fouras; il y en eut qui arrivèrent jusqu'à l'embouchure de la Charente, même à Lupin. L'un d'eux vint atterrir à l'île d'Aix : c'était le brick l'*Eneas;* il était intact, n'avait pas pris feu. Pas un homme à bord, rien que des cages pleines de volailles. Aucun de nos vaisseaux, en somme, n'avait été incendié.

Enfin le jour paraît. On se cherche, on se compte : tous nos navires sont là, nul ne manque à l'appel. Une joie indicible éclate parmi nos braves; leurs peines et leurs sacrifices n'ont pas été inutiles et le forfait britannique n'a pas atteint son but. A l'île d'Aix, on entoure le brick l'*Eneas;* l'état dans lequel il se montre éveille les soupçons, on flaire un piège. Quelques hommes se dévouent; avec les plus minutieuses précautions ils montent à bord, inspectent, scrutent, fouillent doucement, et découvrent le secret de la machine véritablement *infernale*. On y a disposé des détentes dissimulées avec soin et, le pied venant à s'y appuyer, le brick doit sauter, avec tous ceux qui y sont montés[1]. Comment qua-

1. La mèche éventée, on débarrassa l'*Eneas* de tous ses engins meurtriers et, par la suite, le brick fut réarmé sous notre pavillon.

Besnard rapporte que « sur les vases du Port-des-Barques on a relevé une

lifier ce procédé de guerre? Le colonel Congrève ou tout autre qui l'inventa, ceux qui en usèrent ne méritent-ils pas d'être voués à l'exécration de l'humanité?

Donc, de notre côté, la joie fut grande. Elle fut de courte durée, car la rade présentait ce spectacle :

Le *Foudroyant*, qui porte le pavillon du contre-amiral Gourdon, et le *Cassard*, capitaine Faure, sont intacts. Ils ont dû sacrifier une partie de leur artillerie, mais leurs couleurs flottent naut à l'embouchure du fleuve, où ils se sont retirés.

Le *Régulus* est à flot. La *Ville-de-Varsovie*, l'*Aquilon*, le *Calcutta*, le *Tonnerre*, moins heureux, ont touché sur les Palles, y sont restés échoués, et présentent l'arrière au N. O., c'est-à-dire à la direction d'où peut venir une attaque.

Le *Tourville*, l'*Hortense* et la *Pallas*, qui ont pu s'avancer dans l'estuaire, sont proche de l'île Madame; le *Tourville* est au plein.

L'*Elbe* est plus avant, vers l'embouchure de la Charente, le *Patriote* a réussi à aller mouiller dans le fleuve.

Sur la rive droite, on aperçoit la frégate l'*Indienne* engagée parmi les roches de la « pointe de l'Aiguille ».

Des brûlots achèvent de se consumer à la côte, sur les Palles, à Fouras, et jusqu'au Port-des-Barques.

On peut encore estimer pourtant que rien n'est désespéré; mais nos navires, livrés à leurs seuls moyens, — abusivement réduits, — ont vainement mis tout en œuvre, ont sacrifié une partie de leur artillerie même, sans réussir à se

---

machine infernale qui n'avait produit aucun effet; la première personne qui serait montée à bord devait, en posant le pied sur le pont, faire partir une mécanisme qui aurait communiqué le feu à plusieurs matières détonantes; de là une explosion terrible. La cale était remplie de vieilles ferrailles, de vieux canons chargés jusqu'à la gueule; enfin c'était un composé de tout ce que l'on peut imaginer de plus destructif. Ils furent bien inspirés, ceux qui, les premiers, découvrirent cet arsenal de destruction, de s'abstenir de monter à bord; ce fut par la poulaine que l'on s'introduisit sur le pont pour enlever la planche à bascule qui devait donner le mouvement au mécanisme ».

dégager : les masses échouées ont été allégées autant qu'on l'a pu, et n'ont pas remué. Pour comble de malheur, leur position d'échouage ne leur permettait pas, en cas d'attaque, ni de combattre avec chance de succès, ni de se secourir mutuellement, et les vaisseaux qui auraient pu les aider ou les défendre, notamment le *Foudroyant* et le *Cassard*, se sont éloignés dans la rivière.

Notre escadre est disloquée : il eût fallu là un chef plus intelligent, actif, ferme et dévoué à son devoir, sachant mettre à profit le flot, dès la première heure, pour rassembler ses navires en état de combattre et les mettre en ligne, face au danger. Bientôt des secours arrivent; l'amiral Martin envoyait de Rochefort tout ce dont il pouvait disposer. Mais il semble qu'on avait perdu tout sang-froid et la rade restait ouverte à l'ennemi. Cependant celui-ci hésite à s'y aventurer; à onze heures du matin seulement, il met à la voile, le cap sur l'île d'Aix. Pendant qu'il reste en panne pour observer nos mouvements, il peut voir le *Foudroyant* et le *Cassard* entrer plus avant encore dans le fleuve, ainsi que les autres vaisseaux et frégates encore à flot, abandonnant ceux qui sont échoués. A midi, l'*Océan*, le *Foudroyant* et le *Régulus* vont faire côte à Fouras, et à une heure la rade est vide de combattants libres de leurs mouvements.

Aucune crainte ne retient plus la flotte anglaise; elle s'avance, et justement par cette route que Napoléon avait voulu lui fermer, par la « longe de Boyard ». A deux heures, seize de ses bâtiments s'approchent des Palles, en ayant soin de laisser entre eux et les batteries de l'île d'Aix l'enrochement de Boyard. Ils marchent hardiment contre quatre des nôtres, qui sont sur les roches, couchés sur le flanc et empêchés de se servir de ce qui leur reste de canons. Ils sont quatre contre un et dans quelles conditions!...

Le *Calcutta* est attaqué le premier, vers trois heures de l'après-midi. Les navires anglais qui l'entourent ouvrent sur lui un feu roulant, auquel notre vaisseau répond au moyen de ses pièces de retraite. Il réussit à soutenir ce combat d'une inégalité monstrueuse, pendant deux heures.

Dans la nuit du 11, nous avons vu le *Calcutta* envahi par l'eau, les pompes ne franchissant pas, et le capitaine avait signalé sa détresse à l'amiral. Mais, à neuf heures du matin, on avait repris courage, on s'était remis au travail. On n'avait encore obtenu aucun succès quand se produisit l'attaque par trois frégates et deux bombardes anglaises, bientôt renforcées par deux vaisseaux. Pendant ce combat, le *Calcutta*, qui s'est allégé, est pris par le courant et abat sur bâbord, pour venir s'échouer de nouveau, non loin de l'épave du *Jean-Bart*, présentant cette fois l'avant à l'ennemi.

Le feu des Anglais redouble, les projectiles hachent les manœuvres et balaient le pont; cette lutte disproportionnée n'est plus soutenable. Vers quatre heures, le commandant se décide à évacuer, mais comme il ne faut pas que le vaisseau reste aux mains de l'ennemi, le commandant en second y revient et y met le feu. L'équipage, empilé dans des embarcations, se rend le long du bord de l'*Océan*, sous le feu des Anglais et se met aux ordres de l'amiral, qui lui prescrit de remonter à Rochefort. Le jusant s'y oppose; il faut débarquer à Fouras. Le commandant Lafon, blessé d'un éclat d'obus au bras droit et d'une balle à la jambe droite, aurait voulu continuer la résistance, mais l'équipage, démoralisé, s'était jeté dans deux canots et, sans écouter la voix des officiers, avait fait route à terre; se voyant ainsi abandonné, Lafon se jeta dans sa baleinière, rejoignit les fuyards et les rallia sous son commandement. Il emportait le paquet des ordres confidentiels, qu'il remit à l'amiral, à bord de l'*Océan*, mais il avait eu soin de jeter à la mer son code de signaux, et dans le désarroi il perdit ses journaux et ses papiers.

A ce moment le pavillon français flottait toujours à la corne d'artimon du vaisseau. On a dit que Lafon l'avait amené sous le feu de l'ennemi; la vérité, c'est que quelques embarcations anglaises, témoins de l'abandon du *Calcutta*, osèrent s'y rendre. Impuissants à éteindre l'incendie, mais pour corser leur bulletin de victoire, les Anglais descendirent nos couleurs et y substituèrent les leurs.

Dans le même temps, les vaisseaux la *Ville-de-Varsovie* et l'*Aquilon* sont attaqués dans les mêmes conditions que le *Calcutta*. Ils résistent jusqu'à quatre heures, mais sont réduits à capituler : ceux-ci, avouons-le, amènent leur pavillon et les équipages se rendent prisonniers. Les malheureux vaisseaux n'avaient eu, pour répondre à toute cette artillerie qui les foudroyait à demi-portée, que deux pièces de retraite qu'ils pussent utiliser, en raison de l'échouage. Maîtres de ces deux vaisseaux et les équipages transportés à leurs bords, les Anglais abandonnèrent leurs prises, en y allumant l'incendie.

C'est au cours de son transport sur le navire ennemi que le commandant de l'*Aquilon*, le capitaine de vaisseau Maingon, trouva la mort. Assis à la place d'honneur, dans l'embarcation anglaise qui l'emmenait, un coup de canon parti de son propre vaisseau lui causa une blessure dont il mourut le lendemain.

L'*Aquilon*, à peu près sans moyens de résister à l'ennemi qui l'entourait et le criblait de boulets, avait voulu sauver son équipage et, à cet effet, avait réclamé de l'amiral ses canots pour évacuer. Allemand répondit à son signal par celui, — toujours le même, — de « liberté de manœuvre », mais n'envoya aucune embarcation. Il avait encore, cependant, le long de son bord, une trentaine de chaloupes et canots de l'escadre, mais qui étaient retenus et qu'on remplissait de choses en vue de l'abandon du vaisseau-amiral; car on pensait à évacuer l'*Océan* et à le brûler, comme l'écrivit l'amiral au préfet maritime le 12 au soir. C'est pour ce motif que les canots étaient confisqués et qu'on y embarquait les effets personnels de l'amiral : il était même ordonné de faire feu sur ceux qui s'éloigneraient sans ordres, et dans la baleinière, toute prête à recevoir le commandant en chef, se tenait l'aspirant Duperrey, chargé d'allumer le feu à bord, dès l'évacuation faite.

L'incendie qui dévorait l'*Aquilon* et la *Ville-de-Varsovie* finit par les alléger; ils partirent en dérive, et le vent et le courant les portèrent dans la direction de notre vaisseau le *Tourville*.

Par une étrange aberration, celui-ci croit y voir deux brûlots anglais qui vont l'atteindre. Il est échoué et fait eau de toutes parts, son grand mât est tombé, il n'a aucuns moyens de se relever ni de se défendre. La nuit est venue le ciel est couvert et sombre, le vent est violent, la mer furieuse; il ne dispose que de deux embarcations pour détourner ce qu'il prend pour d'énormes brûlots et la panique règne à bord. Alors le commandant La Caille assemble en conseil ses officiers et les maîtres chargés; il y appelle aussi le capitaine de vaisseau Le Bozec, du *Jean-Bart*, déjà perdu[1], et qui s'est réfugié sur le *Tourville*. D'un avis unanime, on décide qu'il ne reste plus de chance de salut pour le vaisseau, qu'il faut l'abandonner en l'incendiant, et assurer le salut de l'équipage. Cette détermination est signalée à l'amiral, qui autorise l'abandon et la destruction de l'épave, et l'on jette alors dans les deux canots ce qu'ils peuvent porter.

On a pourtant quelque espoir encore; on essaie de se maintenir à portée du vaisseau pour y remonter s'il échappe aux prétendus brûlots; mais le vent et le courant sont plus forts que les rameurs, les canots sont entraînés par le flot sur l'île Madame; le commandant peut monter un instant à bord de l'*Hortense;* mais on se laisse aller ensuite jusqu'au Port-des-Barques, où l'on met pied à terre.

Dans cette nuit du 12, le spectacle que présenta la rade ne fut pas moins terrifiant que la veille. Ce ne sont plus

1. Le *Jean-Bart*, de la division de Brest, naufragé sur la pointe des Palles.

les brûlots qui éclairent la scène, mais nos vaisseaux en feu, la *Ville-de-Varsovie*, l'*Aquilon*, et le *Tonnerre*. Des poudres sont restées à bord de ce dernier vaisseau; l'incendie les atteint, elles font explosion; une immense gerbe de feu s'élève, inonde le ciel de clarté et retombe sur la frégate l'*Hortense*, où toutes les pompes ont peine à éteindre les foyers qu'elle allume de tous côtés.

Jean Besnard, de Rochefort, canonnier de marine, qui se trouvait embarqué sur le *Foudroyant* et dont les lettres ont été communiquées par sa famille à la Société de Géographie de Rochefort, décrit ainsi ce tableau :

« A trois heures et demie du matin, les Anglais mettent le feu aux vaisseaux l'*Aquilon* et le *Tonnerre;* les tourbillons de flammes et de fumée qui sortent de leurs flancs ressemblent à l'éruption d'un volcan. Le feu dessinait les mâts, les cordages et la forme des vaisseaux; les canons, s'enflammant par l'action de l'incendie, tiraient de distance en distance; les brûlots échoués éclairaient la scène, représentant plusieurs magnifiques feux d'artifice. D'abord on voyait dans le lointain un jet de fumée blanche, les mâts se noircissaient, les sabords rougeoyaient, et au bout de quelques minutes tout s'effondrait dans la mer.

« Sur ce fond de vapeurs embrasées se découpaient en ombres chinoises écarlates le Port-des-Barques et Fouras. Des traînées de feu, brisées par l'oscillation des vagues, s'allongeaient sur la côte, semblables à ce moment à une vaste nappe de punch; les flammes s'élevaient à une hauteur prodigieuse, rouges, bleues, jaunes, vertes, selon les matières qu'elles dévoraient; quelquefois une phosphorescence plus vive, une lueur plus incandescente éclatait à droite ou à gauche du spectateur; des milliers de flammèches volaient en l'air comme les pluies d'or et d'argent d'une bombe d'artifice et, malgré la distance qui nous séparait des brûlots, on entendait le crépitement de l'incendie ».

Un témoin, dont l'écrit anonyme nous est resté, dit que

les explosions furent si fortes qu'on les ressentit vivement à Rochefort. Dans les campagnes environnantes, jusqu'à Saintes, on crut d'abord à un tremblement de terre; mais bientôt le bruit des canons et les feux qui éclairaient tout l'horizon dans la partie de l'Ouest ne laissèrent plus de doutes sur l'attaque de notre escadre par les Anglais.

Effrayée, la population de Rochefort courut en foule sur les remparts, d'où se distinguaient mieux les feux de la rade; dans quelques communes des environs on sonna le tocsin, on *battit la générale* et l'on s'arma de tout ce qui tombait sous la main pour être prêt à se porter sur tel point de la côte qui serait menacé par l'ennemi. Dans la ville, les gardes d'honneur de l'Empereur[1] et les compagnies d'élite de la garde nationale prirent les armes.

1. Organisées l'année précédente, à l'occasion de la visite de Napoléon.

VIII

SORT FAIT À NOS VAISSEAUX

Dans la nuit du 12 au 13, quand le commandant La Caill[e] et ce qui restait des équipages du *Tourville* et du *Jean-Bar[t]* débarquèrent au Port-des-Barques, ils y trouvèrent le préf[et] maritime qui, en personne, conduisait des secours du por[t] de Rochefort. L'amiral Martin réussit à calmer l'accès d[e] vertige qui étreignait ces malheureux, démoralisés, réveill[a] en eux le sentiment du devoir et, comme le jour se faisait, on s'aperçut que ce qu'on avait pris pour des machine[s] infernales n'était autre chose que nos vaisseaux enflammés, l'*Aquilon* et la *Ville-de-Varsovie*, en dérive, et qui n'avaient d'ailleurs pas touché le *Tourville*. Aussitôt, La Caille et se[s] gens retournèrent à leur bord, où ils retrouvèrent tout intact : des embarcations, égarées dans le désordre de cette affreus[e] nuit, ont accosté le *Tourville*, par hasard, et avec l'aide d[e] quelques hommes restés à bord : dans la précipitation de l'éva[-]cuation, on avait pu éteindre l'incendie allumé par les nô[-]tres. Tout le monde se mit aux pompes et on allégea enco[re] le vaisseau.

Mais avec le jour, les Anglais ont repris leur feu contr[e] nos épaves. Le *Régulus* s'est mis à la côte à Fouras ; pou[r] se relever, il a eu, a-t-on dit, l'idée inconcevable de s'allé[-]ger sans avoir mouillé une ancre de retenue, et il en es[t] résulté, naturellement, que la marée montante, au lieu d[e] le remettre à flot, l'a porté de plus en plus sur les vases. L'ennemi vient l'attaquer dans cette situation et l'écrase sou[s] ses boulets et ses bombes. Il en est de même de la frégat[e]

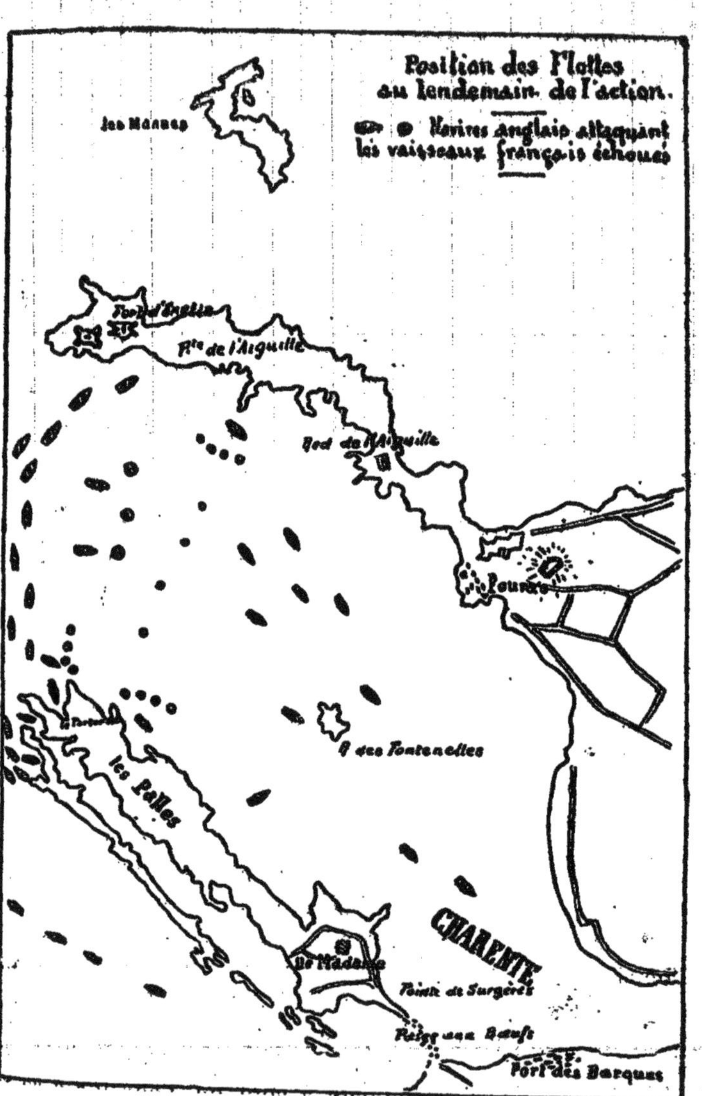
Position des Flottes
au lendemain de l'action.
Navires anglais attaquant
les vaisseaux français échoués
Pte de l'Aiguille
Fouras
les Palles
Ile Madame
CHARENTE
Pointe de Surgères
Port des Barques

l'*Indienne* et du vaisseau le *Tonnerre*: pendant trois jour ils lutteront bravement et tiendront les assaillants à distance; mais ils sont trop et les moyens de combattre sont épuisés; les bordages sont crevés par les boulets; l'équipage est décimé, ceux qui restent succombent à la fatigue. Alors, les capitaines de ces deux derniers, après avoir assuré leurs couleurs, se résignent à mettre le feu à leur bord et mettent leur monde à terre.

Que faisaient, pendant ce temps, Allemand et ceux de nos navires qui auraient pu entrer en action? Rien. Cette attitude passive enhardit l'Anglais. A dix heures du matin, le 13, six canonnières, deux bombardes, une goélette, un cutter viennent attaquer le vaisseau l'*Océan* par l'arrière. Là encore il ne s'agit pas d'un combat loyal, à coups de canon; l'ennemi essaie de couvrir le vaisseau de fusées incendiaires. De ses six pièces de retraite, l'*Océan* tient à distance cet essaim de lucioles malfaisantes, et celles-ci se retirent à quatre heures et demie, sans avoir obtenu le succès qu'elles attendaient.

La flottille anglaise, pour être à même de reprendre le lendemain sa besogne de corbeaux acharnés à dépecer des cadavres, est allée mouiller derrière l'île Madame. Dans le nombre se trouve le *Défiance* qui, en louvoyant, touche sur l'extrémité O. des Palles et ne peut s'en tirer qu'au sacrifice de son artillerie, qu'il jette à la mer.

Et pendant ce temps-là, des canonnières postées entre l'île d'Aix et la pointe d'Enet, où n'existe pas encore d'armement, tirent sans relâche, de leurs pièces de 36, sur notre frégate l'*Indienne*, couchée sous le fort de l'Aiguille.

Le *Tourville*, qui travaille encore à se déséchouer, est aussi l'objet de ces attaques infructueuses, et c'est seulemnt à minuit qu'il peut hisser ses voiles. A deux heures du matin il se met en route; mais le courant le jette encore une fois à la côte.

Le 14, on travaille toujours à bord du *Tourville* à se relever du nouvel échouage. Depuis trois jours, nul n'a dormi à bord, nul n'a pris une heure de repos, mais on n'a plus à répondre, là du moins, au feu de l'ennemi. Il n'en est pas de même pour le *Régulus;* trois bombes l'atteignent, une a éclaté dans la cale, les deux autres dans les batteries; le plus grand désarroi règne à bord.

Le *Foudroyant* et le *Jemmapes* sont encore au plein, mais l'*Océan*, à l'aide des secours fournis par le port, peut se haler dans la rivière, en sacrifiant la moitié de sa batterie, jusqu'au Port-des-Barques.

Le 15, le *Cassard* entre à son tour en Charente, bientôt suivi par le *Jemmapes* et le *Foudroyant*, qui ont réussi à se remettre à flot; mais ce dernier va encore s'échouer, hors du chenal heureusement, sous la protection du fort de l'île Madame. Le *Régulus* a pu se relever à la grande marée de ce jour, et il était temps, car le commandant Lucas, tout à fait découragé, proposait à l'amiral de sacrifier le vaisseau, qui restait seul, désormais, exposé aux coups de l'ennemi. Il fallait que la situation fût extraordinairement désespérée pour que Lucas, le héros de Trafalgar, eût une pareille pensée. C'est que, en effet, les Anglais avaient envoyé les mêmes forces que la veille canonner et bombarder nos bâtiments restés en dehors. Comme il n'y avait plus de danger pour eux, ils envoyèrent neuf canonnières et quatre bombardes du côté de Fouras. Mais il ventait terriblement et la pluie tombait à torrents; vers minuit, les vents passant au S. O. l'ennemi dut s'éloigner, en envoyant encore quelques coups.

Le *Tourville* n'avait pas réussi à se tirer de la côte. Ce n'est que le 16, au matin, qu'il se trouva définitivement dégagé, au prix de six jours de fatigues, d'angoisses et de combats; mais le vaisseau était sauvé, on peut dire contre toute attente.

L'amiral, ayant reçu, le 18, du préfet maritime de Rochefort, avis que les Anglais avaient le projet de lancer quatre brûlots en Charente, pour incendier les navires qui s'y étaient réfugiés, on commença dès le lendemain matin, une estacade au moyen d'une grosse chaîne de ponton, fixée par de fortes ancres, soutenue par des tronçons de mâts, et étendue, du fort de la Pointe vers Saint-Nazaire, c'est-à-dire, cette fois, selon la direction du courant de flot.

Le 20, vers une heure après-midi, deux bombardes, quatre bricks-canonnières et une goëlette vinrent s'embosser entre les Palles et Enet, derrière le *Régulus*. Le pavillon de l'amiral Gambier était en tête du mât de la goëlette. Pendant cinq heures, on bombarda notre vaisseau, qui répondit vigoureusement; les batteries de la côte essayèrent, mais sans succès, de prendre part à l'action. A la nuit close, le combat cessa par la retraite des Anglais, qui retournèrent à leur mouillage au S. O. des Palles. La goëlette de Gambier, qui dirigeait en personne cette attaque, s'était prudemment tenue hors de portée de notre artillerie.

Pendant cette journée l'ennemi avait lancé 178 bombes, 1297 boulets et 60 fusées incendiaires; celles-ci ne produisirent que peu d'effet, mais l'arrière du vaisseau souffrit beaucoup; il eut une gabarre coulée le long de son bord, mais un seul blessé.

Le 21 et le 22 se passèrent dans l'inaction de la part des Anglais; le *Régulus* se tenait toujours prêt à repousser une nouvelle attaque.

Le 23, on s'aperçut de beaucoup de mouvements et de signaux chez l'ennemi; deux bricks s'avancèrent, remorquant des canonnières et des péniches. Ces dernières vinrent sonder près du *Régulus* et reconnaître la pointe d'Enet. Deux bricks-canonniers s'approchèrent aussi, et il parut que toute la division anglaise se préparait à renouveler l'attaque le lendemain. Lucas prit ses mesures de défense et, le caractère du héros de Trafalgar ne lui permettant pas de demeurer plus longtemps dans cet état de cible criblée passivement, il demanda à l'amiral Allemand des canonnières et des chaloupes bien armées pour tenter d'enlever à l'abor dage les canonnières ennemies; en attendant, il envoya des embarcations reconnaître leurs dispositions.

Le 24, à six heures et demie, deux bombardes, quatre bricks, des canonnières, des péniches et une goélette, le tout au nombre de vingt et un, mirent à la voile et, en louvoyant, marchèrent contre notre vaisseau. Notre *Régulus* était entouré de toutes parts et l'ennemi l'écrasait sous ses projectiles; les bombardes s'étaient placées à son arrière, par sa hanche de tribord, de manière à se trouver dans un angle que son artillerie ne pouvait battre : notre brave Lucas faisait face à tous; il jeta bas la galerie, coupa tout ce qui bornait son champ de tir et répondit par un feu soutenu et bien dirigé. Mais il veut prendre l'offensive et réclame de nouveau des embarcations pour courir à l'abordage. Ses munitions commencent à s'épuiser, il en réclame des autres vaisseaux.

Les Anglais, découragés, se retirèrent une fois de plus, et quand les embarcations demandées et les bateaux-canonniers envoyés de Rochefort arrivèrent, l'ennemi était retourné à son mouillage. Le commandant Lucas disposa alors les douze bateaux-canonniers de secours sur une ligne tirée de la hanche du vaisseau à Enet.

Le 26, au soir, on reprit les travaux d'allégement, sous l'œil de la goélette anglaise en observation, mais ce ne fut que le 29 que le *Régulus*, enfin remis à flot, put se réfugier dans le fleuve.

A partir de cette date, la flotte anglaise ne risqua plus aucune attaque en forces; ses péniches seules écumèrent la mer. Le dernier assaut donné au *Régulus*, resté seul exposé à leurs coups, sur son banc de vase, les avait sans doute découragés. Ils y avaient envoyé canonnières, bombardes et bricks, qui vinrent ensemble attaquer le vaisseau par l'arrière. On ne pouvait déployer une prudence plus voisine de la crainte, car ils savaient qu'ils allaient n'avoir affaire qu'à un seul bâtiment, désemparé, immobilisé et penché dans sa souille, presque à court de munitions, empêché de se servir de la plupart de ses pièces et, en fait, abandonné par l'amiral. Et le long de son bord, le *Régulus* était encombré d'allèges travaillant à le décharger.

Ce fut le dernier effort. Les Anglais restaient sur leurs positions; mais l'entreprise ne leur avait pas donné les complets résultats qu'ils espéraient de tant et de si gros sacrifices en matériel, en munitions et en honneur.

IX

RÉSULTATS OBTENUS PAR LES ANGLAIS

Le coup des brûlots, ainsi perpétré par l'Angleterre en rade de l'île d'Aix, le 11 avril 1809, nous a valu un désastre maritime; il serait puéril de le contester. Un nom de plus s'est ajouté là à une liste d'événements dont nous aurions dû nous souvenir et faire notre profit, résolument, sans haine ni sans crainte : Quiberon, Aboukir et Trafalgar. Si l'affaire des brûlots est tombée en oubli, c'est peut-être parce que, tout compte fait, l'effort britannique a échoué assez piteusement. Quatre-vingt-dix-huit navires ont été mis en ligne : l'amiral Gambier, le fameux colonel Congrève, l'aventureux Cochrane, tout ce que l'Angleterre avait d'hommes hardis étaient entrés en jeu; l'entreprise longuement préparée, on n'avait ménagé aucun sacrifice et pendant vingt-cinq jours on avait tâté le terrain, cherché le point faible, tiré ses plans, en face de notre escadre inactive et sous les ordres d'un chef incapable, qui avait perdu la tête. La flotte ennemie, très supérieure en forces, pouvait et devait attaquer nos vaisseaux; cependant elle n'a pas manœuvré pour entrer dans la rade, et si une de ses divisions a pris mouillage dans le S. O. des Palles, elle a eu soin de se tenir hors de portée de canon de nos batteries de terre. Même le 12 avril, après l'affreuse nuit du 11, quand notre escadre est disloquée, la flotte anglaise se garde de tout engagement : elle voit le *Foudroyant* et le *Cassard* à leur poste de combat; le *Régulus* peut encore, peut-être, se joindre à eux, le *Jemmapes* et l'*Océan* peuvent aussi, à ce moment, entrer en ligne. Cinq vaisseaux, sept même, en comptant bien, enfin trois frégates, c'est trop pour un ennemi qui,

Pour son pavillon,
Arbore l'incendie.

En somme, l'événement nous coûtait, en pertes matérielles, quatre vaisseaux, une frégate, et des masses d'artillerie, de munitions et d'approvisionnements de toutes sortes. Nous ne sommes pas assez renseigné pour dire le nombre des tués, des blessés et des prisonniers. Sept vaisseaux, quatre frégates nous restaient, nos forts et batteries n'avaient été l'objet d'aucune agression autre que celle lâchement tentée par le piège tendu à bord de l'*Eneas*, et le port et l'Arsenal de Rochefort n'avaient pas vu même le haut des mâts des vaisseaux ennemis.

A Londres, on fut peu satisfait; on eut un moment, paraît-il, la pensée de faire à Gambier le même sort qu'à Byng, après sa défaite; mais on se contenta de le disgracier.

De notre côté, des comptes sévères étaient à régler. Notre amiral avait été coupable d'une inintelligence et d'une imprévoyance impardonnables : 1° en ne faisant pas établir la deuxième estacade, reconnue nécessaire; 2° en ne prenant aucune mesure pour le cas où son unique barrière serait rompue, — comme on pouvait le prévoir. S'il eût disposé ses onze vaisseaux et ses quatre frégates sur deux lignes d'embossage, très rapprochées et appuyées, à droite par les batteries de l'île d'Aix, à gauche par celles du bas de la Charente, rive droite, il aurait présenté ses forces selon une direction parallèle au courant et, conséquemment, aurait vu passer les brûlots sans en être atteint, en les canonnant comme du haut d'un rempart et sans masquer à aucun moment les forts de l'île d'Aix. Au contraire, il a groupé l'escadre derrière une simple estacade perpendiculaire au courant et en travers du chenal. Il était impossible que l'obstacle résistât à des masses poussées à pleines voiles par un vent violent qui leur était favorable, et aidées aussi par le flot. Rien n'a été prévu pour cette éventualité, et quand elle s'est réalisée, l'amiral s'est contenté de donner « liberté de manœuvre » à ses capitaines. Ainsi donc, c'est dans ce moment critique que l'escadre n'a plus de chef.

On a dit, pour la défense de l'amiral Allemand, qu'il n'avait pas attendu plus de cinq ou six brûlots. Pourquoi ? La flotte ennemie était au bout de sa longue vue, il en savait le nombre et la composition, il avait pu suivre tous ses mouvements et ses préparatifs. On ne prépare pas trente-trois brûlots qu'un observateur vigilant ne s'en aperçoive.

Qu'aurait donc pu et dû faire l'Amiral, à défaut de deuxième estacade, pour laquelle nous admettons que les moyens ont fait défaut ? D'abord, il aurait pu entrer en Charente, avec tous ses navires, quand il a vu l'estacade rompue ; mais on sait quels ordres insensés avaient fait d'eux de véritables pontons, sans voiles ni mâts, même sans embarcations. Mais non, il y avait autre chose à faire, et une chose très française, à laquelle ont pensé tous les marins du temps et dont l'oubli a terni la carrière de l'amiral.

La flotte anglaise comptait trente-quatre unités de combat, onze vaisseaux, sept frégates, les canonnières ; — le reste n'était que transports, machines infernales, etc., c'est-à-dire une masse encombrante et plus dangereuse qu'utile à l'ennemi, en cas d'engagement. La flotte française pouvait mettre en ligne onze vaisseaux et quatre frégates. La partie était égale, car les nôtres combattaient pour leurs foyers.

On doit donc se demander pourquoi Allemand n'a pas profité du moment où il a vu les Anglais tout occupés à leurs brûlots, les cales et les ponts encombrés de matières inflammables, les équipages dispersés sur quatre-vingt-dix-huit bâtiments, pour s'avancer hardiment et attaquer ? Le succès était peut-être douteux en tant que victoire immédiate, mais dans le désordre et l'embarras où se trouvait manifestement l'ennemi, on pouvait, le vent s'y prêtant, le pousser sous le canon des forts, le détruire ou le jeter à la côte. Cette manœuvre, exécutée par fin de jusant et menée résolûment, aurait surpris les Anglais en complète difficulté d'agir avec plan et ensemble, et le vent, qui soufflait du N.-O., était favorable à l'entreprise. Certes, le succès eût été payé cher, moins cher, probablement, que ce que nous a coûté notre désastre, mais c'était la victoire finale et l'anéantissement d'une flotte anglaise.

Pourquoi l'amiral Allemand n'en a-t-il pas ainsi agi?

Ah! pourquoi? On a reproché à l'amiral et à quelques-uns de ses capitaines d'avoir perdu la tête; c'est possible, probable même; mais pour démêler les causes de notre inaction, il faut envisager un ensemble de considérations plus générales et remonter plus loin dans notre histoire, au delà des événements de 1808, dont il a été parlé.

L'Angleterre avait à ruiner la rivale de sa puissance navale et commerciale; mais elle avait particulièrement à venger ses revers en Amérique, sa défaite dans la baie de Chesapeake, — pour ne pas remonter plus haut. On sait combien la marine de Louis XVI était redoutable, non seulement par le nombre de ses vaisseaux, mais encore et surtout par la valeur de son corps d'officiers. Là était sa force. Le cabinet de Londres ne recula devant aucun sacrifice pécuniaire pour la détruire; il soudoya des espions, des traîtres, et il en trouva, ô honte! jusque parmi les Français. L'Histoire a dit les noms de quelques-uns; elle a d'autres noms à clouer au pilori.

Il est difficile de nier, aujourd'hui, que la Révolution n'ait fait cette œuvre lamentable de détruire notre marine au profit de l'Angleterre, inconsciemment de la part des masses, consciemment de la part de quelques-uns. Dans nos ports de guerre, l'émeute éclatait à la nouvelle d'un armement, et c'était les prétendus « Amis de la Constitution » qui organisaient notre ruine. Partout on insultait, on menaçait les officiers; la proscription, l'échafaud les jetèrent dans l'émigration; et ce fut l'Angleterre qui les recueillit. Elle les rassembla, les leurra et les mena à Quiberon, où six cents officiers, la fleur de notre marine, les élèves et les émules des Suffren, des Guichen, des Grasse disparurent en un jour. Le but était atteint : nous pouvions avoir encore des vaisseaux, mais nous n'avions plus et ne pouvions avoir de longtemps des officiers pour les commander. Car on n'improvise pas un corps d'officiers de marine, pas plus qu'on ne décrète la victoire navale.

On reconstitua bien les cadres, — numériquement, — mais avec quels éléments! Des pilotes, des gabiers, des charpentiers, même des calfats, patriotes sans doute, et ne manquant pas de courage personnel, mais surtout beaux parleurs, sont improvisés manœuvriers et tacticiens. Comme ils ont conscience d'une incapacité complète, comme ils sont en même temps soucieux de se garder des responsabilités dont ils n'ignorent pas les conséquences, depuis qu'ils ont, selon l'expression d'un vieux marin, « pris l'habitude d'être battus », ils mettent désormais autant de soin à éviter une rencontre que notre ancienne flotte en apportait à chercher l'ennemi et à le combattre. On n'ose plus quitter les rades : « Une bataille évitée est, alors, une bataille gagnée », a écrit l'amiral Jurien de la Gravière.

C'est évidemment dans ces dispositions d'esprit, qui ont survécu à la Révolution, que l'amiral Allemand a préféré l'estacade à la bataille rangée, entamée hardiment, face à face, et c'est pour alléger sa responsabilité, sinon par sentiment de son insuffisance, qu'il a, dès l'entrée en scène des brûlots, abdiqué son commandement en livrant ses capitaines à leur seule initiative. Il semble qu'à partir de ce moment, il ne se soit plus occupé que de son propre salut; il accapara les embarcations de l'escadre, ne répondit plus aux signaux de détresse et entra en rivière dès qu'il le put. Les vaisseaux en état de combattre le suivirent, et ils abandonnèrent la rade, laissant à la merci de l'ennemi les navires échoués.

Il nous en coûtait la perte totale de quatre vaisseaux et d'une frégate; mais les survivants de notre escadre avaient dû jeter à la mer une partie de leur artillerie :

L'*Océan*, 47 canons ou caronades,
Le *Foudroyant*, 62 canons ou caronades,
Le *Cassard*, 43 canons ou caronades,
Le *Régulus*, 66 canons ou caronades,
Le *Tourville*, 27 canons ou caronades,
Le *Jemmapes*, 13 canons ou caronades,
Le *Patriote*, 63 canons ou caronades,
Le *Pallas*, 25 canons ou caronades,
L'*Elbe*, 19 canons ou caronades,
L'*Hortense*, 20 canons ou caronades,
soit : 385 canons ou caronades.

Les forts et les batteries de la côte s'étaient efforcés de protéger notre escadre, en canonnant les Anglais; mais leur action avait été sans effet, et pour des causes que nous allons signaler, d'après le manuscrit d'un témoin :

« Depuis longtemps, rapporte le capitaine de corvette Potestas, il se passait au port de Rochefort des faits lamentables. Lors de l'affaire des brûlots (11 avril 1809) les forts ne furent d'aucune utilité, et certains en ont conclu qu'ils n'étaient pas en position de canonner les Anglais. La vérité, c'est qu'il y avait trahison ou vol, — peut-être l'un et l'autre. Voici ce qu'écrivait le chef de bataillon Leclerc, qui commandait le poste de l'île Madame, à M. Kérangal, commandant des armes, le 14 avril :

« On peut considérer toutes les poudres existantes ici comme hors de service pour la guerre : elles sont détériorées et sans force, s'écrasant sous le doigt comme une pâte de charbon. J'ai reconnu avec douleur que les gargousses apprêtées avaient été saignées et qu'on ne les avait pas préparées suivant le tarif, particulièrement à la *Passe-aux-filles* où j'ai vérifié ce déficit trop coupable. J'y ai éprouvé la douleur de ne pouvoir faire jouer la batterie de 36 sur le brick échoué, jusqu'à ce que j'aie reçu cent gargousses de 18 d'une frégate. »

Au rapport de Leclerc étaient joints des échantillons qui furent reconnus de si mauvaise qualité, et si évidemment, qu'à Rochefort, on ne prit pas même la peine d'en éprouver la poudre.

Dans tous les forts, les poudres étaient dans le même état; des officiers, des habitants de l'île d'Aix qui avaient servi les pièces, assuraient que les boulets n'atteignaient pas la moitié de la portée, et qu'ils avaient même trouvé des gargousses composées de charbon et de terre, sans un seul grain de poudre.

« On n'a jamais fait aucune recherche sur les auteurs de ces vols, — en supposant que ce soit des vols », ajoute notre témoin.

Tout commentaire serait ici superflu.

X

LE MINISTRE DE LA MARINE ET L'EMPEREUR

Les documents officiels touchant l'attaque de la flotte française par les brûlots anglais en rade de l'île d'Aix, en 1809, sont peu nombreux : deux lettres seulement et la publication faite au *Moniteur*. Mais nous avons eu la bonne fortune de trouver, à Rochefort, aux mains d'une vieille famille de la marine, la copie des pièces du procès intenté à quatre capitaines de vaisseau, devant un conseil de guerre spécial, et ce manuscrit, qui emprunte son autorité à ce fait qu'il a été tracé sur les lieux mêmes, au cours des événements, par un homme d'honneur et du métier, nous a été d'autant plus précieux que nous l'avons vu corroboré par les renseignements puisés à d'autres sources dignes de foi.

Dans la publication faite en 1838, de la « Correspondance de Napoléon avec le ministre de la marine depuis 1804 jusqu'en avril 1805, — extraite d'un *portefeuille de Sainte-Hélène* », — il existe une lettre, une seule, relative à l'affaire des brûlots.

Le 25 avril, c'est-à-dire deux semaines après le désastre, Decrès écrit à l'Empereur, qui est parti de Paris le 13 pour rejoindre l'armée, — car la guerre est déclarée à la coalition, — et qui ignorait encore l'événement de l'île d'Aix :

« Sire, les résultats de l'attaque de Rochefort sont effrayants : la *Ville-de-Varsovie*, le *Tonnerre*, le *Tourville*, et l'*Aquilon* sont brûlés. Deux vaisseaux, deux frégates en rivière, qui ne risquent rien. Le reste est échoué. Le vice-amiral prévoyant une nouvelle attaque et, dans le cas où elle aurait lieu, incertitude sur la possibilité de relever les bâtiments.

» Quand j'ai le malheur d'avoir de pareilles nouvelles à annoncer à Votre Majesté je crois superflu de Lui parler de ma douleur.

» Je regarde comme certain que l'ennemi attaquera notre escadre à Flessingue. Il ne peut en résulter rien d'avantageux pour Votre Majesté. Qu'Elle daigne me pardonner de Lui proposer de faire entrer notre escadre à Flessingue, dont les équipages feraient la garnison.

» Cette proposition, qui a un caractère apparent de timidité, peut déplaire, à Votre Maejsté; aussi faut-il un effort, qui n'est pas sans courage, pour la Lui soumettre ».

Quelle lettre étrange! Lettre d'un courtisan mais non d'un ministre de la marine, qui rend compte d'un affreux désastre après avoir réfléchi mûrement aux moyens d'y parer; il s'est, d'ailleurs, si mal renseigné qu'il commet des erreurs qui sautent aux yeux. Il y a dix jours que le *Tourville* est sain et sauf en Charente et il le dit brûlé; il semble ignorer la perte du *Calcutta* et de l'*Indienne;* sept vaisseaux et trois frégates sont saufs; l'Anglais n'a osé attaquer que des épaves, et Decrès assombrit le tableau comme à plaisir. Ou l'amiral Allemand l'a trompé par ses rapports, ou lui-même trompe l'empereur.

La nouvelle d'un tel désastre provoque chez Napoléon une violente colère : de prime abord, il repousse la proposition touchant le désarmement de l'escadre de Flessingue; quant à Rochefort, le ministre aura à faire une enquête sévère, et un châtiment exemplaire devra frapper tous ceux qui n'ont pas fait ce qu'ils devaient.

Que furent cette enquête, les faits qu'elle retint, les personnes qu'elle incrimina, les conclusions qu'elle posa? Autant de questions auxquelles les faits vont donner une réponse.

Il faut croire que les rapports du ministre à l'Empereur présentèrent l'amiral Allemand comme ayant rempli rigoureusement tous les devoirs imposés à sa haute position, car, tandis que le gouvernement britannique infligeait à son amiral une disgrâce, Allemand était appelé au commandement en chef de notre escadre de la Méditerranée.

Jurien de la Gravière a dit[1] que le crédit de l'amiral Allemand survécut à ce désastre « dont on ne voulut pas rechercher trop minutieusement l'origine ». On l'envoya à Toulon, où on le mit à la tête d'une flotte de vingt-cinq vaisseaux; mais il ne put résister aux plaintes unanimes que soulevèrent des violences et des emportements dont la marine a gardé la mémoire... On ne sut que faire de ce vice-amiral tombé en disgrâce et, comme on tenait à le ménager, on lui donna le commandement d'une division de quatre vaisseaux à Lorient; puis en 1813, celui des flottilles de Flessingue et d'Anvers. Ne s'étant pas rendu à son poste, il fut l'objet d'un rapport véhément du ministre et cessa d'être employé.

L'Empereur, qui, dans ses méditations, à Sainte-Hélène, a pu mieux juger des hommes et des choses, disait à O'Méara, parlant de l'affaire des brûlots : « L'amiral français était un imbécile, mais le vôtre était tout aussi médiocre ». Allemand n'en devint pas moins comte de l'empire, grand-officier de la Légion d'honneur, avec des dotations, — et cela quand le Conseil de guerre aurait dû le réclamer.

Mais l'empereur était justement irrité : il fallait des victimes expiatoires.

Dès le 12 avril, au lendemain même de la nuit des brûlots, l'amiral Allemand avait adressé un premier rapport au ministre. Celui-ci garda, sur l'événement, un si complet silence que nul journal n'en dit mot. Récemment encore, une feuille parisienne s'est donné la tâche de reprendre, jour par jour, les nouvelles d'*il y a cent ans*, d'après les journaux du temps : on n'y voit aucune mention de l'affaire des brûlots de l'île d'Aix, avant le 9 septembre, où on lit

1. « Souvenirs d'un Amiral ». T. 2, p. 157.

ce qui suit : « Aujourd'hui à quatre heures du soir, la troupe assemblée à bord du vaisseau amiral *Océan*, le condamné Lafon y a subi son jugement, après avoir entendu de nouveau la lecture d'icelui ». Le jugement du Conseil de guerre, rendu le 7 septembre, disait : « Relativement à l'accusé Jean-Baptiste Lafon, le conseil l'a reconnu coupable, à la majorité de cinq voix contre quatre, d'avoir lâchement abandonné le vaisseau *Calcutta*, en présence de l'ennemi, et ce dans la soirée du 12 avril dernier. En conséquence, le Conseil le condamne à la peine de mort, conformément à l'article 33, titre second, du Code pénal des vaisseaux, du 22 août 1790 ». Rien de l'affaire des brûlots, rien du procès des quatre capitaines. Si nous en savons quelque chose, c'est qu'un ordre formel de l'empereur obligea Decrès à donner au *Moniteur*, non point le récit du désastre subi six mois auparavant, mais le dossier du jugement qui s'ensuivit, encore ce dossier ne fut-il pas publié en son entier, ainsi que l'avait nettement ordonné Napoléon, mais avec de graves omissions intentionnelles et des altérations des textes.

En tout cas, ce dossier ne fut inséré au *Moniteur* que le 11 octobre 1809, n° 284, page 1128. On y lit, sous le titre : INTERIEUR-PARIS, 11 octobre :

« En vertu d'un décret impérial du 2 juin dernier, un Conseil de guerre a été convoqué à bord du vaisseau-amiral de S. M. au port de Rochefort, pour juger la conduite des capitaines de vaisseau Clément de la Roncière, relativement à la perte du vaisseau le *Tonnerre*, celle du capitaine Lafon, relativement à la perte du vaisseau le *Calcutta*, celle du capitaine Proteau, relativement à la perte de la frégate l'*Indienne*, celle du capitaine La Caille, relativement au commandement du *Tourville :* voici les pièces de la procédure instruite par ce Conseil de guerre et le jugement intervenu » :

A la suite on a inscrit : « *(Voyez les pièces supplémentaires)* ».

Ce supplément comprend 8 feuilles paginées de 1 à 32 et

on y peut constater une foule de fautes d'impression to-chant les noms propres et la plus grande partie des term de marine.

Pour plus de clarté et pour suivre l'enchaînement des fait nous donnerons d'abord le premier rapport Allemand.

« Rapport à S. E. le Ministre de la Marine et des Co-lonies.

» A bord du vaisseau l'*Océan*, en rade de l'île d'Aix, l 12 avril 1809.

» Monseigneur,

» Par ma dernière du 9, j'avais l'honneur de vous man-der que les forces ennemies, mouillées dans la rade de Basques, étaient de 12 vaisseaux de ligne, 6 frégates, 11 bâ-timents de transport. Le 10, il arriva encore 16 bâtiment qui me parurent transports ou brûlots. Je fis dégréer le mâts de perroquet et ceux de hune.

» Le 11, les vents au N.-O., gros frais, les frégates enne-mies s'approchèrent de l'île d'Aix en dérivant. L'armée de S. M. était sur deux lignes de bataille, endentées et trè serrées, gisant au N. ¼ N.-O. et S. ¼ S.-E. du monde, afi de prendre moins de surface à l'envoi des brûlots.

» Elle était flanquée d'une estacade à 400 toises au larg qui avait 800 toises de long. Le bout N. était à une encablu et demie des roches de l'île. *Elle était retenue par 9 ancre de 2.000 chacune*[1].

» Au coucher du soleil, il ventait encore très gros frais Je laissai chaque capitaine libre de sa manœuvre pour l sûreté de son vaisseau.

» Je signalai l'ordre à la 4e et à la 5e division de la flot-tille d'aller bivouaquer jusqu'à deux heures à l'estacade, mai le vent était si violent que peu d'embarcations ont pu s'y rendre; la majeure partie a relâché.

1. Les parties soulignées ont été supprimées dans le rapport publié pa Decrès.

» J'envoyai un officier prévenir le général Brouard, commandant à l'ile d'Aix, que l'ennemi par sa manœuvre annonçait vouloir profiter du gros vent et de la marée pour entreprendre un coup de main; il me fit répondre qu'il l'attendait de pied ferme et qu'il répondait de la terre.

A huit heures et demie, quatre bâtiments anglais étaient mouillés dans le courant et le lit du vent de la ligne; l'*Océan* les relevait au N. O. Ils avaient des signaux et paraissaient devoir servir de jalons pour la direction de leurs brûlots.

» Il ventait tellement qu'il était impossible de s'entraverser, aussi je n'en donnai pas l'ordre.

» Vers les neuf heures, une forte explosion eut lieu à l'estacade; deux autres se succédèrent, un brick enflammé s'arrêta sur une partie de l'estacade et, successivement, il s'est présenté plusieurs bricks et trois-mâts sous toutes voiles, ayant le feu dans le corps et les gréements.

» Ils furent arrêtés quelque temps; enfin la franchirent et arrivèrent successivement sur nos lignes. Le premier rangea le vaisseau le *Régulus* et le crocha à tribord; en même temps un second aussi enflammé tomba sur l'*Océan*.

» J'avais donné l'ordre d'être prêt à filer les câbles et même à les couper au besoin, seul moyen d'éviter une destruction totale. Dès que ce brûlot fut presque en travers sur le beaupré, je fis filer du câble et, comme il venait plus vite que l'*Océan* ne culait (malgré que j'eusse fait mettre le perroquet de fouque sur le mât), je me décidai à faire couper celui de N.-O. pour venir à l'appel du S.-E.; ce moyen me réussit.

» Les brûlots, *dirigés par les bateaux amarrés derrière*, se succédèrent, venant à pleines voiles vent arrière dans l'Armée, en gouvernant sur l'*Océan* qui était au centre de la ligne. Un d'eux l'accrocha par la bouteille de tribord malgré ce qu'on put faire pour l'éviter. C'en était fait du vaisseau de S. M., les flammes sillonnaient à flocons, le long de ses batteries. *Voulant empêcher l'explosion, je donnai l'ordre de noyer les poudres;* heureusement que ce brûlot avait beaucoup d'aire; il para, mais ce fut pour crocher aux bossoirs des grands porte-haubans. On parvint encore à le dégager; alors son beaupré prit dans le bossoir de devant, il fallut couper; la chaleur était si forte qu'on ne pouvait approcher. Des braves se dévouèrent, sautèrent sur la civadière et dans la poulaine et sauvèrent le vaisseau, mais cinq d'entre eux y ont perdu la vie. *J'arrêtai de suite le noyage des poudres: il y en a moins de un tiers de perdu.*

» A peine fûmes-nous délivrés d'un danger aussi imminent, trois fois réitéré, que d'autres bâtiments enflammés me tombèrent sur le corps. *Il fallait les éviter à quelque prix que ce fût. Il ne restait qu'un moyen, celui de couper les câbles de S. E., afin de gouverner sous le perroquet de fouque et la misaine, lançant tantôt sur bâbord, tantôt sur tribord. Cette manœuvre a réussi, mais avec beaucoup de difficultés. Nous étions à demi-flot lorsque le bâtiment s'arrêta sur la vase. Je fis mouiller et il flotta aussitôt, voulant par cette manœuvre me faire éviter debout à la lame pour qu'il fatiguât moins pendant le jusant suivant et part des canons ennemis. Je parvins également à m'en dégager.*

» L'ennemi a dirigé sur l'armée 3 machines infernales et 28 brûlots, tant bricks que trois-mâts, frégates, vaisseaux de compagnie et deux de ligne.

» Tous ceux de S. M. et les frégates ne se sont parés de cet incendie qu'en filant leurs câbles.

Je ne prendrai pas de repos, Monseigneur, que les bâtiments soient à flot, et j'espère n'en perdre aucun. Il est des capitaines qui par leur position, se sont crus obligés de jeter des canons à la mer. Je ne vous dissimule pas, Monseigneur, que l'ennemi a encore plus de brûlots qu'il n'en a envoyés. Dans ce moment il les élève au vent et recommencera au premier instant.

» Le capitaine de frégate Lissilour, commandant le vaisseau l'*Océan* en l'absence du capitaine Rolland, et mes adjudants Pesron et Gaspard ont montré un sang-froid unique; les officiers et aspirants se sont bien comportés, l'équipage s'est maintenu en bon ordre; M. Dalmas, sous-commissaire d'armée, n'a pas quitté le pont. Il m'est agréable de pouvoir faire des éloges aussi bien mérités.

» Agréez, etc...

» Signé : Allemand ».

L'amiral ajoute :

« Puisse cette seconde entreprise ne pas être plus malheureuse puisque dans cette circonstance-ci S. M. n'a perdu, jusqu'à présent aucun bâtiment et qu'avec les moyens aussi extraordinaires que ceux que l'ennemi a envoyés, il est étonnant que toute l'armée n'ait pas été incendiée. »

Il dit aussi que les vaisseaux ont été obligés de s'échouer à l'exception du *Cassard* et du *Foudroyant*. Le premier a été cependant obligé de couper deux câbles et a eu 17 hommes blessés par l'effet d'un seul boulet[1].

A partir du 12 avril, nous ne trouvons plus dans les Archives, rien qui puisse renseigner sur les correspondances et rapports subséquents, à part le rapport du 25 avril. Tous les documents ont disparu, et c'est ce qui a permis aux gens intéressés à dénaturer les choses, de propager de fausses versions, de dire, — par exemple, — que Lafon était vendu aux Anglais, et qu'il avait été justement puni, tandis que d'autres assuraient qu'il avait été juridiquement assassiné.

Quoi qu'il en soit, ce n'est que le 24 mai, six semaines après l'événement, que Decrès adresse son rapport définitif à l'empereur. Pour s'expliquer comment Napoléon put de-

1. Le 9 septembre, l'empereur écrivait, de Krems au Vice-Amiral comte Decrès, ministre de la marine: « Les machines infernales ne sont rien : les Anglais s'en sont servi contre Saint-Malo et plusieurs de nos ports, cela n'a abouti qu'à casser les vitres. S'il suffisait d'une machine infernale pour prendre une place forte, il faut croire que l'on s'en serait servi pour prendre les places qui ont arrêté les conquérants. Les machines infernales, les bombardements même, ne sont comptés pour rien en temps de guerre. Les bombes ne font rien aux remparts, fossés, contrescarpes; les bombes sont utiles, mais comme moyen combiné de siège en règle ».

meurer si longtemps dans une telle ignorance relative des faits, il suffit de se reporter à l'*Itinéraire de Napoléon Ier*, publié par M. Albert Schnormans.

Le 13 avril, il quittait Paris, à quatre heures et demie du matin, pour rejoindre l'armée en Allemagne, avant qu'aucune nouvelle ne fût parvenue de Rochefort.

Le 14, il passe à Bar-le-Duc; le 15, à Strasbourg, à quatre heures du matin, et se remet en route à onze heures; passe par Kehl où il inspecte les travaux de fortifications, et par Rastadt. Il est à Dourlach à cinq heures, y voit la famille grand-ducale de Bade et se repose deux heures, après quoi il entre en Wurtemberg, accompagné du roi, qui est venu l'attendre à la frontière, et après avoir traversé Stuttgart, il va coucher à Ludwisberg, où il arrive après minuit.

Le 16, à dix heures du matin, il prend congé du roi de Wurtemberg, reprend sa route et voyage sans s'arrêter jusqu'à Dillingen, où il trouve le roi de Bavière, cause une heure avec lui, repart, s'arrête à Donawerth à deux heures du matin, se remet en chemin le lendemain pour entrer à Ingolstadt à quatre heures passées, en venant par Baïn, où il a donné des ordres pour la construction d'une tête de pont.

Il quitte Ingolstadt le 19, à une heure après midi, va au château de Willenbourg, revient par Mustadt et, dans la nuit, s'établit à Vohboung, dont il part le 20, à sept heures du matin, pour rejoindre les Bavarois. Il se tient à Bachel, qu'il quitte à neuf heures pour se porter à Rohr, dont les Bavarois viennent de s'en emparer. Il y couche.

Il part de Rohr le 21, à quatre heures du matin, à la suite des divisions de Lannes : devant Lanshut il dirige l'attaque contre les Autrichiens et entre dans la ville avec le général Mouton.

Le 22, c'est la victoire d'Eckmühl. Le 23, la prise de Ratisbonne.

A Ratisbonne, le 24, il prépare le mouvement général sur Vienne, et revient à Lanshut le 26, pour se rendre à Muhldorf le 27, et le 28, à Burghausen où il passe, le lendemain, l'armée en revue. Le 30, il reprend ses marches rapides et hardies : parti de Burghausen dans la soirée, il passe la Salza pendant la nuit et attend le jour à Rameshofen; le 1er mai, il est à Braunau et arrive à Ried à huit heures du soir.

Parti de Ried le 2 mai, il va coucher à Lambach où il passe la Traun. Le 3, il est a Wels à neuf heures du matin, court à Ebelsberg à la nouvelle du combat qui vient d'y être livré, se remet en route le lendemain et arrive, dans la matinée, à Enns, qu'il ne quitte que le 6 pour aller pousser une pointe à Austelten et revenir à Enns, qu'il quitte le 7 à dix heures du matin. Il s'arrête, le reste de ce jour, à l'abbaye de Mœlk, et le lendemain à l'abbaye de Saint-Pœlten, qu'il ne quitte que le 10 à quatre heures du matin. A neuf heures, il est devant Vienne et s'établit à Schœnbrün, où il reçoit, le 12, au point du jour, la capitulation de la capitale de l'Autriche.

La semaine qui suit, se passe en travaux et préoccupations faciles à se figurer, et Napoléon ne quitte Schœnbrün que le 18, pour gagner les bords du Danube, sur lequel il fait jeter un pont le 20, et le 21 et le 22 se livre la bataille d'Essling, où Lannes est blessé. Du 23 mai au 4 juin, l'empereur est à Ebersdorff, sur la rive droite du Danube; il y voit mourir Lannes, le 31 mai.

C'est au cours de ces circonstances qu'il reçoit le rapport de Decrès daté du 24 mai, sur l'affaire des brûlots.

Qu'on relise l'histoire de la campagne de 1809, que l'on se rappelle les angoisses de l'empereur dans l'île de Lobau, que l'on se souvienne enfin de sa douleur devant son ami Lannes mourant d'une façon si tragique, et l'on comprendra la colère de Napoléon à la nouvelle d'un événement qui venait d'une manière si inattendue bouleverser ses plans généraux.

Le rapport de Decrès est daté de près de six semaines après

l'affaire; le ministre a donc eu tout le temps de vérifi
les faits et ses renseignements sont certains.

« Sire, écrit-il, les vaisseaux de V. M. la *Ville-de-Varsov*
l'*Aquilon*, le *Tonnerre* et le *Calcutta*, ainsi que la frégat
l'*Indienne* ont cessé d'exister par suite des événements q
ont eu lieu à l'île d'Aix, desquels j'ai eu l'honneur de rend
compte à V. M.[1].

» Les commandants de la *Ville-de-Varsovie* et de l'*Aquil*
sont tombés au pouvoir de l'ennemi.

» Les capitaines Clément de la Roncière, du *Tonnerr*
Lafon, du *Calcutta*, et Proteau, de l'*Indienne*, sont à Ro
chefort et, conformément aux règlements et ordonnances, j'a
l'honneur de proposer à V. M. de les traduire par-deva
un Conseil de guerre, pour être jugés sur leur conduite re
lativement à la perte des bâtiments de V. M. qu'ils avaie
l'honneur de commander.

» Il est de mon devoir aussi d'exposer à V. M. que l
capitaine de vaisseau La Caille, commandant le *Tourvill*
est prévenu, par le texte même de son propre journal, d'avoi
dans l'une des journées du 11 au 15 avril, abandonné vo
lontairement son vaisseau en présence de l'ennemi, pendan
plusieurs heures, et j'ai l'honneur de proposer égalem
à V. M. de traduire cet officier par-devant le même cons
de guerre, pour être jugé sur sa conduite dans les journé
précitées, du 11 au 15 du mois dernier, et notamment s
l'abandon volontaire qu'il a fait, pendant un certain laps d
temps, du vaisseau le *Tourville* confié à son commandement »

Adoptant les propositions du ministre Decrès, le grand s
crificateur, l'empereur signe à Ebersdorff, le 2 juin, un d
cret ordonnant de convoquer sans délai un Conseil de guer
chargé de juger les quatre capitaines de vaisseau. Le m
nistre en choisit arbitrairement les membres. Pour le pr
sider, qui désigne-t-il? Le contre-amiral Bedout, un ex-mar

1. Ce compte-rendu est, sans doute, le rapport du 25 avril dont il a é
parlé plus haut.

retiré du service depuis 1799, goutteux et infirme, qui depuis dix ans cultivait ses vignes dans le Médoc[1]. Le commissaire impérial sera le contre-amiral L'Hermitte. Que l'on fouille les archives de la marine : on sera plus heureux que nous si l'on y trouve cité avec quelque éclat le nom de Bedout.

Les juges seront : Maureau, Tourneur, Krohm, Polony, Lévêque, Barbier, Robert, Leblond-Plassan.

Barbier est ce directeur des Mouvements du port dont on a vu la culpabilité. Naturellement il se montrera le plus acharné contre les inculpés et votera toujours la mort.

Le capitaine de frégate Robert est l'officier qui commandait le *Calcutta* en 1808 et que l'empereur en a dépossédé en faveur de l'accusé Lafon.

Leblond-Plassan est un jeune capitaine de frégate, nommé depuis dix mois seulement. Il votera pour la mort.

L'instruction est ouverte, et Lafon, qui a perdu son vaisseau dans les circonstances que l'on sait, Lafon que le rancuneux Decrès, après l'avoir écarté, a vu nommer à un commandement par une faveur impériale directe, Lafon est frappé le premier. Dès le 26 *mai*, avant le décret d'Ebersdorff, il lui *a été ordonné* de quitter sa maison (135, rue de l'Amitié à Rochefort) pour se rendre en prison à bord du vaisseau-amiral; on place des sentinelles à sa porte, et, conformément au règlement sur le service des places, il a à leur payer trois francs par jour. Mais le malheureux capitaine est gravement blessé, l'opinion publique s'indigne; on n'ose passer outre, et Lafon est reconduit à son domicile, en ville, où il gardera les arrêts de rigueur, une sentinelle à sa porte.

Le 2 juillet, il est invité à fournir la liste des témoins qu'il désire faire entendre, mais le 4 on l'incarcère de nouveau à bord de l'*Océan*. Il y est conduit par la gendarmerie.

---

1. Dans l'expédition d'Irlande, en 1796, Bedout commandait l'*Indomptable* et était le plus ancien des chefs de division; dans un conseil de guerre réuni le 27 décembre, à Bantry, on décida de renoncer à toute tentative de descente et de rentrer à Brest. On n'avait pas rencontré l'ennemi.

Lafon comptait beaucoup d'amis dans la marine, à Rochefort, à Bordeaux, à Paris. On s'émeut. On parle discrètement d'une lettre adressée à La Caille par un chef de bureau du ministère, M. Croissy, qui lui écrit, le 6 juillet : « MM. Proteau et Clément se tireront d'affaire, mais il n'en serait pas de même à l'égard de Lafon et de vous, qui n'avez d'autre protection que vos bons services. Vous seriez donc recommandés plus particulièrement au tribunal informe qui, soit dit entre nous, doit vous juger rigoureusement ». Alors les amis de Bordeaux offrent à Lafon de faire intervenir auprès du président du Conseil de guerre, une tante, Mme Barolet, qu'on lui connaît dans cette ville; d'autres, plus inquiets encore, lui proposent de s'évader, non pour fuir et se cacher, mais pour se rendre tout droit devant l'empereur et lui faire connaître toute la vérité; Lafon repousse ces offres, en disant : « J'ai encore assez d'illusions pour croire à l'impartialité et à l'honneur de ceux qui sont appelés à me juger ».

Lafon, — puisque son nom nous arrête ici, — avait adressé au ministre, dès le 13 avril, un procès-verbal des événements, qu'avaient signé avec lui les officiers du bord et les maîtres chargés. Le *Calcutta*, qu'il commandait, était un petit vaisseau de 54, qui avait été capturé le 26 septembre 1805, près des îles Scilly, par la division du contre-amiral Allemand, dite l'*escadre invisible*, composée du *Majestueux*, de 120 canons, portant le pavillon-amiral et commandé par Willaumez; du *Magnanime*, commandant Violette, 74 canons; du *Jemmapes*, de 74, commandant Petit; du *Suffren*, de 74, commandant Soleil; de l'*Armide*, de 40; de la *Gloire*, de la *Thétis*, et des bricks *Sylphe* et *Palinure*.

Dans ce procès-verbal, que l'on trouvera *in extenso* au chapitre des documents justificatifs, Lafon et ses officiers racontaient brièvement les phases d'une lutte disproportionnée, qui les avait obligés, après dix-huit heures d'une résistance dont le lecteur, aujourd'hui tranquille en son cabinet, ne peut se faire une idée approchée, à se décider à abandonner le vaisseau, après y avoir mis le feu, pour se rendre, dans les embarcations, le long de l'*Océan*, aux ordres de l'amiral.

Ce procès-verbal et ceux du *Tonnerre*, du *Tourville*, de l'*Indienne*, etc., parvinrent bien au ministre[1], qui ne retint pour le Conseil de guerre, que ceux concernant les capitaines inculpés.

1. Voir aux documents justificatifs.

XI

LE PROCÈS

Le 11 juin, le ministre Decrès informait le préfet maritime de Rochefort de la signature du décret impérial du 2 et sa dépêche en reproduisait les termes mêmes. Il y ajoutait l'ordre d'incarcération immédiate du commandant La Caille, dans les conditions qu'il avait prescrites par une dépêche du 23 ou du 24 mai précédent à l'égard des trois autres capitaines de vaisseau[1].

A la dépêche était jointe cette observation :

« Les contre-amiraux Bedout et L'Hermitte et le capitaine de vaisseau Lebesque étant les seuls membres du Conseil qui ne se trouvent pas à Rochefort en ce moment, reçoivent l'ordre de s'y rendre en toute diligence. Je vous adresse, ci-joint, copie de mon rapport à l'empereur sur les faits qui doivent être soumis au Conseil de guerre. Vous le remettrez au contre-amiral L'Hermitte à son arrivée pour tenir lieu de la plainte d'après laquelle il opérera sans délai, comme il est prescrit par l'art. 43 et suivants, section 4, du décret impérial du 22 juillet 1806.

» S. M. ordonne, Monsieur le préfet maritime, que vous convoquiez le Conseil de guerre sur le compte qui, conformément à l'art. 52 du décret précité, vous sera rendu de sa procédure par le rapporteur.

» Je vous préviens qu'en nommant dix membres pour composer le Conseil de guerre, S. M. a eu l'intention que tous les membres nommés par elle fassent partie du Conseil, mais

1. Ecroués à bord du bâtiment-amiral le 26 mai.

elle entend, toutefois, qui si aucun de ses membres en était empêché par cause légitime, la procédure et le jugement définitif n'en aient pas moins lieu, en tant qu'il restera le nombre de huit juges prescrit par l'art. 39, section 3, du décret impérial du 22 juillet 1806.

» Vous voudrez bien remettre, comme instruction au Conseil de guerre, copie de la présente dépêche, ainsi qu'au rapporteur faisant fonctions de procureur impérial ».

Pour mieux affirmer ses intentions, le ministre a écrit, au bas de son rapport, que le préfet du 5e arrondissement maritime devra remettre le document au rapporteur pour former la plainte contre Clément de la Roncière, Lafon, Proteau et La Caille.

Le 14 juin, le ministre envoie au préfet maritime l'expédition en forme du décret du 2, ainsi que cinq procès-verbaux et journaux qui lui avaient été adressés par les capitaines incriminés.

Ce Conseil de guerre a été dit « extraordinaire » dans beaucoup de documents officiels de l'époque, et il fut en effet « extraordinaire », ainsi que le régime auquel on soumit les officiers au cours de la prévention. Clément de la Roncière, Lafon et Proteau avaient été, dès le 26 mai, incarcérés à bord du bâtiment-amiral du port. Ce bâtiment était, à Rochefort, une vieille frégate de 12, la *Serpente*. On y détint les capitaines de vaisseau. Mais comme il n'était pas possible d'y faire les installations nécessaires à la tenue du Conseil de guerre, on arbora, le 3 juillet, le pavillon-amiral du port sur l'*Océan*, remonté et amarré au 9e poste, devant la « porte du Soleil », et l'on y transféra aussitôt les prisonniers. Une garde d'un sergent et de six hommes y fut placée pour les surveiller, et l'officier du « poste de l'Amiral » (installé à terre) eut l'ordre de faire à bord au moins une ronde chaque jour, à l'effet, de s'assurer de leur présence.

Sur les registres conservés au port nous relevons, en outre, que le 5 juillet seulement on accorda aux détenus d'av... de la lumière jusqu'à dix heures du soir, et que, le ... M. Quérangal, chef militaire du port, dut écrire au chef d'a... ministration :

« Je vous prie de vouloir bien ordonner qu'il soit pla... des rideaux aux fenêtres de la chambre dans laquelle so... détenus les capitaines de vaisseau à bord du vaisseau l'*Océa*... afin de les mettre à l'abri de l'ardeur du soleil, qui les in... commode beaucoup. Je vous prie aussi de vouloir bien le... faire fournir quelques petites bailles pour le service de la vaisselle, et le leur particulier, ainsi que quelques seaux d... balais pour maintenir la propreté. Vous les obligerez beau... coup, ainsi que moi ».

On voit comment étaient traités à bord de l'*Océan*, ce... capitaines de vaisseau, qui n'étaient encore que des pré... venus : ils ne l'étaient pas mieux à bord de la *Serpente*.

L'instruction s'ouvrit le 21 juin. Le premier témoin e... tendu fut le capitaine de vaisseau Lucas (Jean, Jacques, Etien... ne), de Marennes, âgé de 42 ans, qui commandait le *Régul*... lors de l'affaire des brûlots ; sa déposition fut plutôt favo... rable aux prévenus et, du reste, il renvoya le juge d'ins... truction aux termes de son journal. La déposition ne dur... pas moins de deux heures.

Après lui furent interrogés le capitaine de frégate Béville, maître Lambert, le chef de timonerie Cornette, qui ne purent que confirmer les dires de leur commandant.

Le lendemain et jours suivants continuèrent les auditions de témoins du *Patriote*, du *Cassard*, de l'*Océan*, du *Jem*... *mapes*, etc., que l'on interrogea surtout sur les faits relatifs aux actes des inculpés. Potestas, qui a suivi attentivement les débats, l'oreille aux aguets et la plume à la main, nous a laissé des notes manuscrites qui peuvent suppléer au dos... sier disparu ; il serait certainement intéressant, pour le lec... teur, de feuilleter, comme nous avons pu le faire, cette masse de documents, mais nous devons ici nous limiter et nous en tenir à l'essentiel. C'est pourquoi nous ne retiendrons que quelques déclarations des plus importantes.

Au lieutenant de vaisseau Dubelloy, de l'*Océan*, le contre-amiral L'Hermitte demande si le pavillon du *Calcutta* a été amené?

R. — « Non, à ma connaissance.

D. — Qui a quitté le vaisseau le dernier?

R. — Le second du bâtiment, qui avait été renvoyé par le commandant, qui était le long du bord.

D. — Le vaisseau était-il totalement évacué lorsque le commandant l'a quitté?

R. Oui lorsque le commandant s'est éloigné du bord, le long du[illegible] il était, dans son canot. »

Le lieutenant de vaisseau Sergent, du *Calcutta*, à la demande : « Avant d'être évacué tout à fait, le feu a-t-il été mis d'une manière certaine à bord du *Calcutta* pour empêcher l'ennemi de s'en emparer? » répond :

« Oui, par moi, déposant, qui suis la dernière personne qui a quitté le vaisseau ».

D. — Où était le capitaine au moment où on a mis le feu à bord?

R. — « Le commandant était dans son canot, à un quart d'encablure, à peu près, du vaisseau, à tribord, où il attendait, avec les autres embarcations, que je fusse le rejoindre avec la chaloupe, que j'avais ramenée à bord, pour y sauver du monde qui y était resté au nombre de vingt et quelques personnes. Et alors, après m'être assuré, par une ronde que j'ai faite à bord, que ceux-ci embarqués il n'en restait plus, j'ai mis le feu dans la galerie de bâbord ».

Il est une déposition de témoin qui réclame notre attention à cause des conséquences qu'on lui donna contre le commandant La Caille, et parce que nous y verrons bien les tendances des meneurs des poursuites.

Bourgeois (Eugène, Joseph, Romain), âgé de 31 ans et natif de Bruxelles, était second chef de timonerie à bord du *Tourville*. A cette question du contre-amiral rapporteur : « Dites-moi ce qui s'est passé, à votre connaissance, de l'abandon du vaisseau par l'équipage et du moment du retour du capitaine à bord? »

Il répond : « A deux heures trois quarts du matin, le 11 avril, le commandant, voyant deux navires en feu par notre arrière et présumant que ce ne pouvait être que des brûlots qui se dirigeaient sur nous, fit embarquer le reste de son équipage dans la chaloupe, et lui et son état-major se sont embarqués dans le grand canot. Plusieurs personnes firent des difficultés pour s'embarquer, surtout les timoniers, mais ils y furent contraints comme tous les autres.

D. — Vous vous êtes donc caché pour rester à bord?

R. — On a voulu me faire aussi embarquer, mais ayant trouvé un sabord ouvert, je suis rentré dans le vaisseau.

D. — Quelle était votre intention en rentrant à bord?

R. — N'ayant pas peur des brûlots, ni du feu qu'on a cherché à mettre dans deux endroits, j'étais décidé à rester jusqu'à la dernière extrémité.

D. — Etiez-vous resté seul à bord?

R. — Je le croyais bien, mais à quatre heures et demie, j'ai aperçu un marmiton se promenant dans la batterie, qui me dit n'avoir eu connaissance de rien, et à cinq heures et demie, un maître d'équipage et un canonnier-bourgeois ont encore été découverts. Il y avait environ une demi-heure que deux canots, qui avaient passé la nuit à bord de l'Amiral, étaient arrivés à bord, n'ayant pas eu connaissance de l'évacuation. A trois heures du matin, le dit jour, j'avais fait un *rat* avec un quartier de panneau et un habitacle, prêt à être jeté à la mer pour me sauver en cas que je n'eusse pas pu éteindre ou que le vaisseau eût été accroché par des brûlots. Dans ce moment-là, j'ai aperçu une péniche nageant vers le vaisseau. Je l'ai hélée deux fois; ne m'ayant pas répondu, je lui envoyai le coup du fusil abandonné par le factionnaire. Elle me riposta de plusieurs coups de

...il; alors je fus dans la chambre du Conseil, où je pris ...ne brassée de fusils du ratelier, et j'en tirai une vingtaine ...e coups sur cette péniche, ce qui la força de s'éloigner.

» Une fois les aspirants revenus de corvée, comme il est ...it ci-dessus, je leur fis apercevoir plusieurs péniches à pe...tite portée de canon; je descendis dans la batterie de 24 ...t leur envoyai deux coups de canon de retraite chargés ...mitraille, ensuite je me suis transporté, par l'ordre d'un aspi...ant, dans la Sainte-Barbe où j'ai réuni une quantité suffi...ante de munitions pour nous défendre en cas d'attaque, et ...ous avons ensemble fait serment de nous défendre jusqu'à ...a dernière extrémité pour soutenir l'honneur de notre pa...villon.

D. — A quelle heure le capitaine La Caille est-il revenu ...bord?

R. — A neuf heures et demie ou dix heures du matin.

D. — Est-ce son canot qui, de ceux qui avaient évacué le ...aisseau, est revenu le premier à bord?

R. — Oui.

D. — Que vous a dit le capitaine La Caille quand il vous ...vu à bord?

R. — Je lui ai demandé s'il voulait que je lui fisse un ...apport sur ce qui s'était passé à bord pendant son absence; ...l me répondit que j'étais un charlatan et il a redonné des ...ordres pour que l'on travaillât à la conservation du vais...seau et, dans la nuit du 14, nous sommes venus nous échouer ...ous Fouras ».

Ce fut cette déposition qui pesa du plus grand poids sur ...a Caille; mais tant vaut le témoin, tant vaut le témoignage. ...Quelles garanties de moralité, par suite, de confiance, pré...sentait Bourgeois? Cet homme, sergent dans la 7e compagnie ...u 1er régiment de marine à Brest, commandée par le lieu...tenant de vaisseau Borius, avait été cassé de son grade pour ...inconduite; embarqué sur la frégate la *Revanche*, dans la ...campagne du nord, en qualité de 2e chef de timonerie, il avait mérité d'être remis sur le pont comme simple matelot, éta accusé de vol. Désigné pour s'embarquer dans le canot lieutenant de vaisseau Arnous pour aller, dans l'escadri commandée par le capitaine de frégate Marchand, crois entre l'ennemi et les vaisseaux français il s'est caché moment du départ et il avait fallu le remplacer par un a tre. En ce qui regarde sa déposition touchant les faits s venus à bord du *Tourville*, nous avons les démentis t nets des aspirants mêmes qu'il cite : MM. Desperles, Ma nier et Rousseau nient l'approche d'aucune péniche; mê affirmation de la part de l'aspirant Marchand; d'autres moins ont démenti Bourgeois, notamment le capitaine de f gate Picard, du *Cassard*, et des officiers de l'*Océan*, et l'as rant Marinier a dit : « Il n'a pas pillé devant moi, à bo du *Tourville*, dans la nuit du 12 au 13 avril... »

Et Bourgeois adressa au ministre Decrès, le 28 avril, quin jours après l'événement, une dénonciation contre ses chef On vient de lire sa déposition devant l'amiral-instructeu le commandant La Caille, dans sa défense devant le Co seil de guerre, l'a qualifié d'*imposteur, vil rebut de l'arm homme sans mœurs et perdu par sa mauvaise conduite*.

Ses camarades, indignés, l'accablèrent d'injures et signère des protestations; alors il demanda au ministre à être e ployé à Toulon : il fut nommé pilote-chef à Bayonne.

Sans aller jusqu'à dire, comme M. Julien Lafon, petit-fi du commandant du *Calcutta*[1], que Bourgeois fut inspiré p un puissant personnage et fut l'instrument du rapporteur po les besoins d'une mauvaise cause, nous ne pouvons no défendre de réflexions pénibles. Rappelons aussi que La Caill parlant devant le Conseil, a dit : « D'où viennent tous n malheurs et tous les reproches qui nous ont été faits? D la lâcheté et de l'ordre de notre chef, et s'il ne nous apparti pas de l'inculper, il nous convient de nous justifier. C'e

1. « Histoire des brûlots de l'île d'Aix ». Paris, 1867. Tome I p. 117.

cet ordre de *liberté de manœuvre* que nous devons la honte d'être assis sur le banc des criminels; et si chacun de nous a agi suivant sa conscience et son honneur, où était notre chef pour relever nos erreurs? A quoi sert un général si, dans les moments difficiles, il rentre dans la ligne de ses subordonnés? »

A ces accusations, le rapporteur se contente de répondre : « Ce n'est pas le vice-amiral qu'il est question de juger, mais vous, et vous seul ».

Le 29 juin ont commencé les interrogatoires des capitaines de vaisseau. Celui de Clément de la Roncière fut des plus bienveillants; il n'en fut pas de même pour les autres : nul détail, même le plus minime, le plus connu, n'est négligé par le rapporteur, et c'est très bien; mais il y a la manière, et ici elle est manifestement hostile aux inculpés : les questions semblent des accusations, et si la réponse est favorable à l'accusé, on passe rapidement à un autre sujet.

A l'égard de Lafon, quelques points, des plus graves, sont touchés sans qu'on y insiste autrement, et pourtant ce sont ceux qui décideront la condamnation à mort du commandant du *Calcutta :*

« D. — Avez-vous donné l'ordre d'amener le pavillon?

R. — Je ne l'ai pas ordonné et, à ma connaissance, il n'a pas été amené.

D. — Est-ce que l'équipage du *Calcutta* ne l'a pas quitté?

R. — Il l'a quitté, voyant qu'il ne pouvait plus résister à l'ennemi.

D. — Qui a ordonné de quitter le vaisseau?

R. — Je n'en ai pas donné l'ordre.

D. — Quels moyens avez-vous employés pour empêcher l'ennemi d'emmener le vaisseau ou de s'en servir contre les autres vaisseaux français échoués près du *Calcutta?*

R. — J'y ai fait mettre le feu, et couper les bragues des caronades et canons.

D. — L'Anglais ne s'est-il pas emparé du *Calcutta* et sa pavillon n'y a-t-il pas été hissé?

R. — Je n'ai pas eu connaissance que le pavillon anglais ait été hissé ».

Ces déclarations de Lafon sont nettes; elles sont confirmées par quelques témoins (Dubelloy, Ganne, etc.); mais Lucas a dit que le 12, entre quatre et cinq heures du soir, il a vu le pavillon anglais arboré à bord du *Calcutta*, au-dessus des couleurs françaises, et que, vers six heures, le vaisseau était en feu. Réville, second de Lucas, a déclaré que le pavillon anglais n'a été arboré sur le *Calcutta* que plus de quatre heures après que notre équipage avait évacué le vaisseau, laissant flotter les couleurs françaises. Et ainsi vont les témoignages, vagues et contradictoires, — ce qui n'empêchera pas le rapporteur, parlant comme procureur impérial devant le Conseil de guerre, de douter que le pavillon n'ait été amené et d'affirmer que l'incendie a été allumé par l'Anglais.

Le fait touchant le pavillon, diversement présenté par des témoins, pourrait s'expliquer, peut-être, par un malentendu; en effet, lord Cochrane, qui commandait l'*Impérieuse*, de la flotte britannique, dit dans ses « Mémoires » que si les Anglais s'étaient acharnés sur le *Calcutta*, ancienne prise anglaise, et le premier vaisseau de la ligne française, c'était en raison de l'affront infligé dans la journée du 10 avril par le capitaine Lafon au pavillon britannique, qu'il avait suspendu sous sa galerie arrière, « insulte la plus cruelle, dit-il, pour un marin ».

L'interrogatoire de Proteau ne sembla laisser place à aucun reproche sérieux; cependant le contre-amiral L'Hermitte le déclara coupable d'imprudence, de négligence et de précipitation dans la destruction de sa frégate couchée sur le flanc, et pour le salut de laquelle il luttait depuis quatre jours, sans aide de personne, sans moyens, sans ordres de son chef, qui s'est éloigné en rivière et l'a laissé sous le feu de l'ennemi.

La Caille a sauvé le *Tourville*, ce *Tourville* que Decrès, dans son premier rapport à l'empereur (25 avril), dit *brûlé*, alors qu'il se trouvait tranquillement amarré dans le port de Rochefort, à l'abri de tout danger; La Caille est un vieil officier (55 ans), qui n'en est plus à faire ses preuves de courage, d'honneur et de capacité : dans la marine depuis 1778, il a fait campagne sous d'Estaing et sous Suffren. Il avait pris part avec Martin aux combats de 1795, et depuis, à Oneille, aux Antilles et à Boulogne, il s'était montré l'un des adversaires les plus actifs et les plus heureux des Anglais. Plus tard, en 1814, quand il en appellera au contre-amiral de Gourdon, dans ses démarches en vue de sa réhabilitation, celui-ci lui écrira :

« Vos anciens services m'étaient connus depuis longtemps et je savais, ainsi que tous nos camarades, combien vous avez de droit à l'estime du corps de la marine. Cette estime, Monsieur, n'a pu vous être ravie par une sévérité que je puis appeler *de circonstance* et que vous ne méritiez pas. J'étais aussi dans l'étonnante affaire de Rochefort. Elle sort de la ligne de tous ces événements de guerre ordinaires, et il me paraît impossible que ceux qui n'en ont pas été témoins puissent la bien juger. Chaque capitaine, abandonné à lui-même, a dû juger l'action qui se passait d'après une première impression, et a pu se tromper; mais j'ai toujours pensé que, votre position particulière vous mettant dans l'impossibilité de combattre et surtout d'éviter des brûlots que vous avez pu croire un moment dirigés sur vous et déjà très près, le motif qui, dans ce moment, vous a porté à évacuer un vaisseau pour lequel vous ne voyiez plus aucun moyen de salut, est une erreur de vue tout à fait étrangère au courage dont vous aviez donné tant de preuves dans d'autres occasions. Vous avez sauvé ce même vaisseau, et cela devait suffire pour faire apprécier votre action. Je vous déclare donc, avec plaisir, que je regarde l'application de la loi à votre égard comme forcée, et je désire sincèrement que la bonté du roi vous mette à même de faire réviser une affaire dans laquelle vous avez été si cruellement traité, mais, qui, je le répète, ne peut atténuer en rien les sentiments que vos anciens camarades avaient pour vous ».

Nous ne devons pas douter que l'amiral de Gourdon ne pensât en 1809 ce qu'il écrivait en 1814 et que, peut-être, une telle déposition n'eût influé sur la décision des juges; mais ce témoin ne fut pas appelé par le rapporteur, ni l'amiral Allemand, ni le préfet maritime Martin qui, du Port-des-Barques, suivit toutes les phases des événements : on se contenta d'appeler des maîtres d'équipage, des timoniers, des sous-officiers d'artillerie, des patrons de gabarre, des charpentiers, etc.

L'instruction, faite dans ces conditions, fut close le 30 juin. Commencée ouvertement plus de deux mois après l'événement, elle s'achevait en huit jours. Simple formalité, car le siège était fait, si bien fait que, dès avant la réunion du Conseil de guerre, le rapporteur appelait la bienveillance du ministre sur les capitaines du *Calcutta* et du *Tourville*, les victimes désignées d'avance, et que le ministre Decrès écrivait à l'empereur, le 30 juin :

« Le jugement sur lequel j'appelle d'avance la clémence de V. M. sera donc l'application la plus littérale de la peine la plus rigoureuse au cas le moins prévu...

« Le jugement qui sera rendu suffira pour l'exemple, mais les circonstances ont été trop extraordinaires pour ne pas solliciter le bienfait de votre clémence impériale. Je supplie donc V. M. de vouloir bien, dans sa bonté paternelle, ordonner qu'il sera sursis à l'exécution du jugement qui porterait peine capitale contre les capitaines de vaisseau traduits devant le Conseil de guerre convoqué à Rochefort ».

Cette lettre est datée du 30 juin; le Conseil de guerre ne se réunira que le 31 août, deux mois plus tard. Decrès savait donc déjà quelle serait la sentence? Que l'on veuille bien se souvenir de la lettre du chef de bureau Croissy, du ministère de la marine, au commandant La Caille.

Ce Conseil de guerre ouvrit ses séances le 31 août. On connaît sa composition : un contre-amiral, président; cinq capitaines de vaisseau et trois capitaines de frégate, juges; un contre-amiral, commissaire impérial. Pas un qui eût pris part aux événements, sauf Barbier, — et l'on sait quelle part fut la sienne. Les débats durèrent neuf jours et furent conduits avec une partialité évidente. Chaque fois qu'un des inculpés ou un témoin prononcera le nom de l'amiral Allemand, le président lui coupera la parole et, au prévenu, il dira : « Ce n'est pas le vice-amiral qu'il est question de juger, mais vous, et vous seul. »

Les témoins à charge furent seuls appelés et pour que des témoins à décharge fussent entendus il fallut que les accusés les fissent venir à leurs frais, encore le commissaire impérial ne les admit-il qu'à la condition expresse qu'ils s'abstiendront de rien dire contre les généraux.

Le 5 septembre, le contre-amiral L'Hermitte prononça son réquisitoire. La lecture de ce document, que nous donnons ici *in extenso*, aux « Documents justificatifs », se recommande à l'attention du lecteur.

Les événements de la soirée du 11 avril y sont résumés avec des apparences d'impartialité, mais avec une tendance visible à diminuer la gravité de la situation faite à nos bâtiments par les brûlots. La conduite des capitaines, jusqu'à minuit, est jugée excusable, à part toutefois l'oubli des « ordres antérieurs. ». Quels étaient ces ordres? Le commissaire impérial n'en dit mot, et ce que l'on en sait n'est pas fait pour justifier aucune incrimination, contre les capitaines du moins.

A partir de minuit, prétend L'Hermitte, les brûlots et tous autres dangers ne sont plus à craindre, « et de ce moment, dit le commissaire impérial, je considère la position des bâtiments échoués comme très ordinaires à des marins forcés à faire côte ou rencontrant un haut-fond sur lequel ils restent, étant chassés par l'ennemi. » Ainsi, ce contre-amiral compte pour rien les vingt-six brûlots enflammés, — 1 vaisseau, 5 grosses frégates et plusieurs bâtiments de fort tonnage, sans parler de ceux dont les explosions ont rompu l'estacade, et qui emplissent la rade de leurs débris fumants. Peu de chose, aussi, les 6 frégates et les 22 corvettes anglaises qui louvoyent autour des nôtres échoués. Cependant l'ennemi est venu, le 12, à une heure et demie, mouiller très près d'eux et les bat par la hanche; ils ne peuvent répondre que par leurs pièces de chasse ou de retraite, et les batteries de la côte ne leur sont d'aucun secours. A 2 heures, l'attaque est renforcée par 1 vaisseau et 5 frégates. Le 13, 6 canonnières, 1 bombarde sont venues s'embosser derrière l'*Océan* et ont ouvert le feu: la canonnade dure six heures. Le 14, 1 bombarde et 3 canonnières attaquent le *Régulus*, etc., etc. Le commissaire impérial semble ignorer tout cela, et pourtant il a sous les yeux le « Carnet des signaux » du vaisseau amiral, qui relate ces faits.

Envisageant le cas du *Tonnerre*, le réquisitoire reconnaît que le capitaine Clément de la Roncière a fait tout ce qu'il pouvait, tout ce qu'il devait; à peine lui reproche-t-il de n'avoir pas sauvé quelques « effets d'armement » et en somme il le décharge de toute peine, sauf, — pour la forme, pensons-nous, — à demander contre lui une punition disciplinaire.

Cette marque donnée de sa modération, le commissaire impérial prend à partie le capitaine Lafon, du *Calcutta*, et le fait avec la logique et la bonne foi dont on a pu juger ci-dessus : le vaisseau était couché sur les rochers des Palles et travaille à se relever, mais alors l'ennemi entre en rade, avoue l'accusateur, et « gêne ce travail »; il se place en position de battre les vaisseaux échoués et les bat *avec avantage*. « L'ennemi le combat, il riposte comme il peut ». Et que peut-il? Tenir seulement à distance les nombreux assaillants qui l'entourent et le couvrent de leurs feux, tout en se tenant prudemment aussi loin que possible. Il ne serait que juste de lui tenir compte de cette situation périlleuse et du courage qui ne faiblit point. Mais écoutons l'accusateur :

« Ce vaisseau se trouve, sans doute, dans une position très embarrassante, très critique même; il a un faible équipage, il doit finir par succomber, mais qu'importe! En succombant il est toujours facile à un capitaine de conserver sa propre estime, de mériter celle des siens, celle de l'ennemi lui-même[1], par l'exemple qu'il donne à ses subordonnés et par sa fidélité aux lois du devoir et de l'honneur. »

Qu'a donc *fait Lafon?*

« Voyant toute impossibilité de sauver le vaisseau, par les forces supérieures de l'ennemi, a-t-il dit, j'ai cru de mon devoir d'empêcher qu'un homme de mon équipage ne fût fait prisonnier. »

Conclusion du rapporteur : « Lafon n'a point défendu l'honneur de son pavillon comme il le devait et comme il le pouvait » et il a mérité la peine de mort.

Le commandant Proteau, de la frégate l'*Indienne*, a, lui aussi, sous le feu de l'ennemi, évacué son bâtiment et l'a incendié; il a fait là, dit L'Hermitte « tout ce qu'il devait, tout ce qu'il pouvait »; mais, dans la destruction du bâtiment il a mis trop de précipitation (et cependant, du 12 au 16, il est échoué sous le feu de l'ennemi et l'*Indienne*, crevée, fait eau de toutes parts). Par un excès de zèle ou de prévoyance que le Commissaire impérial juge blâmable, il a pris un parti extrême, sans en avoir rendu compte au général, sans avoir reçu ses ordres, et « sans que rien, dans la position où il s'est trouvé l'obligeât impérativement à cet empressement trop médité de détruire ». Tous les officiers, tous les maîtres du bord ont partagé l'opinion du capitaine, aussi n'est-il demandé contre lui qu'une peine disciplinaire : six mois d'arrêts à bord du vaisseau-amiral.

1. Lord Cochrane a écrit : « M. Lafon a défendu son vaisseau mieux et plus longtemps qu'aucun autre ».

Enfin vint le tour du capitaine La Caille, du *Tourville*. Celui-ci, qui se savait désigné d'avance au sacrifice, n'avait pas ménagé ses critiques à l'amiral Allemand; il avait pu se plaindre à bon droit que l'on n'eût pas appelé ce dernier, ni des officiers supérieurs de l'escadre et du port de Rochefort, plus à même que personne de fournir des renseignements sur un événement dont ils avaient été acteurs ou témoins; il s'était plaint qu'on eût laissé de côté le procès-verbal constatant la résolution unanime des officiers et des maîtres du *Tourville*, pour baser l'accusation sur son journal falsifié, en faisant état, seulement, des dires du personnage taré qu'était Bourgeois. Le capitaine de vaisseau Le Bozec et le commandant en second Calloche, vainement, avaient affirmé la nécessité d'évacuer momentanément, en présence du danger menaçant, et le retour à bord, le danger passé et après deux heures d'absence. Une fois remonté à bord, le capitaine avait remis à flot son vaisseau et l'avait amené intact dans le port de Rochefort.

Quand La Caille s'est cru menacé directement par ce qu'il croyait être deux énormes brûlots courant tout droit sur le bâtiment immobilisé par l'échouage, il a donné l'ordre à l'équipage de descendre dans les embarcations. « Le commandant, a dit le second, Calloche, n'avait pas eu l'intention d'abandonner; il a donné l'ordre de se tenir par le travers », et Le Bozec affirme que le dessein du capitaine n'était pas d'aller au Port-des-Barques, mais de rester près du vaisseau. « Le pavillon était resté arboré ». A cela, M. L'Hermitte répond que si trop de monde devient nuisible à la manœuvre, « le lieu naturel de réserve est dans les fonds du vaisseau », et il conclut à la peine de mort.

Examinant ensuite les justifications présentées par les inculpés, il n'admet pas cette excuse, qu'ils n'ont reçu aucun secours ni aucun ordre autre que « liberté de manœuvre », attendu, dit-il, que l'on sait que ce dernier signal ne peut être considéré que comme un renouvellement d'ordre, à chaque capitaine, d'employer tous ses moyens pour la plus grande sûreté de son bâtiment, une nouvelle injonction de remplir les obligations imposées à tout commandant particulier. » Et ainsi se déroule, jusqu'à la fin, ce réquisitoire partial, où se trouvent rappelés, par intervalles, les devoirs envers « notre auguste Empereur, l'auguste monarque sous les lois duquel nous avons le bonheur de vivre et qui veut, avant tout, que l'honneur et la justice dirigent les actions de tous ceux qu'il daigne employer. »

Le 6 septembre, l'avocat Faure, du barreau de Rochefort, prit la parole pour défendre, seul, les quatre capitaines de vaisseau. La plaidoirie occupa les audiences du 6 et du 7. Plein d'égards pour les juges et le ministère public, et sans prendre ouvertement à partie aucune des personnes non appelées au procès, Me Faure s'efforça de démontrer, en une argumentation aussi serrée que prudente, et après un exposé très précis des faits, que chacun des accusés a fait son devoir, tout son devoir, dans la mesure du possible. Si des fautes ont été commises, il n'en est pas qui porte atteinte à leur honneur militaire et nul article de loi ne saurait leur être appliqué. Clément de la Roncière, Proteau et Lafon ont défendu jusqu'à la dernière extrémité le navire qu'ils commandaient; reconnaissant l'impossibilité de sauver celui-ci, ils ont du moins sauvé les équipages, ont emporté ou détruit les effets ou papiers du bord, et ont sauvegardé l'honneur du pavillon en incendiant le vaisseau qui ne pouvait plus être défendu. pour qu'il ne tombât pas au pouvoir de l'ennemi.

Quant à La Caille, menacé comme les autres, il a fait descendre ses hommes dans les embarcations, mais pour demeurer près du vaisseau, afin d'y reprendre place s'il échappe aux brûlots qui le menacent. On objecte que ce n'était pas des brûlots anglais qui couraient sur lui, mais deux de nos vaisseaux, embrasés jusqu'à la flottaison et que poussait le courant. Comment l'aurait-il pu reconnaître, dans l'obscurité profonde de cette nuit? Et d'ailleurs, le danger n'était-il pas le même? Surchargées, les embarcations ne pouvent lutter contre le flot et le vent : elles sont entraînées en rivière, mais pouvent s'arrêter au Port-des-Barques et, deux heures après, revenues le long du *Tourville*, elles ramènent à bord le commandant et l'équipage. Sous le feu des Anglais, La Caille travaille à remettre à flot son vaisseau; il y réussit dans la nuit du 13 au 14, et l'amène dans le port, sain et sauf.

Le défenseur concluait donc à un acquittement général et honorable. Efforts inutiles : le rapporteur le fit bien voir dans sa réplique, plus dure, plus agressive encore que le réquisitoire.

Dans son rapport au roi, le ministre de la justice, lors de l'instance ouverte par La Caille, en 1816, en vue de sa réhabilitation, a dit : ...« mais des considérations politiques ou personnelles dirigeaient la marche de la procédure. » Serait-ce une calomnie, inspirée justement par ces « considérations » dont vient de parler le ministre?

Laissons au lecteur le soin d'en juger par les deux faits ci-après :

Le rapporteur L'Hermitte, avant tout acte d'instruction ouverte, a écrit au ministre, — et ce n'est pas porter un jugement hasardé que dire qu'il y a dans ce document, trop oublié, le signe d'une correspondance inavouable :

« ... Les capitaines du *Tourville* et du *Calcutta* sont des sujets fidèles; le premier, de retour à son bord, a fini par sauver son vaisseau, et celui du second était sans ressources quand il l'a abandonné. Depuis l'apparition des brûlots, pas un ordre n'a été et n'aura pu sans doute être donné à ces capitaines qui, sachant être en sous-ordre, ont perdu, je crois, la tête en attendant inutilement qu'on leur ordonnât quelque chose ou qu'il leur vînt des secours ». Cependant, le 26 juin, il annonce au ministre qu'il conclura à la peine de mort contre ces mêmes capitaines du *Calcutta* et du *Tourville*...

De la part du ministre Decrès, la duplicité est la même :

« Le texte de la loi, dit-il, est contre les capitaines La Caille et Lafon. Mais que Votre Majesté daigne, dans son extrême bonté, me permettre de lui retracer combien fut nouvelle et extraordinaire la circonstance dans laquelle se trouvèrent ces officiers. Ce ne fut point un de ces événements de guerre auxquels l'habitude et la prévoyance ont préparé.

» Trente masses foudroyantes et embrasées les environnaient : au milieu des flammes, de la fumée et des explosions de toute espèce, le raisonnement leur faillit un instant et l'instinct leur inspira un seul ordre : *sauve qui peut !*

» Cependant le capitaine La Caille retourna bientôt à son poste et sauva son vaisseau. Celui du capitaine Lafon, le *Calcutta*, était sans ressources lorsqu'il le quitta.

» Le jugement, sur lequel j'appelle *d'avance* la clémence de Votre Majesté, *sera donc l'application la plus littérale de la peine la plus rigoureuse au cas le moins prévu.*

» Jusqu'à ce fatal instant, ces deux officiers, pères de famille, exercés dans les combats, honorablement connus par leurs services, ayant l'un et l'autre leurs enfants sur vos flottes, jouissaient de l'estime générale. Je sais qu'il y a plus de 25 ans que le capitaine La Caille obtenait des grâces pour prix de sa bravoure.

» Le jugement qui sera rendu suffira pour l'exemple, mais les circonstances ont été trop extraordinaires pour ne pas solliciter le bienfait de votre clémence impériale. Je supplie donc Votre Majesté de vouloir bien, dans sa bonté paternelle, ordonner qu'il sera sursis à l'exécution du jugement qui porterait peine capitale contre les capitaines de vaisseau traduits devant le Conseil de guerre convoqué à Rochefort, en exécution du décret impérial du 2 juin 1809.

» Je la supplie aussi de vouloir bien me faire connaître ses intentions le plus tôt possible. »

Le commissaire impérial ayant répliqué au défenseur, celui-ci et les accusés furent admis à présenter leurs dernières justifications, et les débats furent déclarés clos.

Les séances du Conseil de guerre avaient été ouvertes

le 31 août, à neuf heures du matin, à bord du vaisseau-amiral l'*Océan*, dans le port de Rochefort. Aux termes du décret du 2 juin, dix membres étaient nommés pour composer le Conseil; à l'ouverture des séances, neuf seulement siégèrent :

Jacques Bedout, contre-amiral, commandeur de la Légion d'Honneur, président.

Hector Maureau, capitaine de vaisseau, officier de la Légion d'Honneur, membre.

Hyacinthe Krohm, capitaine de vaisseau, officier de la Légion d'Honneur, membre.

Claude Vincent Polony, capitaine de vaisseau, officier de la Légion d'Honneur, membre.

Nicolas Barbier, capitaine de vaisseau, officier de la Légion d'Honneur, membre.

Laurent Tourneur, capitaine de vaisseau, officier de la Légion d'Honneur, membre.

Charles Lévêque, capitaine de frégate, membre de la Légion d'Honneur, membre.

Pierre Robert, idem, membre.

Orène, Clément, Joseph Leblond-Plasson, idem, membre.

Jean-Marthe-Adrien L'Hermitte, contre-amiral, officier de la Légion d'Honneur, occupait le siège du commissaire impérial, après avoir été rapporteur, chargé de l'instruction.

Le capitaine de vaisseau Lebesque, qui, ainsi que les contre-amiraux Bedoux et L'Hermitte, ne se trouvait pas à Rochefort, s'excusa de ne pouvoir s'y rendre, — les uns ont dit pour cause de santé, d'autres assurent qu'averti du rôle qu'on prétendait lui faire jouer, il s'y refusa.

Tel qu'il fut formulé, le jugement se présente bien différent de ce qu'on voit en usage aujourd'hui : ce n'est plus seulement un exposé des faits, une appréciation des griefs imputables à chacun des accusés et des moyens de défense, l'opinion du tribunal, la décision basée sur des textes de loi cités, mais une sorte d'historique des débats, jour par jour, avec, comme conclusion, les condamnations prononcées.

Le premier jour, le commissaire impérial donne lecture du procès-verbal d'information et des pièces à charge ou à décharge, puis les accusés sont introduits, *libres et sans fers*, pour décliner leurs nom, prénoms, lieu de naissance, âge, qualité et demeure, et s'ils ont fait choix d'un défenseur. Celui-ci est François Daniel Faure, avocat au barreau de Rochefort. Les accusés interrogés séparément, sont appelés les témoins désignés par le rapporteur. Ils sont au nombre de trente-sept. A ce moment, il est trois heures et demie et la séance est levée.

Le 1er septembre, à neuf heures du matin, la séance est reprise. On entend vingt-cinq des témoins, et les autres déposent le lendemain, ainsi que quatorze témoins à décharge appelés par le commandant La Caille.

Le 3 septembre étant un dimanche, l'audience n'est reprise que le 4, à neuf heures du matin, pour l'audition de trois témoins à décharge appelés par le commandant Lafon, deux appelés par le commandant Clément de la Roncière et cinq par le commandant Proteau; puis la séance est levée. Ces témoins n'ayant pas déposé à l'instruction, mais verbalement devant le Conseil, il n'en est resté aucune trace écrite au dossier retrouvé, et on doit le regretter quand on sait que parmi ces témoins à décharge se trouvent : Charles Le Bozec, capitaine de vaisseau, ex-commandant du *Jean-Bart*; Jacques François Ballanger, capitaine de frégate, commandant l'*Elbe;* Julien Michel Calloche, capitaine de frégate, du *Tourville;* les lieutenants de vaisseau François Cogniard, de l'*Océan*, Julien Le Redde, de l'*Hortense*, Henry Jean Pascal Arnous, du *Tourville*, etc., etc.

Le 5 septembre, après lecture de divers journaux de bord, le commissaire impérial a donné ses conclusions, d'après lesquelles Clément de la Roncière serait déchargé de l'accusation portée contre lui, mais condamné, par mesure disciplinaire, à trois mois d'arrêts dans sa chambre à terre, pour ne s'être pas conformé aux dispositions de l'art. 65 de l'Ordonnance de 1786, ainsi conçu :

« En cas de naufrage du vaisseau à la côte, sur un écueil ou par quelque accident que ce soit, le premier soin du capitaine sera d'empêcher le désordre et de sauver tout ce qu'il pourra des effets du Roi. Il encouragera l'équipage et le fera passer successivement à terre, et ne quittera le vaisseau que le dernier », ni aux dispositions de l'art. 1181 de l'Ordonnance de 1765 ainsi conçu :

« Si par l'effet du combat un vaisseau est tellement désemparé qu'il ne puisse suivre l'armée ni relâcher sans courir risque d'être enlevé par l'ennemi, le capitaine, après en avoir rendu compte au général et reçu ses ordres, fera passer son équipage sur les autres vaisseaux et mettra ensuite le feu au sien ou le fera couler à fond ».

Pour Lafon, la peine de mort est réclamée. Il n'a pas employé les moyens de persuasion ou de sévérité voulus par l'art. 24 du Code pénal maritime du 22 août 1790, ainsi conçu :

« Celui, qui, par sa conduite lâche et ses discours séditieux et répétés, produirait dans l'équipage un découragement marqué sera condamné à mort et jugé conformément à la disposition de l'art. 4, titre Ier qui dit que : « S'il y avait rébellion ou s'il s'était commis une lâcheté ou une désobéissance en présence de l'ennemi, dans quelque danger pressant qui compromettrait éminemment la sûreté du vaisseau, le capitaine, après avoir pris l'avis des officiers, pourra faire punir les coupables conformément aux dispositions du titre II », et par l'art. 34 du décret impérial du 22 juillet 1806, ainsi conçu :

« Dans les cas de crime de lâcheté devant l'ennemi, de rébellion ou de sédition, ou tous autres crimes commis dans quelque danger pressant, le commandant, sous sa responsabilité, pourra punir ou faire punir, sans formalité, les coupables suivant l'exigence des cas ».

Lafon, assure le Commissaire impérial, a abandonné son commandement dans une circonstance critique, il ne l'a point abandonné le dernier, n'a point employé les moyens propres à empêcher l'ennemi de s'en emparer, n'a pas défendu l'honneur de son pavillon comme il le devait et comme il le pouvait. Il tombe donc sous le coup de l'un des articles suivants de l'Ordonnance de 1689, titre II, qui s'expriment ainsi :

« Art. 31. — Ceux qui quitteront leur poste dans un combat pour s'en aller cacher seront condamnés à mort.

» Art. 33. — Les maîtres de chaloupes, soit de vaisseau de guerre ou de brûlots, qui les abandonneront dans le combat, seront punis de mort.

» Art. 36. — Fait défense S. M. à tous capitaines et autres officiers de marine commandant l'un de ses vaisseaux de guerre, de le rendre jamais à ses ennemis sous quelque raison que ce puisse être, voulant qu'ils le défendent jusqu'à l'extrémité et qu'ils se laissent forcer l'épée à la main, même brûler. Celui qui fera le contraire sera jugé au Conseil de guerre et puni de mort selon les circonstances ».

Le Commissaire impérial invoque encore l'ordonnance de 1765 :

« Art. 1177. — Qu'aucun capitaine n'amène son pavillon et ne se rende tant qu'il y aura la moindre possibilité de conserver le vaisseau dont S. M. lui a confié le commandement, voulant qu'il le défende jusqu'à l'extrémité ; mais lorsqu'il n'y aura plus aucune possibilité de résister davantage, ni de moyens de sauver son équipage, en brûlant ou coulant bas son vaisseau, s'il est forcé de se rendre il passera au Conseil de guerre pour être loué sur sa défense ou être condamné à mort, s'il n'a pas combattu avec la plus grande bravoure.

» Art. 1304. — Ceux qui quitteront leur poste dans un combat pour s'aller cacher seront mis au Conseil de guerre et condamnés à mort.

» ART. 1818. — Tout officier qui aura abandonné sa vaisseau sera puni de mort comme déserteur ».

Sont citées ensuite les dispositions du Code pénal maritime du 22 août 1780 :

« ART. 35. — Tout commandnat d'un bâtiment de guerre coupable d'avoir abandonné, dans quelque circonstance critique que ce soit, le commandement de son vaisseau pour se cacher, ou d'avoir fait amener son pavillon lorsqu'il était encore en état de se défendre, sera condamné à mort. Sera condamné à la même peine tout commandant coupable, après la perte de son vaisseau, de ne l'avoir pas abandonné le dernier.

» ART. 39. — Tout commandant d'un bâtiment de guerre quelconque coupable de l'avoir perdu, si c'est par impéritie sera cassé et déclaré incapable de servir; si c'est volontairement il sera condamné à mort ».

On connaît les circonstances dans lesquelles s'est trouvé Lafon; nous avons tenu à citer les textes sur lesquels s'appuie le Commissaire du gouvernement pour réclamer la peine de mort : le lecteur jugera.

Quant à Proteau, il est déclaré coupable de grande négligence pour assurer la conservation de sa frégate et de mauvais emploi des moyens qu'il a eus à sa disposition, et la peine de six mois d'arrêts forcés à bord du vaisseau-amiral est réclamée contre lui, non point comme infamante, mais comme peine de discipline, et cela d'après l'Ordonnance de 1765 :

« ART. 1181. — Si, par suite du combat, un vaisseau est tellement désemparé qu'il ne puisse suivre l'armée, etc. » (Voir ci-dessus, au sujet de Clément de la Roncière), et de l'Ordonnance de 1786 :

» ART. 65. — En cas de naufrage du vaisseau à la côte, sur un écueil, etc. » (Voir ci-dessus, au sujet de Clément de la Roncière).

Les conclusions, en ce qui regarde La Caille, sont aussi

sévères que pour Lafon, et la peine de mort est aussi demandée contre lui, conformément aux articles précités des Ordonnances de 1689 et 1765, du Code pénal maritime du 22 août 1790, et des articles 5 et 6 de l'arrêté du 24 ventôse, an XII.

A cette occasion le contre-amiral L'Hermitte a repris, avec plus de détails et plus de sévérité, le réquisitoire dont nous avons parlé plus haut.

Immédiatement après ces conclusions du Commissaire impérial, l'avocat-défenseur a pris la parole et a fait remarquer combien les demandes du magistrat étaient rigoureuses, et a obtenu qu'il lui fût accordé un délai, jusqu'au lendemain, onze heures du matin, pour démontrer au Conseil l'innocence des accusés.

Le 6 septembre, à l'heure susdite, l'audience était reprise : Me Faure a discuté jusqu'à quatre heures du soir et la séance a été remise au lendemain. Le 7 septembre, à onze heures du matin, il a continué sa plaidoirie jusqu'à trois heures du soir et le Commissaire impérial a répliqué. Le commandant La Caille a pris alors la parole jusqu'à la fin de l'audience. Le 8, se sont terminés les débats; le président a fait alors retirer l'assistance et le tribunal a délibéré à huis-clos, mais en présence du ministère public.

La conférence dura jusqu'à une heure un quart du matin. Chaque juge dut remettre au président et par écrit son vote motivé. Leblond-Plassan opina le premier, comme étant le plus jeune et le moins gradé, et après lui Robert, Lévêque, Tourneur, Maureau, Krohm, Barbier, Polony et le président Bedout.

A la majorité de huit voix contre une, Clément de la Roncière est acquitté; Lafon est déclaré coupable, par cinq voix contre quatre, d'avoir lâchement abandonné le vaisseau le *Calcutta* en présence de l'ennemi, et condamné à la peine de mort, par application de l'art. 35, titre II, du Code pénal du 22 août 1790. Proteau est déchargé à l'unanimité de l'accusation, mais le Conseil, par six voix contre trois, dit qu'il subira trois mois d'arrêts simples dans sa chambre, comme punition disciplinaire, pour avoir mis avec trop de précipitation le feu à la frégate qu'il commandait et sans avoir, au préalable, donné avis au général, le Conseil lui faisant application de l'art. 2, titre III, n° 3, de la loi du 20 septembre 1791 et de la circulaire ministérielle du 25 mai 1806, explicative du Code pénal militaire du 22 avril précédent, qui autorisent à prononcer la détention de quelques mois de simple discipline pour les cas non prévus par le Code pénal, le militaire retournant à son corps après un temps fixé.

La Caille, attendu qu'il est rentré à bord de son propre mouvement, mais après une absence de deux heures, a défendu son vaisseau contre l'ennemi et l'a ramené dans le port, est condamné, par six voix contre trois, seulement à la peine de deux ans de détention dans le lieu qui sera fixé par le gouvernement; il est condamné, en outre, à être rayé de la liste des officiers de la marine et dégradé de la Légion d'honneur.

Enfin Lafon, Proteau et La Caille sont, à l'unanimité, condamnés solidairement aux frais du procès, par application des art. 1 et 2 de la loi du 18 germinal, an VII.

Vers une heure trois quarts du matin, ce jugement fut lu aux quatre accusés et, séance tenante, les dispositions ont été prises pour sa mise à exécution.

Le secret de la délibération finale, à huis-clos, du Conseil de guerre, serait resté ignoré si l'empereur n'avait imposé la publication de toute la procédure au *Moniteur*. Nous avons dit comment le ministre Decrès trompa les intentions du maître. En tout cas, il nous semble intéressant de noter ici les votes de chacun des membres du Conseil :

Clément de la Roncière est acquitté par 8 voix contre 1. Polony, seul, a déclaré qu'il est blâmable de n'avoir pas pris les ordres du général en chef avant de brûler et évacuer son vaisseau et qu'il doit être condamné à un mois d'arrêts dans sa chambre.

Lafon est condamné à la peine de mort par 5 voix contre 4 : Leblond-Plassan, Krohm, Barbier, Polony et Bedout ont voté la mort, tandis que les autres, reconnaissant que le prévenu a fait tout son devoir, mais peut avoir manqué de sang-froid, proposent : Robert, une année de suspension de fonctions; Lévêque, six mois d'arrêts à bord de l'Amiral; Tourneur, un an de prison, la révocation et la dégradation; Maureau a conclu vaguement; il a rendu justice à son courage et opiné pour l'application de l'art. 39 du Code de 1790, dans le cas d'impéritie.

Proteau est acquitté, mais devra subir trois mois d'arrêts simples dans sa chambre, par 6 voix contre 3. Leblond-Plassan a opté pour des éloges; Robert pour trois mois d'arrêts, et Lévêque pour deux mois seulement; Maureau, trois mois, ainsi que Krohm, Barbier, Polony et Bedout.

Enfin, en ce qui regarde La Caille, Leblond-Plassan, Barbier et le président Bedout ont voté la peine de mort; tous les autres ont opté pour deux ans de détention et la révocation.

Comment se sont passées les choses dans le huis-clos? Nous avons les révélations du juge Krohm. Celui-ci remit au président son vote formulé par écrit et ainsi conçu :

« Je déclare et jure sur mon honneur et ma conscience que c'est l'apparition d'un grand nombre de machines infernales, lancées par les Anglais sur la flotte française commandée par M. le vice-amiral Allemand, qui a causé l'épouvante et la terreur presque générale qui s'est répandue dans notre armée navale; qu'aucun vaisseau n'a été exempt de cette terreur, pas même le vaisseau-amiral, qui est resté en rivière avec les deux vaisseaux flottants, l'un commandé par M. Faure et l'autre, par M. Gourdon, ce qui a mis tous les vaisseaux échoués à la merci de l'ennemi, puisque ne pouvant présenter le travers ils se sont trouvés battus, soit en poupe, soit en proue, et ont été bientôt obligés, soit de se rendre, tels que la *Ville-de-Varsovie*, l'*Aquilon* et le *Calcutta*, soit de se brûler, comme le vaisseau le *Tonnerre* et la frégate l'*Indienne*.

» Je dis donc que la retraite de l'amiral en rivière me paraît avoir causé la majeure partie des malheurs qui nous sont arrivés, par suite de l'entrée des brûlots anglais dans la rade.

» Il n'est donc pas étonnant qu'un grand nombre de personnes, ayant perdu la tête, n'aient pas, dans l'abandon où elles se sont trouvées, fait tout ce que l'honneur et l'art exigeaient d'elles. L'amiral lui-même n'a pas fait ce qu'il eût fait de sang-froid. Je veux dire qu'au lieu de se tenir en rivière, il devait rester en rade pour protéger les vaisseaux échoués sur les Palles. S'il se fût entraversé, les deux petits vaisseaux anglais qui sont rentrés en rade de l'île d'Aix, à tâtons et en sondant sous petites voiles, n'y seraient pas entrés, non plus que les bricks, les bombardes et autres bâtiments.

» Je ne considère donc pas les événements résultant de cette malheureuse affaire comme des choses ordinaires : c'est, je pense, l'avis de tous les hommes de bonne foi.

» Le marin français ne craint point les boulets, parce qu'il est accoutumé à les entendre siffler à ses oreilles; mais peu de marins, et je dirai avec vérité aucun, n'avaient vu de leur vie pareille horreur, une pareille désolation.

» Cette affaire ne pouvant, je le répète, être considérée comme une affaire de guerre ordinaire, elle ne doit pas être jugée aussi rigoureusement qu'elle semblerait le mériter au premier coup d'œil.

» Je pense que M. le capitaine Lafon, s'étant trouvé obligé d'amener son pavillon après une honorable résistance, doit être puni de la perte de son état et de l'honneur de servir, pour ne s'être pas embarqué le dernier; qu'il doit, en outre, subir la peine de deux ans d'emprisonnement.

» Que M. le capitaine La Caille ayant eu la faiblesse de consentir à quitter son vaisseau, dans la nuit du 12 au 13 avril, parce que deux grands brûlots enflammés paraissaient tomber sur lui, qui était échoué, et que les cris, les lamentations de ses matelots et de son état-major même, en général, l'ont entraîné à quitter momentanément son vaisseau, qu'il a rejoint au jour, et avec lequel il a combattu dans la journée et, enfin, qu'il a ramené seul et sans nul secours au port de Rochefort;

» Je pense donc que ce capitaine, qui toute sa vie a été l'exemple de la bravoure et de toutes les vertus civiles et militaires, sera assez puni d'un moment d'oubli de ses devoirs par la perte de son état, six mois de détention à bord de l'Amiral, et enfin qu'il doit avoir sa retraite. »

— « Ce vote, qui ne répondait ni au désir de Bedout, ni à l'attente du ministre, dit H. Moulin, fut refusé par le président du Conseil. Celui-ci et le procureur impérial réunirent leurs efforts et arrachèrent à la faiblesse de Krohm, soit par promesses, soit par menaces, une rétractation et un second vote qui coûta la vie au malheureux Lafon, et à La Caille la perte de son état, de sa décoration de la Légion d'honneur et de sa liberté pendant deux ans ».

Dans son vote corrigé, Krohm dit : « M. le capitaine Lafon, ayant fui devant l'ennemi, s'étant embarqué dans son canot, ayant laissé à bord de son vaisseau des hommes qui étaient à leurs postes, soit dans les soutes aux poudres, soit à panser les blessés, doit être condamné à la peine de mort ».

Et pour La Caille : « Je conclus que ce capitaine ne mérite plus de commander les vaisseaux de S. M.; qu'il mériterait, sous ces rapports, d'encourir la peine capitale, mais que, vu son grand âge et la faiblesse de ses facultés intellectuelles; vu également ses bons et anciens services depuis quarante ans; vu enfin qu'il est père d'une famille respectable qui sert déjà S. M. dans la personne de son fils aîné, je le condamne à être rayé de la liste des officiers de la marine et à deux ans de détention ».

Révolté contre cette violence faite à sa conscience et honteux de sa pusillanimité, Krohm adressait, le jour même et de la Chambre du Conseil, à Me Faure, la copie de son premier vote, accompagnée de cette note :

« Comme cette opinion n'était pas conforme aux prétentions de MM. les contre-amiraux Bedout et L'Hermitte, ils n'ont pas voulu que le Gouvernement fût informé que la perte de nos vaisseaux ne devait être réellement imputée qu'au vice-amiral Allemand, qui a abandonné indignement les malheureux vaisseaux échoués et qui est rentré en rivière avec l'*Océan*, le *Foudroyant*, le *Cassard* et le *Jemmapes*, tandis qu'après l'explosion des brûlots ces vaisseaux devaient tous rester en rade, n'ayant plus rien à craindre pour eux. L'amiral a fait une faute impardonnable, si le chef de l'Etat en est informé.

« On n'a pas voulu recevoir cette opinion qui est sacrée et de toute vérité d'un bout à l'autre.

« A bord du vaisseau l'*Océan*.

« le chevalier Krohm ».

Plus tard, Krohm a dit qu'il avait risqué son état pour sauver La Caille et que le ministre lui fit de violents reproches, disant : « Pourquoi n'a-t-on pas aussi fusillé La Caille? »

Maureau, dont on a vu les votes, écrivit à La Caille, le 23 septembre 1809 :

... « Je crois que tu me rends trop de justice pour croire que le coup terrible qui t'a frappé ait diminué en rien mon attachement; c'est dans l'adversité que l'on connaît ses vrais amis »...

Lafon et La Caille voulurent former un recours en cassation; ils en avaient plus d'un motif : leur démarche fut rejetée purement et simplement par le Conseil de guerre. De ce fait, il y avait eu des précédents.

Le 16 juillet 1808, un combat avait lieu dans l'Adriatique entre les forces françaises et anglaises. Deux officiers, le lieutenant de vaisseau Pierre Stalimini, commandant la goélette l'*Hortense*, et l'enseigne de vaisseau Simon Abeille, son second, convaincus de s'être conduits avec lâcheté, d'avoir abandonné leur poste et laissé leur bâtiment aux mains de l'ennemi, avaient été condamnés à mort par un Conseil de guerre maritime tenu à Venise, le 9 mars 1809; ils furent fusillés le 15 à bord du vaisseau-amiral.

Cependant, une loi expresse, celle du 15 brumaire, an IV, accordait le recours en révision contre tout jugement militaire. Pour Lafon, comme pour les condamnés du Conseil de guerre de Venise, les juges ont violé la loi de garantie.

Il est vrai qu'au jugement du duc d'Enghien, le président avait objecté que les « Commissions militaires » jugeaient sans appel. Sans doute, mais encore faut-il qu'on soit encore en campagne, devant l'ennemi, et ce n'était point le cas pour Lafon, à Rochefort, pas plus que pour les condamnés de Venise.

XII

L'EXÉCUTION

Le 9 septembre, le jugement lu aux quatre capitaines de vaisseau, à une heure trois quarts du matin, dans la salle des séances du Conseil, on procéda immédiatement à son exécution.

Clément de la Roncière étant déchargé de l'accusation portée contre lui, son épée lui fut remise par le président et il reprit son entière liberté.

Proteau, également acquitté, rentra lui aussi en possession de son épée, mais fut retenu pour subir les arrêts.

La Caille conduit dans une chambre joignant la salle du Conseil, le président Bedout y procéda à sa dégradation de la Légion d'honneur, et il fut maintenu prisonnier à bord de l'*Océan*, ainsi que Lafon réservé pour le supplice.

Pour ce dernier, condamné à la peine de mort, des dispositions particulières, naturellement, devaient être prises, ainsi, d'ailleurs, que pour Proteau et La Caille. C'est pourquoi L'Hermitte s'empressa d'écrire, séance tenante :

« Le général rapporteur et procureur impérial près le Conseil de guerre maritime requiert M. le V. A., préfet du 5e arrondissement maritime que le présent jugement relatif aux condamnés Proteau et La Caille soit exécuté selon sa forme et teneur, et au condamné Lafon, qu'il soit aussi mis à exécution dans le délai prescrit par l'art. 74 du décret impérial du 22 juillet 1806 ».

Aussitôt, le préfet maritime donna ses ordres au chef militaire de la marine, le capitaine de vaisseau Quérangal[1], pour que l'exécution de Lafon eût lieu le même jour, 9 septembre, à quatre heures de l'après-midi. Il fut ordonné au

LE CAPITAINE DE VAISSEAU J.-B. LAFON

colonel du 3e régiment d'artillerie de former un détachement

1. L'ordre du préfet maritime déterminant l'effectif des troupes n'a pu être retrouvé; nous pensons que, dans le trouble causé à Rochefort par une condamnation si inattendue, bien d'autres actes ont dû n'être pas enregistrés.

de cent cinquante hommes en grande tenue, commandés par un capitaine et un lieutenant, « qui devront être rendus à trois heures et demie à bord du vaisseau-amiral l'*Océan*, pour se ranger en bataille sur les passavants, conformément aux ordres qu'ils recevront de l'officier-major de la marine, pendant l'exécution du sieur Lafon, condamné à la peine de mort par jugement du Conseil de guerre extraordinaire.

« Il sera commandé douze bons sous-officiers, canonniers de première classe, qui seront chargés de fusiller le condamné; un sous adjudant du corps d'artillerie de marine commandera le mouvement. Il sera destiné, de plus, huit hommes sans armes, chargés de transporter le corps du supplicié à l'hôpital après l'exécution. Le tambour ne battra pas dans le port ».

Mais, le régiment d'artillerie ne disposant pas d'un nombre d'hommes suffisant pour compléter l'effectif de cent cinquante, fixé par les ordres du préfet maritime, on dut recourir à d'autres corps, notamment à la compagnie d'ouvriers d'artillerie, qui eut à fournir cinquante hommes commandés par un officier.

M. de Villedon, capitaine de la gendarmerie impériale, reçut l'ordre de faire prendre les armes à tous les gendarmes maritimes, à l'effet de se rendre, sous le commandement d'un maréchal-des-logis et en grande tenue, à bord de l'*Océan* pour assister à l'exécution.

Le commissaire de l'hôpital de la marine fut prévenu qu'aussitôt après sa mise à mort, Lafon serait transporté à l'hôpital et serait enterré « sans aucuns honneurs ».

Tandis que se prenaient toutes ces dispositions et d'autres encore dont nous passons les détails, — par exemple la désignation de quatre couples de forçats du bagne pour mettre en bière le corps du supplicié et le descendre à terre, l'installation du cercueil sur le gaillard d'avant, du drap mortuaire et du brancard, — Lafon, Proteau et La Caille étaient tenus enfermés ensemble dans une chambre du bord.

Lafon, avec un calme et une liberté d'esprit, qui ne se démentiront pas jusqu'à la dernière minute, et dont Proteau et La Caille se souviendront en restant par la suite les amis de sa veuve et de son fils, Lafon écrit ses derniers adieux à sa famille, à ses amis, et son testament.

Il nous a été donné d'en lire les originaux et ce n'est pas sans émotion que nous avons parcouru ces pages tracées d'une main si ferme.

A deux heures du matin, quand il vient d'entendre la lecture de l'arrêt qui le condamne à mourir honteusement, il écrit à sa femme :

« A bord, le 9 septembre 1809, à deux heures du matin,

« Ma chère et adorable épouse, les bourreaux m'ont condamné à la mort. Il ne faut pas les oublier; je te retrace leurs noms : Bedout, Maureau, Tourneur, l'imbécile Barbier, Plassan, de Bordeaux, Lévêque, Krohm et l'imbécile Polony[1]. Voilà les noms infâmes qui se sont déshonorés en prononçant un jugement aussi infâme, qui te prive d'un époux, et mon cher fils d'un père, qui n'a jamais désiré que votre bonheur. Recevez tous deux mes adieux et soyez bien persuadés que je meurs victime. Je vais au trépas sans craindre la mort. J'ai remis à M. Proteau, capitaine de vaisseau, une lettre. Sous ce pli, sont mes dernières volontés, du peu de fortune que je laisse à ma chère épouse et à mon cher fils.... Je quitte la vie sans regret, espérant que vous serez heureux après ma mort.

« O mon cher fils! que je suis charmé que tu aies été avec moi! Tu seras toujours persuadé que je me suis bien comporté dans le combat du 12 avril et que je suis victime de cette malheureuse journée.

« Je recommande à mon cher fils de soutenir, d'aimer et consoler sa bonne mère, et de se rappeler que l'ambition

1. On voit, par cette lettre, que Lafon a été trompé sur les votes des juges.

d'avoir un grade m'a conduit à la mort. Il paraît que l'Être suprême l'a voulu ainsi. Je me résigne à sa sainte Volonté.

« Adieu, mes bons amis (ma femme et mon fils). Je ne vous verrai plus; je vais devant vous attendre. J'espère qu'un jour nos âmes seront réunies et nous serons plus (heureux) dans l'autre monde, lorsqu'il plaira à l'Etre suprême de nous rallier dans son paradis.

« Mon fils, si tu sers ton pays, rappelle-toi toujours (que) l'honneur est préférable à la vie, et de continuer d'être bon fils, comme j'ai été bon père et bon époux. Répare l'injustice que j'éprouve en servant ton pays avec honneur. Il fallait dans cette affaire du 12 une victime; c'est moi que l'on a choisi. J'ai eu quatre voix pour être acquitté, qui sont : Krohm, Maureau, Lévêque et Plassan. Il ne fallait que la voix de l'infâme Bedout. C'est lui qui m'assassine. Voilà le rapport que j'apprends dans le moment. Ma rentrée dans la marine par la voie de l'empereur m'a donné beaucoup de jaloux et d'ennemis, surtout *Decrès*.

« Consolez-vous, ma chère famille que j'ai toujours aimée, *ô ma femme, ô mon fils* et Désirée! Qu'il m'est doux d'emporter vos regrets! Je vous dis adieu pour toujours, ainsi qu'au peu d'amis que j'ai. Adieu à la famille Mêmes. J'espère que tu recevras des consolations de notre ami M. Perrin et de son épouse. Tu dois supporter tous tes chagrins, chère épouse, avec beaucoup de peine; mais nous sommes tous mortels. C'est l'arrêt de notre destinée. Recommande à ton fils beaucoup de prudence et de courage pour rester auprès de toi. Si je n'étais pas époux et père je ne regretterais pas la vie. Je vais recevoir la mort avec courage, en emportant les regrets d'une femme et d'un fils que j'ai toujours chéris.

« Je vous embrasse pour la dernière fois, en te désirant, ainsi qu'à notre fils, s'il est possible, de passer le reste de vos jours les plus heureux. C'est le plus sincère de mes désirs.

« Adieu, adieu. Reçois mille baisers de ton malheureux époux.

« J. B. Lafon, victime. »

« Les lâches sont connus : Allemand, Gourdon et Faure, trois lâches qui commandaient l'armée, et qui ont fui devant l'ennemi et nous ont sacrifiés, — ainsi que cinq membres de l'infâme Conseil de guerre, surtout Bedout, qui, seul, pouvait me mettre toujours au rang des braves.

« J. Lafon. »

« Le 9, à trois heures trois quarts.

« A quatre heures et demie, je ne serai plus de ce monde. Chère épouse, reçois mes derniers adieux; nos âmes se réuniront. Prends courage, chère épouse; ton mari n'est pas déshonoré, il est victime de la haine de ses ennemis.

« J'apprends que mon cher fils a un congé : ne le laisse pas dans l'inaction, qu'il se sorte d'affaire pour soutenir cette mère qui n'a plus d'époux.

« Adieu pour toujours. Je me présente à mes bourreaux avec la fierté d'un brave militaire. Je t'embrasse pour la dernière fois, ainsi que notre fils. Rappelez-moi à votre souvenir.

« La victime,
« J. Lafon. »

« Le petit mousse ne m'a pas quitté qu'après ma mort »[1].

Comme il achevait cette lettre, un bruit de pas se fit entendre à la porte de la chambre, et un bruit d'armes : Lafon comprit que sa dernière heure était venue. Avant qu'on n'ouvrît la porte, il s'était levé et, s'adressant à Pro-

1. Dans la même journée Lafon avait écrit à son fils, aspirant au port Brûlots anglais.

teau, il lui remit deux plis cachetés : « Cher ami, lui dit-il, remets toi-même ces lettres à ma veuve. — Je le jure », répondit Proteau. Ils se serrèrent les mains, puis tombèrent dans les bras l'un de l'autre. Emu jusqu'aux larmes, Proteau s'écria : « Tu vas à l'immortalité; moi, je reste ici avec la rage qui me dévore, par les flétrissures injustes qui nous accablent tous les trois ».

Se retournant, Lafon embrassa La Caille, et il s'avança vers l'officier commandant le piquet qui devait le conduire au lieu du supplice : « Monsieur, lui dit-il, je suis à vous. Marchons ». Il était trois heures quarante.

Sur le pont, était le greffier, qui relut au condamné le jugement de la veille. On oubliait de le dégrader : comme on s'approchait pour lui lier les mains et lui bander les yeux, Lafon repoussa les agents et, arrachant ses épaulettes, il les lança par-dessus le bord. Alors, regardant en face le peloton d'exécution, lui-même commanda le feu.

« Frappé de neuf balles, il tomba. Quand la fumée se fut dissipée, au milieu du silence et de la stupeur générale, on eut la douloureuse surprise d'apercevoir la triste victime soulevée sur le coude, dans une mare de sang. Pas un mot, pas un ordre ne fut prononcé. On oublia le coup de grâce et Lafon retomba sur le pont.

« A cet instant et à la faveur de l'émotion qui paralysait la plupart des témoins de ce drame, sans qu'on ait jamais su comment cela put arriver, six marins se saisirent du

---

de Rochefort, une lettre très touchante que nous ne reproduirons pas ici. Mais nous noterons aussi le testament qu'il fit dans cette même journée :
« Au nom du Père, du Fils et du Saint-Esprit.
« Je demande pardon à Dieu de tous mes péchés et le prie de tout mon cœur de m'accorder sa sainte bénédiction.
« Je meurs sans être coupable.
« On n'a rien à reprocher à mon honneur.
« Je meurs victime.
« C'est à la connaissance de toute la marine française.
« Mes dernières volontés »... etc.

corps de leur capitaine et l'emportèrent à l'hôpital où il ne tarda pas à expirer »[1].

Un témoin, dont les souvenirs manuscrits sont passés sous nos yeux, donne cette autre version :

« J'étais présent à l'exécution, a-t-il écrit, et par ordre ainsi que tous les autres aspirants en service au port de Rochefort; Lafon est mort avec la plus grande fermeté. Il se dirigea d'un pas ferme vers le détachement, écouta avec calme la lecture du jugement, puis vint se placer sur le gaillard, près de la bière, qu'il repoussa un peu du pied et vers laquelle il pencha le corps. Il était en bras de chemise, sans cravate et en culotte de casimir blanc, dont les boucles étaient enlevées; bas de soie blancs. Il tomba sur le coup, les armes étant tirées de très près ».

On a vu que des forçats avaient été chargés de la mise en bière. Le corps une fois à terre, les artilleurs de la marine le portèrent à l'hôpital. Pendant le trajet par la ville, le convoi fut escorté par quatre gendarmes, pour écarter la foule et « veiller à ce qu'il ne soit mis aucun obstacle au transport ». Précaution bien inutile, a écrit le témoin déjà cité, car il n'y eut pas de foule, au contraire; la ville était dans la plus grande tristesse et la majeure partie des habitants s'en étaient éloignés pour ne pas entendre le feu du peloton.

Quelle version est la vraie? Il est un fait certain, toutefois, c'est la déclaration du décès à l'état-civil, qui n'a été faite que le 12 septembre, par un gardien et le vaguemestre, Pitard et Dumon, qui ont déclaré que « Baptiste Lafon était décédé à l'hôpital de la marine, le 9 ».

Quant aux funérailles, nous avons encore le récit de M. Julien Lafon, d'après les souvenirs de son père, alors aspirant au port de Rochefort.

1. D'après M. Julien Lafon.

Le 9 septembre, à sept heures du soir, dit-il, c'est-à-dire trois heures après l'exécution, le fils de la victime reçut avis de la préfecture maritime de se rendre le lendemain matin à sept heures, au cimetière de la marine, où devait se faire l'inhumation. Le jeune aspirant se trouvait alors avec sa mère à l'hôtel de la poste, chez Aloude. Il se rendit à l'invitation. Le cercueil était déjà descendu dans la fosse. A la porte du cimetière, deux marins gradés l'attendaient, qui le conduisirent vers l'amiral Martin, venu au-devant de lui. Le préfet maritime lui serra les mains, l'embrassa affectueusement et le mena au bord de la fosse. Là se trouvaient déjà deux autres officiers.

Un moment silencieux, Antoine Lafon tomba à genoux sur la terre fraîchement remuée et, le visage caché dans ses mains, il éclata en sanglots; puis, brusquement, il se redressa, d'un geste violent et rapide il tira son sabre du fourreau, en brisa la lame sous son pied et en jeta les débris sur le cercueil. Profondément remué, l'amiral s'approcha et, avec un geste d'affectueuse pitié, appuyant la main sur l'épaule du malheureux jeune homme : « Courage, mon enfant, lui dit-il. J'étais l'ami de votre père, — ne suis-je pas le vôtre? Votre pauvre mère vous attend, allons auprès d'elle. Vous pourrez partir ce soir; je serai là pour lui exprimer mon amitié ».

En effet, Mme Lafon et son fils se mirent en route pour Bordeaux le jour même, à 4 heures. Beaucoup d'officiers, tous les aspirants avaient tenu à venir leur apporter leurs témoignages d'intérêt et de respect et, à ce moment, l'amiral Martin remit à la veuve un coffret en cuivre dans lequel était enfermé le cœur du capitaine de vaisseau Jean-Baptiste Lafon.

Avec le ministre qu'était Decrès, de telles manifestations étaient dangereuses; le comte Martin, vice-amiral, préfet maritime, ne tarda pas à s'en apercevoir : il fut mis d'office à la retraite l'année suivante.

Les restes du commandant Lafon reposent ignorés dans le cimetière de la marine; pas une pierre, pas même une croix de bois n'en marquent la place; son cœur a été déposé dans le tombeau de famille à Bordeaux.

La Caille se vit imposer la résidence au château d'Oleron, avec l'île pour prison.

Au témoignage de l'amiral Martin, rapporté par le capitaine de frégate Pouget, son petit-fils, La Caille était un brave et l'avait maintes fois prouvé. Qu'on juge, par là, de l'état moral de nos marins, en ces lamentables circonstances, et on s'expliquera mieux comment des réputations bien acquises ont pu sombrer en ces tristes journées.

Proteau, ses arrêts subis, quitta la marine et passa dans l'armée de terre avec le grade de colonel. Il fut nommé général de brigade le 5 novembre 1813, et commandeur de la Légion d'honneur le 5 avril 1814. Le gouvernement des Bourbons le fit chevalier de Saint-Louis et le décora du titre de vicomte.

Une grande iniquité a été commise à Rochefort en 1809, peut-être dans l'affolement que causa l'affaire des brûlots. Sur quels noms doit-on en faire retomber le poids? On le sait aujourd'hui, on le savait même, il y a cent ans. Ce n'est point l'heure ni le lieu d'entamer ce procès, mais nous devons mettre hors de cause l'empereur Napoléon; il suffira, pour cela, de rapprocher quelques dates.

Nous avons vu que l'empereur avait quitté Paris le 13 avril, à quatre heures et demie du matin, sans rien savoir de l'affaire des brûlots, pour aller se mettre en campagne contre l'Autriche. Quand il en apprend la nouvelle, il est au camp d'Ebersdorff et c'est là qu'il signe, de confiance, le décret du 2 juin proposé par le ministre Decrès, qui constitue le Conseil de guerre.

Dans le courant du mois de juin, il est occupé par la préparation de ses opérations à Schœnbrün, qu'il quitte le 1er juillet pour porter son quartier général dans l'île Lobau.

Le 5, c'est la victoire d'Engensdorf; le 6, celle de Wagram.

Du 7 au 12, il parcourt Wolkersdorf, Wilfersdorf, Laa, pour arriver à Znaïm, où il reçoit des Autrichiens, le 11, à minuit, des propositions d'armistice, qu'il accepte le 12, et le 13 il se met en route pour rentrer à Schœnbrün, où il demeure, négociant sur le pied de guerre, jusqu'au 30 août.

Le 31, il part pour Raab et revient ensuite à Schœnbrün où il demeure jusqu'au 7 septembre.

Le 8 septembre, il traverse le Danube et va passer en revue le corps d'armée de Marmont.

Le 15, il commence une tournée en Moravie, va visiter le champ de bataille d'Austerlitz et revient à Schœnbrün le 19.

Dans les préoccupations de la campagne aussi audacieuse qu'heureuse qu'il mène contre l'Autriche, il a perdu de vue l'affaire des brûlots de l'île d'Aix. Mais il s'en souvient alors et il écrit à Decrès, de Schœnbrün, le 23 septembre : « Je suis surpris que vous n'ayez pas envoyé toutes les pièces. Faites-les donc imprimer sans retard dans le *Moniteur*, quelques choses qu'elles contiennent ».

Napoléon attendait encore, quand le 4 octobre, il disait à Berthier : « On n'a donc pas encore de nouvelles de Rochefort? Vous ne savez donc rien? Quand donc ce Conseil de guerre se réunira-t-il? »...

Et Lafon avait été fusillé près d'un mois auparavant.

La cause est entendue, n'est-ce pas? N'y insistons pas.

On pourrait, pensons-nous, établir un parallèle assez curieux entre le sort de Renaudin et celui de Lafon, tous deux officiers du port de Rochefort, tous deux acteurs en des événements qui présentent une réelle identité, au moins dans la conduite de chacun de ces capitaines devant l'ennemi; encore faut-il observer que Lafon sauva la plupart de ses blessés et que son vaisseau, s'il ne coula pas, comme le *Vengeur*, sous les yeux des Anglais, du moins ne fut pas pris par ceux-ci et ne leur laissa pas de prisonniers.

La Convention accueillit avec enthousiasme et combla d'honneurs les quelques hommes qu'avait sauvé le vaisseau *Le Révolutionnaire* et qu'il avait débarqués à Rochefort le 4 juin 1794. Ils furent appelés à Paris, acclamés sur les boulevards, portés en triomphe, chantés à l'Opéra. Quant à Renaudin, il fut fait contre-amiral.

Nous savons le sort fait à Lafon.

Une fois rendu et exécuté le jugement de ce tribunal, qu'on a appelé « une commission ministérielle arbitraire », l'Empereur, qui s'étonnait qu'on n'eût pas fait connaître, comme il l'avait ordonné, toutes les pièces du procès, écrivit au ministre de la marine, de Schœnbrün, le 28 septembre[1] :

« Non seulement il faut faire mettre dans le *Moniteur* la sentence rendue par le Conseil de guerre de Rochefort, mais encore y mettre toutes les pièces du procès, telles qu'auditions de témoins, débats, discours du rapporteur, pièces des défenseurs officieux, etc., etc.

» Je suis supris que vous ne m'ayez pas envoyé toutes les pièces de ce procès. Faites-les donc imprimer sans retard dans le *Moniteur*, quelques choses qu'elles contiennent ».

Il fallut obéir. Le *Moniteur* du 11 octobre 1809 et ses suppléments rendirent compte du procès : on y fit figurer des documents très nombreux, — rapport, acte d'accusation, etc., jusqu'aux journaux de bord. Mais là encore, le ministre abusa de la confiance de l'empereur, évidemment de bonne foi, en tronquant des documents, notamment le journal du *Tourville*, que commandait La Caille : entre la pièce originale et la rédaction du *Moniteur* il existe de notables différences; on a altéré le *Journal* en des parties

1. C'est, avec la lettre reçue par l'empereur à Ebersdorff, le seul document officiel qui reste.

essentielles et c'est ainsi qu'on a supprimé ce qui a trait à la réunion et à la décision du Conseil tenu à bord. On chercherait vainement aussi les dépositions des témoins à décharge, la défense des accusés et quoi que ce soit qui leur fût favorable. Nous ne croyons pas calomnier le ministre en pensant et en disant qu'il a jugé prudent de dissimuler certaines pièces du dossier, susceptibles de compromettre lui-même ou quelqu'un de sa coterie, et de ne publier que celles qui étaient de nature à faire croire à l'entière culpabilité des malheureux capitaines sacrifiés et à rejeter sur eux la responsabilité du désastre.

Cette manière de faire put ne pas être révélée tant que dura l'Empire et, conséquemment, la puissance du duc Decrès; mais, en 1814, le successeur de celui-ci au ministère, ayant été amené à examiner le dossier, y trouva, quelque expurgé qu'il eût été, matière à révision. Une commission fut nommée, sous la présidence de l'amiral Truguet, alors préfet maritime à Rochefort. L'enquête dura deux mois, ses conclusions furent favorables aux victimes; mais les Cent-Jours ramenèrent Decrès au ministère, et lorsqu'il le quitta, à la chute définitive de l'Empire, on ne retrouva pas plus ce dossier que le précédent.

Que sont devenus ces documents? On a pu les brûler; mais heureusement, si Lafon était mort, si Proteau était pourvu, il restait La Caille, qui avait gardé ses papiers.

En 1816, La Caille reprit son instance, et la loi ne permettant pas la révision, une Ordonnance royale, en date du 9 octobre, lui accorda des lettres spéciales de réhabilitation, enregistrées par la Cour royale, en séance solennelle. Il fut réintégré dans son grade et, comme il demandait son admission à la retraite, elle lui fut accordée avec le maximum de la pension attribuée aux capitaines de vaisseau.

Quelques mots s'imposent encore comme suite et fin de notre étude.

On a vu qu'après l'affaire des brûlots ce qu'il restait de

l'escadre Allemand — sept vaisseaux et trois frégates — s'était réfugié dans la Charente. Tous remontèrent jusque dans le port de Rochefort pour y être réparés, pendant que, toutefois, le *Triomphant*, le *Régulus* et le *Tourville*, celui-ci toujours sous le commandement de La Caille, demeuraient fièrement face à l'ennemi et lui fermaient l'accès du fleuve, avec l'aide des frégates l'*Elbe*, la *Pallas* et l'*Hortense*.

Le brave amiral Martin, préfet maritime, ne négligea rien pour la sûreté du port et des rades et sut maintenir à distance le gros des forces anglaises du blocus; un brick, le *Pluvier*, des canonnières, des goélettes, des lougres circulaient incessamment dans les rades, assurant les communications avec les îles et protégeant les petits navires, chasse-marées et bargues, qui faisaient le service des approvisionnements le long des côtes ou vers la Charente. Mais l'escadre anglaise, au mouillage en rade des Basques, tenait les pertuis Breton et d'Antioche. Chaque jour ses chaloupes rôdaient depuis la Sèvre jusqu'à la Seudre, sans perdre une occasion d'attaquer nos convoyeurs, et chaque jour nos marins vengeaient par des succès partiels le grand désastre du 11 septembre. C'est dans un de ces engagements, le 13 février 1810, que l'aspirant Potestas, commandant une de nos péniches, fut blessé de coups de feu dont l'un lui fractura le bras gauche et un autre lui traversa la poitrine. Nos gens avaient repris aux péniches anglaises, devant Châtelaillon, deux chasse-marées de La Rochelle qu'elles venaient de capturer. L'empereur nomma Potestas, chevalier de la Légion d'honneur.

Citons une autre affaire, plus grave. Le 27 décembre 1812, un convoi de caboteurs sort de La Rochelle. A peine est-il hors des jetées du port que les péniches anglaises accourent et lui donnent la chasse. Elles vont l'atteindre dans l'anse de Châtelaillon, quand les vaisseaux de la rade de Rochefort, qui suivaient leurs mouvements, envoient contre elles trois canonnières et quatre canots, commandés par le lieutenant de vaisseau Duret et l'enseigne Constantin. A l'apparition des nôtres, les Anglais prennent la fuite. Un vaisseau ennemi, deux frégates et un brick accourent à leur secours. Sans se laisser intimider, Constantin aborde une péniche, la fait chavirer et fait prisonnier son équipage, en lui sauvant la vie; lui-même est blessé : une balle lui a fracassé le bras gauche. Ducret a attaqué quatre autres péniches sous le feu du brick anglais et en a capturé une; l'enseigne Gorgy lutte contre trois péniches et les poursuit jusqu'à la côte, où soixante-dix Anglais sont forcés de se rendre prisonniers, et le brick est obligé de virer de bord pour aller se mettre à l'abri sous le canon du vaisseau et des deux frégates qui, manquant de fond, n'ont pu s'approcher du lieu du combat.

Pendant que l'ennemi bloquait ainsi nos rades, les travaux se continuaient activement dans l'arsenal de Rochefort. Pendant l'année 1810, les approvisionnements du port avaient été complétés et les constructions poussées avec ardeur : on achevait les réparations des bâtiments en rivière; un vaisseau, deux frégates et quelques autres navires de moindre force étaient mis en chantier; une escadre était mise en état de prendre la mer au premier ordre. Dès le mois de juillet, cette escadre était en rade de l'île d'Aix, comprenant neuf vaisseaux et trois frégates, sous le commandement du capitaine de vaisseau Jacob.

Au port de Rochefort, notre marine se relevait du coup des brûlots, deux nouveaux vaisseaux avaient été mis à l'eau, les équipages de haut-bord et de flottille étaient reconstitués; mais arriva 1814. Bordeaux accueillit à bras ouverts le duc d'Angoulême et les Anglais, et ceux-ci pensèrent que, enfin, ils avaient le moyen de détruire, par terre, ce port de Rochefort, inattaquable par mer. Une armée, réunie à Bordeaux, se mit en route et elle était parvenue jusqu'à Cozes, quand la paix fut signée.

Rochefort, d'ailleurs, avait pris ses dispositions pour bien recevoir l'ennemi. L'Empire était tombé, mais la France restait. Il y a là un chapitre d'Histoire qui mériterait d'être conté, mais qui sort trop de notre sujet pour entrer dans la présente étude.

DOCUMENTS JUSTIFICATIFS

I. *Carnet des signaux et mouvements de l'escadre Allemand.* — Nous avons extrait du Carnet des signaux et mouvements de l'escadre Allemand, du 10 au 17 avril 1809, qui porte la signature du capitaine de frégate Pesron, adjudant de l'escadre, les indications qui suivent, en nous permettant d'y joindre quelques remarques propres à préciser les faits.

10 avril, midi. L'escadre est sur deux lignes parallèles et endentées N. 1/4 N. E. et S. 1/4 S. O., flanquée par une estacade de 900 toises (1752 m.), établie à 3 encablures en avant des lignes des vaisseaux; les vaisseaux ont leurs mâts de perroquet dépassés et leurs mâts de hune recalés. On a reconnu que l'ennemi, au mouillage en rade des Basques, compte 12 vaisseaux, 6 frégates, 9 corvettes, 5 cutters et 32 voiles marchandes ou brûlots. La côte signale un convoi au large : l'accroissement progressif des forces de l'ennemi en bâtiments légers et en transports annonce sans équivoque un projet d'attaque de sa part, et c'est le moment que choisit notre amiral pour réduire nos vaisseaux à l'état de pontons...

Le 11, le convoi signalé la veille ayant rallié l'escadre anglaise, on y compte alors 12 vaisseaux, 7 frégates, 7 corvettes-bricks, 4 cutters, 46 transports ou brûlots. De plus, 4 grosses frégates, qui se sont laissées dériver avec le flot, sont venues mouiller à une portée et demie de canon de l'estacade, dans le N. O. Ce sont l'*Impérieuse*, l'*Aigle*, l'*Unicorn*, et la *Pallas*. Trois chasse-marées-fuséens, *Witing*, *King-George* et *Nimrod* sont à l'ancre au milieu du groupe des frégates.

A quatre heures et demie du soir, Allemand fait signaler « Liberté de manœuvre » à nos frégates, les autorisant par ce signal à caler leurs mâts de perroquet et à rentrer en dedans des lignes des vaisseaux, si cela devenait nécessaire, comme le portait leurs instructions.

A huit heures du soir, on aperçut des feux hissés par les 4 frégates ennemies rapprochées de l'estacade : c'était un signal, auquel il fut répondu, de la rade des Basques, par deux coups de canon. C'était le moment même où se devait faire la relève des divisions de flottille à l'estacade et où, conséquemment, nos vaisseaux étaient démunis de presque toutes leurs embarcations, réparties en cinq divisions, les commandants, capitaines de frégate et lieutenants de vaisseau détachés pour des rondes fixées chaque jour. Au signal parti de la rade des Basques des brûlots se dirigèrent vers l'estacade, favorisés par le flot et une forte brise de N. O. Des catamarans et quatre bâtiments, sous voiles et enflammés, s'y arrêtèrent. Le temps était couvert.

A neuf heures, un de ces bâtiments fit explosion — horrible explosion, dit le carnet de Pesron — sur l'estacade. A la lueur qui éclaira l'espace, on aperçut alors un grand nombre de bâtiments, se portant à pleines voiles sur nos vaisseaux, poussés par le vent et le plus violent courant de l'année. Ordre fut donné d'envoyer les chaloupes et canots pour détourner ces brûlots; mais la force du vent et de nouvelles explosions ayant rompu l'estacade en plusieurs points, libre passage se trouva ouvert aux brûlots, qui se succédèrent avec une incroyable rapidité, quelques-uns arrêtés cependant en travers et s'y consumant sur place.

Le premier, le *Régulus* fut accroché par une de ces masses incendiaires; il dut pour se dégager couper son câble de tribord et, le flot le saisissant, il allait aborder l'*Océan*, son matelot de bâbord, quand celui-ci, que menaçait deux brûlots sous son beaupré, coupa son câble de N. O. et put parer l'abordage en venant à l'appel du câble de S. E. Dans cette nouvelle position, le vaisseau-amiral vit un brûlot en travers de la *bouteille* de tribord; il fut repoussé, mais rangeant le bord, il s'accrocha successivement aux grands porte-haubans, à ceux de misaine, puis sous le bossoir de tribord; enfin de courageux cannonniers et matelots se mirent en dehors pour couper ce qui retenait le brûlot et parvinrent à le décrocher. C'est à ce moment que l'*Océan* alla s'échouer sur des vases molles. Dans l'obscurité profonde, il semblait à l'amiral que les autres vaisseaux faisaient les mêmes manœuvres pour éviter d'être incendiés; on crut d'abord que le *Cassard*, le *Régulus* et la frégate l'*Indienne* étaient en feu, car on apercevait, en effet, des vaisseaux et une frégate en proie à l'incendie.

Impossible d'échanger aucuns signaux de nuit, dans l'ignorance absolue de la position des unités de l'escadre et au milieu des feux et des coups de canon tirés de toutes parts, les uns par les batteries enflammées des brûlots, les autres par nos bâtiments visant à couler ceux de ces brûlots qui les menaçaient. Et point d'embarcations pour essayer d'entrer en communication.

Un peu avant le jour on distinguait vingt-six navires en flammes, indépendamment de ceux dont les explosions avaient rompu l'estacade. Dans le nombre se reconnaissaient un vaisseau, cinq grosses frégates et plusieurs autres bâtiments de fort tonnage. A l'aube on eut la satisfaction de voir qu'aucun de nos bâtiments n'avait péri dans l'odieuse attaque des Anglais; mais le *Cassard* et le *Foudroyant*, seuls, étaient à flot, l'*Océan*, le *Jemmapes*, le *Régulus*, le *Calcutta*, la *Ville-de-Varsovie*, le *Tonnerre*, le *Tourville*, l'*Aquilon*, le *Patriote*, l'*Hortense*, la *Pallas*, et l'*Indienne* étaient échoués. La frégate l'*Elbe*, entrée en rivière, était mouillée au Port-des-Barques.

Le 12, à cinq heures du matin, on voit nos vaisseaux dispersés et échoués comme il vient d'être dit. Le *Cassard* et le *Foudroyant* sont seuls à flot et mouillés à environ neuf encablures dans le S. de l'île d'Aix. Le *Calcutta* signale qu'il est échoué sur un fond très dur et qu'on craint beaucoup qu'il ne soit perdu. L'amiral se contente de répondre par le pavillon d'*attention*. Les vaisseaux ennemis sont toujours au mouillage en rade des Basques; trois corvettes sont mouillées dans le N. de l'île d'Aix, six frégates et deux corvettes louvoyent dans la passe, entre cette île et la longe de Boyard.

A cinq heures un quart, l'ennemi se mit en mouvement pour entrer dans nos rades. Alors l'amiral Allemand, craignant que le *Cassard* et le *Foudroyant* ne fussent coupés au mouillage, ordonna de leur signaler « liberté de manœuvre », et à cinq heures vingt il appela à l'ordre un officier de chaque vaisseau pour connaître la situation de chacun; entre autres ordres, il prescrivit d'élonger des ancres à jet et des grelins pour se tirer des échouages : comme il eût dû le prévoir, il lui fut répondu que ces apparaux n'existaient plus à bord, qu'il en avait disposé pour l'estacade et que le port ne les avait pas remplacés. Avant d'appeler ainsi des officiers de l'escadre, l'amiral avait eu la pensée de se rendre, de sa personne, le long de chacun de ses vaisseaux pour reconnaître l'état des choses; il avait accosté d'abord le *Tonnerre*, puis le *Calcutta*, mais les mouvements de l'ennemi l'inquiétant, il était revenu à bord de l'*Océan*.

A neuf heures, le *Tonnerre* signala que les pompes étaient insuffisantes pour franchir. On lui répondit par le simple signal d'*attention*. Le vaisseau était crevé, la cale s'était remplie, le commandant demandait à couper ses mâts. Laissé libre d'agir selon les nécessités, il n'abattit que le grand mât.

Toute la matinée se passa, à bord des vaisseaux échoués, à travailler à se remettre à flot : l'*Océan*, le *Régulus*, le *Jemmapes*, le *Tourville* et le *Patriote* y réussirent et purent se placer plus en dedans, mais l'*Aquilon*, la *Ville-de-Varsovie*, le *Calcutta* et le *Tonnerre* n'y parvinrent pas.

A midi vingt, le *Cassard* et le *Foudroyant* ayant signalé

que le pilote croit pouvoir rentrer dans le port, l'amiral répond son continuel « liberté de manœuvre ».

A une heure de l'après-midi, deux frégates ennemies (dont l'*Impérieuse*, que montait Cochrane), une bombarde et deux corvettes entrent dans la rade de l'île d'Aix, et prennent position dans le S. S. E. de Boyard. Prudemment l'Anglais prépare l'attaque de nos vaisseaux échoués et désemparés. A deux heures, le *Calcutta* et l'*Aquilon* renouvellent le signal d'échouage sur un fond très dur, avec la crainte d'une perte totale. Il leur est répondu par le signal d'*attention*, et à l'*Aquilon*, qui demande le secours de chaloupes, l'amiral fait savoir qu'il n'en existe aucune dans l'escadre, ni ancres à jets, ni grelins. Même réponse au *Régulus*. Il existait cependant quelques embarcations, qui avaient rallié, mais l'amiral les avait appelées à l'*Océan*.

Dès midi et demi, le *Foudroyant* et le *Cassard* ont mis sous voiles et fait route pour entrer en rivière; mais ne tardent pas à se mettre au plein de nouveau.

Les quatre vaisseaux couchés sur les rochers des Palles sont ainsi abandonnés par l'amiral, et l'ennemi, qui est venu mouiller très près d'eux, ouvre le feu à une heure et demie, les battant par la hanche. La position des nôtres est telle qu'ils ne peuvent riposter que par leurs pièces de retraite; le *Calcutta*, seul, peut se servir de ses canons de chasse. Les batteries de l'île d'Aix et celles d'Oléron tirent pour soutenir nos vaisseaux, mais leurs boulets n'atteignent pas l'ennemi, qui s'est placé à une distance de 15 à 1.800 toises. Ainsi assurés de n'être point touchés, les Anglais renforcent l'attaque : à deux heures arrive un nouveau vaisseau, le *Valiant*, et peu après cinq frégates — *Indefatiguable*, *Aigle*, *Emerald*, *Union* et *Pallas*, — convoyant de nouveaux brûlots.

A trois heures un quart, l'équipage du *Calcutta* ayant abandonné le vaisseau, les Anglais s'en emparent et y mettent le feu à cinq heures. A ce moment, deux autres vaisseaux ennemis — *Revenge* et *Theseus* — et quelques bricks de guerre vinrent se joindre à ceux qui battaient nos épaves sur les Palles.

A quatre heures et demie, le commandant de l'*Aquilon* demanda des secours pour aider à l'évacuation du vaisseau, jugé perdu : « liberté de manœuvre » répondit l'amiral ; — on put lui envoyer des embarcations, qui prirent une partie de l'équipage, et à cinq heures le vaisseau amena son pavillon. Presque au même instant le *Tonnerre*, ayant fait les mêmes demandes, obtint la même réponse et, l'équipage ayant été embarqué dans les canots, on vit peu après le feu mis à bord.

A cinq heures trois quarts, un quatrième vaisseau et plusieurs bâtiments de transport anglais appareillèrent de la rade des Basques et firent route pour le mouillage de l'île d'Aix; ils furent suivis par deux autres vaisseaux et quelques corvettes. Malgré le feu soutenu des soutiens de l'île d'Aix et d'Oléron, ils entrèrent et vinrent mouiller en dedans.

A sept heures du soir, les quatre vaisseaux anglais et trois frégates mirent sous voiles et rallièrent le gros de leur escadre en rade des Basques. A sept heures et demie, le brick *Eneas* vint s'échouer à la côte S. E. de l'île d'Aix. C'était une machine infernale, dont nous aurons à parler et qui constituait une entreprise plus abominable encore.

Le *Tonnerre* et le *Calcutta* avaient fait explosion entre six heures et demie et sept heures.

La nuit du 12 au 13 se passa en manœuvres contre les brûlots lancés contre ce qui subsistait encore de notre flotte. A trois heures et demie du matin, l'incendie était allumé par l'ennemi à bord de l'*Aquilon* et de la *Ville-de-Varsovie*.

Le 13, à cinq heures du matin, on comptait au mouillage, près Boyard, quatre vaisseaux anglais — *Revenge, Valiant, Theseus* et un autre ; — six frégates — *Impérieuse, Esmerald*, etc. ; — quelques corvettes et des transports. De notre côté, l'*Océan* restait échoué dans l'O. 1/4 N. O. de Fouras et au S. ¼ S. E. de l'île d'Aix, présentant la poupe au N.O.; le *Foudroyant* était à deux encablures du vaisseau-amiral dans la direction du bossoir de tribord, le *Régulus* à une encablure sous le bossoir de bâbord, le *Patriote* à trois encablures tribord, par le travers de l'*Océan*, vers l'avant, et la frégate l'*Indienne* par le travers bâbord, près de la côte de Fouras. Les autres bâtiments étaient plus avant dans la Charente.

A neuf heures et quelques minutes, six canonnières mâtées en bricks, une bombarde à trois mâts, un cutter et une goélette-bombarde ennemis appareillèrent de la rade de l'île d'Aix, vinrent s'embosser à portée de canon derrière l'*Océan* et commencèrent à tirer à dix heures. Le vaisseau riposta de ses canons de retraite des trois batteries; le *Régulus* et l'*Indienne* joignirent aux feux de l'amiral ceux de leurs pièces de retraite, les seules dont ils pussent se servir. Après six heures de canonnade, nos coups bien dirigés forcèrent une canonnière ennemie à s'éloigner et, peu après, les autres assaillants se virent obligés de reculer devant notre tir et retournèrent au mouillage des Palles, en ayant soin de se placer hors de portée des forts des îles d'Aix, d'Oléron et Madame.

Comme on avait tout lieu de penser que les cinq bâtiments marchands qui accompagnaient la division mouillée sur les Palles n'étaient autre chose que des brûlots destinés à agir contre nos vaisseaux dans une nouvelle attaque de nuit et à la faveur du flot et d'une forte brise d'O. N. O. qui régnait alors, l'amiral ordonna l'armement d'une flottille composée de tous les canots de l'escadre, bien armés, sous le commandement du capitaine de frégate Marchand. Formée en trois sections, la flottille devait se porter au-devant de l'ennemi, s'il s'approchait, enlever les brûlots et, même, donner l'abordage aux bombardes si les canonnières qui les protégeaient en étaient assez écartées. Cette éventualité ne se réalisa pas.

Le 14. — Le *Patriote* est parvenu à entrer en rivière la nuit précédente. L'*Océan* est encore échoué, ainsi que les autres; des forces anglaises (2 frégates, 1 bombarde à trois mâts, 14 bricks et 2 goélettes) sont mouillées en rade de l'île d'Aix, entre les Palles, la tête du Boyard et l'île d'Oléron; le reste est en rade des Basques. Entre midi et midi et demi, deux frégates s'en détachent pour rejoindre le groupe ancré près des Palles.

A trois heures, le vaisseau-amiral réussit à se tirer des vases, et à trois heures et demie, il jette l'ancre en pleine rivière, au Port-des-Barques, où s'était rendue, dans la nuit, la frégate l'*Hortense*.

A quatre heures, la bombarde et trois canonnières ennemies de la rade de l'île d'Aix viennent prendre position derrière le *Régulus* et le *Foudroyant* toujours échoués et leur lancent des bombes jusqu'à huit heures du soir. L'amiral se rend à bord de ces deux vaisseaux et commande lui-même la flottille de canots armés, qui croise toute la nuit du 14 au 15 entre l'ennemi et les bâtiments échoués.

Le 15 avril, le vaisseau-amiral l'*Océan* est au Port-des-Barques; le *Patriote*, le *Jemmapes*, les frégates *Pallas*, *Hortense* et *Elbe* sont plus avant dans la rivière, près du Vergeroux; le *Régulus*, le *Foudroyant*, le *Cassard*, le *Tourville* restent échoués à la côte de Fouras. Le *Jemmapes* et les trois frégates ont profité de la marée, à trois heures et demie après-midi, pour entrer. A cinq heures le *Cassard* est entré en rivière pour aller mouiller par le travers du fort Lupin. Dans la journée, des embarcations du port sont arrivées à l'escadre, ainsi que plusieurs allèges, apportant des câbles et des ancres.

Les forces de l'ennemi en dedans de la rade de l'île d'Aix consistent en six frégates, six canonnières, un cutter, une goélette, une bombarde à trois mâts et quelques bâtiments marchands armés en bricks. Le gros de la flotte est toujours en rade des Basques.

Le 16, à neuf heures du matin, la frégate l'*Indienne*, demeurée sur les vases de Fouras, coupe sa mâture. A neuf heures et demie le feu est mis à bord. Dans la matinée, deux des canonnières ennemies quittent la division mouillée près des Palles et rallient la flotte en rade des Basques.

Les vaisseaux *Océan*, *Jemmapes*, *Cassard*, *Patriote*, et les frégates *Pallas*, *Hortense* et *Elbe* sont mouillés en rivière; les vaisseaux *Foudroyant*, *Tourville* et *Régulus* n'ont pu se relever de l'échouage.

Pendant la nuit du 16 au 17, la flotte anglaise a fait quelques mouvements et le 17, au point du jour, seize bâtiments ennemis sont près des Palles; à neuf heures trois quarts un brick et un cutter s'en détachent et font route pour la rade des Basques. A onze heures et demie on voit les Anglais incendier l'épave du *Jean-Bart*, naufragé antérieurement à l'événement du 11.

Le 17, à midi, on compte quatorze bâtiments anglais — frégates, canonnières, bombardes, etc., — mouillés près des Palles.

A une heure, l'amiral monte à bord des vaisseaux encore échoués pour aviser aux moyens de les remettre à flot et de les faire entrer en rivière.

A quatre heures et demie, le *Tourville* est paré, met à la voile et donne en rivière; il va mouiller un peu plus bas que le canal de Charras. A six heures un quart, le *Foudroyant* peut appareiller pour se mettre dans le chenal, mais il s'échoue de nouveau sur les mouclières, qui amortissent le coup.

Le 18, à onze heures trois quarts du matin, l'amiral se rend à bord du *Régulus* pour faire disposer les apparaux nécessaires pour tirer ce vaisseau de la côte.

Là s'arrête le carnet des « signaux et mouvements faits dans les journées du 10 au 17 avril 1809 », établi par la majorité de l'escadre et dont la copie a été remise au rapporteur près le Conseil de guerre, certifiée conforme par le capitaine de frégate Pesron, adjudant de l'escadre. Cette pièce a été cotée sous le n° 50 au dossier de l'affaire.

Ce document, sommaire et très incomplet, demande à être éclairé par d'autres éléments, puisés aux journaux de bord, rapports, procès-verbaux, etc., et aux débats du Conseil de guerre.

Mort du capitaine de vaisseau Maingon, *commandant l'Aquilon*.

Il avait amené son pavillon et le vaisseau avait été amariné par les embarcations de la frégate anglaise l'*Impérieuse*, commandée par Cochrane, et par un ou deux bricks. On mit le feu au vaisseau et les prisonniers furent conduits à bord de l'*Impérieuse*.

Maingon était très affecté de n'avoir sauvé aucun de ses effets; Cochrane lui offrit de le conduire lui-même, par son propre canot, à bord du vaisseau, qui n'était pas assez embrasé pour qu'on ne pût essayer de sauver les malles du commandant. Ils y allèrent effectivement tous deux; mais, en revenant, un boulet parti d'un des vaisseaux enflammés atteignit le canot de Cochrane, et des éclats de bois blessèrent au ventre Maingon, qui ne survécut que quelques heures. Cochrane lui fit rendre les honneurs militaires et promit de renvoyer sa croix de la Légion d'honneur.

(D'après une lettre de M. Quérangal, 24 avril 1809).

Procès-verbal constatant la perte du vaisseau de S. M. le Calcutta.

« Aujourd'hui, 13 avril 1809, nous, capitaine de vaisseau commandant celui de S. M., le *Calcutta*, officiers et maîtres chargés, nous sommes réunis extraordinairement, à Rochefort, à l'effet de faire connaître les causes et circonstances qui ont occasionné la perte du vaisseau qui nous était confié.

« Le 11 avril, vers les six heures du soir, les vents de la partie du N. N. O., bon frais, le *Calcutta*, mouillé à la tête de la première ligne d'embossage de l'escadre de S. M. en rade de l'île d'Aix, les mâts de perroquet dépassés, les mâts de hune calés et les basses vergues hissées, aperçut une frégate anglaise qui vint mouiller à portée et demie de canon en dehors de l'estacade; aussitôt on se disposa pour le combat et à neuf heures, la nuit très obscure, les vents de la même partie, nous entendîmes à peu de distance du vaisseau l'explosion d'un artifice. Immédiatement nous découvrîmes plusieurs brûlots dirigés sur l'armée; vers les dix heures et demie, trois de ces brûlots, par la direction des courants, allaient infailliblement tomber sur nous lorsque nous parvînmes, par le feu de notre artillerie, à en couler un et à éviter les deux autres en coupant notre câble de N. O. Vers les onze heures, plusieurs se dirigeant encore sur le vaisseau, nous armâmes nos embarcations afin de les détourner, et n'ayant pu y parvenir par la rapidité des courants, nous fûmes contraints de couper le câble de S. E., ce qui nous fit abattre sur bâbord; le peu de voilure que nous pûmes orienter ne nous permit pas d'éviter suffisamment pour courir sur l'entrée de la rivière; nous fûmes donc contraints, pour éviter d'aborder l'armée qui se trouvait alors sans ordre, entourée par trente-cinq brûlots, d'échouer vers minuit sur la pointe sud des Palles, où nous laissâmes tomber l'ancre de bâbord afin d'attendre la pleine mer. A une heure, la marée étale, nous appareillâmes pour chercher à rentrer dans le fond de la baie, mais les vents variables de la partie du N. au N. E. nous portèrent davantage sur le haut-fond des Palles, où il ne restait que onze pieds d'eau à basse mer. Le reste de la nuit nous travaillâmes à alléger le vaisseau en défonçant nos pièces à eau et jetant à la mer le lest volant. A six heures du matin, le général fit signal qu'il laissait chaque commandant des vaisseaux de l'escadre libre de sa manœuvre pour la sûreté de son vaisseau. A dix heures nous portâmes une ancre à jet dans le N. N. O. avec le plus grand espoir de retirer le vaisseau à la marée suivante; mais malheureusement, au moment où nous avions commencé à virer sur cette ancre, deux frégates anglaises et deux bombardes vinrent mouiller dans l'O. N. O., à une demi-portée de canon, qui nous criblèrent du feu de toute leur artillerie. Malgré la position désavantageuse du *Calcutta* et l'infériorité de son équipage, dont le nombre ne s'élevait qu'à deux cent trente environ, nous ripostâmes avec toute la valeur qui caractérise de braves marins entièrement dévoués à leur maître, l'*Empereur et Roi*. Vers trois heures, deux autres vaisseaux ennemis vinrent se placer dans le N. O., à la même distance, et dirigèrent la plus grande partie de leur feu sur le *Calcutta*. L'avantage de notre batterie barbette a préservé l'équipage des effets dangereux d'un feu aussi nourri et le nombre des blessés ne s'est élevé qu'à douze. Vers quatre heures enfin, malgré toute la résistance que nous opposâmes à un ennemi aussi supérieur, après avoir reconnu toute l'impossibilité de sauver le vaisseau, nous décidâmes de l'abandonner; ce mouvement fut exécuté après y avoir mis le feu, et le commandant se rendit à bord du V. A. Allemand, qui le renvoya ainsi que tout son équipage aux ordres du préfet maritime à Rochefort.

« En foi de quoi nous avons dressé le présent, à Rochefort les jour, mois et an que dessus.

Signé : de Belloy, lieutenant de vaisseau; Sergent, premier lieutenant en pied; Quesnel, aspirant; Ganne, enseigne de vaisseau; Treguilli, enseigne de vaisseau; Conaug, capitaine d'armes; Mauchy, maître d'équipage; Bourdin, enseigne de vaisseau; Jacques Bouron, pilote; Laubert, agent comptable; Ch. Guyon, maître-voilier; Rehault, aspirant; Nantial, aspirant : Bouffier, aspirant; Dumolin, maître-charpentier; Maquet, aspirant; Charlon, 2e chef de timonerie, faisant fonctions de chef; Rebour, aspirant.

« Vu par le commandant : LAFON. »

Rapport extrait du journal du capitaine de vaisseau Proteau, *commandant la frégate l'*Indienne *sur les événements du 11 au 16 avril 1809.*

Le 11, les vents au N. O., grand frais, le temps à grains et à la pluie, il y eut à cinq heures du soir un mouvement dans les frégates, bâtiments légers et transports de l'ennemi. Je relevais la frégate la plus près au N. O. à portée et demie de canon de l'estacade; elle était accompagnée de deux chasse-marées, d'un 3e bâtiment très ras d'eau, à un seul mât de l'avant. Les autres frégates et bricks me parurent se relever sur une ligne N. E. et S. O., la frégate la plus au N. E. débordant la pointe N. de l'île d'Aix.

« L'amiral signala, à cinq heures et demie, la manœuvre indépendante aux frégates. Je calai les mâts de perroquet. Il signala en même temps à une division de canots de se porter à des heures indiquées à l'estacade. La frégate encore évitée de jusant, le travers au vent, le cap au S. O., je fis frapper par tribord un grelin très fort pour me servir d'embossure. Il fut embraqué afin de me tenir ainsi entraversé, présentant mon feu de tribord à ce qui paraîtrait à l'estacade. La force de la mer et du vent détruisirent cette disposition, d'autant meilleure que j'étais favorablement évité pour ne point tomber sur l'armée, en cas que je fusse contraint d'appareiller. L'ancre de N. O. consentit à l'effort du grelin. Je restai évité debout au vent.

« J'étais dans cette position, à trois encablures et demie de mon escadre, l'amiral dans mes eaux, lorsque nous distinguâmes, à neuf heures et demie, sous notre bossoir de tribord, un corps flottant à l'estacade. L'explosion s'en fit tout à coup et vomit quantité de fusées artificielles, grenades et obus, qui éclatèrent en l'air, sans nous faire le moindre mal, et cependant nous n'en étions qu'à une demi-encablure. A neuf heures quarante, l'officier du gaillard d'avant m'avertit que deux autres brûlots étaient encore retenus sous notre beaupré par l'estacade. Ils sautèrent et firent encore un plus grand et plus horrible effet que le premier. La frégate fut couverte d'une pluie de feu. Cette explosion m'éclaira plusieurs bricks et trois-mâts qui venaient en ralingue, en abordant l'estacade.

« Je ne fis encore aucun mouvement pour ma retraite, dans la détermination de tenir ferme jusqu'à la dernière extrémité. Le vent et le flot me firent prendre un mauvais évitage, qui me portait rapidement sur l'escadre qu'il m'était difficile d'aborder.

« A neuf heures trois quarts, des brûlots enflammés et sous voiles forcent l'estacade, se dirigent tribord et bâbord sur la frégate; l'escadre tire sur eux, les boulets me passent dans les mâts. Je file alors le câble de N. O., je viens à l'appel du S. E. Cette manœuvre ne me met pas à l'abri des brûlots qui se croisent sous mon beaupré. Au moment d'en être abordé, je coupe le câble du S. E. En abattant sur tribord, j'envoyai de bâbord plusieurs volées aux brûlots. J'allais aborder le *Varsovie*, je l'évite; je range le *Foudroyant*, passe à poupe du *Tonnerre*, en carguant mes huniers pour prendre mouillage en dedans des lignes, dans les eaux du général dont je ne voulais pas m'éloigner. Comme je faisais cette manœuvre, je fus obligé de faire une nouvelle arrivée pour éviter un brûlot qui avait traversé les lignes. Je vis l'*Océan* abordé d'un brûlot, plusieurs vaisseaux sur le point de l'être et appareillant, le vaisseau l'*Océan* lui-même hissant son grand foc. Je mis la route au S. E. sous le grand foc et le petit hunier cargué. Comme je faisais du sillage et que je voulais observer l'amiral, je revins plusieurs fois en travers pour ne pas m'en écarter. La rade fut couverte de vingt-cinq brûlots de toute grandeur, lançant des pétards, des fusées incendiaires, tirant des coups de canon et de caronade. Un à trois mâts, de la force d'une grande frégate, n'offrant à la vue qu'un brasier ardent jusqu'à sa flottaison venait sur moi, porté par le courant et le vent. J'avais placé un officier à la sonde, l'enseigne de vaisseau Aubriette; il m'avertit de trois brasses et demie. Je laissai arriver, la frégate s'arrêta; le brûlot m'approchant toujours, je conservai de la voile pour franchir; les vases étaient si molles qu'elle y flottait et qu'elle ne pouvait plus dessouiller sans allégir. Je fis jeter partie de la batterie à la mer. Cette opération fut longue et difficile. La frégate-brûlot n'était plus de mon arrière qu'à la portée du pistolet. En allégissant je m'en écartai de trois encablures. Elle me rangea par tribord et je parai. Je n'avais pas la liberté de mon gouvernail, les vases empêchaient son action; de sorte que pour aller de l'avant par l'impulsion du vent, je ne pus pour cela arriver. Il était alors minuit.

Trois brûlots lancés alors par le passage d'Enet, dans le N. de l'île d'Aix, m'éclairèrent sur ma position. J'avais cette petite île par la hanche de bâbord et je me trouvai échoué sur les vases de la pointe de l'Aiguille. Un de ces brûlots consuma sur Enet. Un second vint sur moi; je disposai des espars et une embarcation pour le détourner; il me passa à dix toises de l'arrière; le troisième fut arrêté sur les récifs de l'Aiguille.

« Etant à la fin du flot, je me mis en mesure d'assurer la gîte de la frégate du côté de terre. Je mis sur bâbord ce que j'avais de canons; je calai mes mâts d'hunes, disposai mes basses vergues pour béquiller s'il en était nécessaire. La frégate étant bien en souille, je fis haler la batterie en dedans, sur la ligne longitudinale, pour ne point fatiguer. Je m'occupai de m'allégir en pompant l'eau des pièces afin d'être à même, à la marée suivante, de me déséchouer.

« Le 12 au matin je vis, à mon grand étonnement et satisfaction, que toute l'escadre avait heureusement échappé à un incendie qui paraissait inévitable. Des brûlots avaient été entraînés par la marée jusqu'à la fontaine Lupin; les autres brûlaient encore sur les vases de Fouras, du Port-des-Barques et des Palles. Telle était la position des différents bâtiments :

« La *Pallas* sur les vases du Port-des-Barques, l'*Elbe* et l'*Hortense* sur les Fontenelles. Les vaisseaux le *Tourville*, le *Patriote* et le *Tonnerre*, sur une même ligne, sur les Palles. Le vaisseau le *Calcutta* sur l'extrémité des Palles, près du *Jean-Bart*, avec les vaisseaux le *Régulus* et le *Jemmapes*. Le *Varsovie* et l'*Aquilon* étaient échoués sur Charenton. L'*Océan* à l'O. de nous, à demi-lieue sur le bord du chenal. Le *Foudroyant* et le *Cassard* seuls à flot sur la rade de l'île d'Aix.

« Dépourvu de grelins, d'aussières et d'une de nos ancres à jet, sans chaloupe pour porter dans le S. O., par derrière, une ancre de bossoir afin de me retirer par cette partie que je remarquai, de basse mer, être la plus plate et dont je m'assurai encore par la sonde, je me servis du seul grelin et de l'ancre à jet qui me restaient, dont j'augmentai les touées par des guinderesses et autres funins de rechange, que je prolongeai et que j'embraquai. Au coup de pleine mer je fis virer de force sur le grelin; j'entraînai l'ancre à jet.

« Le vent avait considérablement tombé, de sorte que la marée ne rapporta pas autant que la veille où elle fut visiblement refoulée. Je ne pus sortir de ma souille.

« A midi, une forte frégate anglaise, un brick, une bombarde à trois mâts entrèrent en rade de l'île d'Aix. Ils furent bientôt suivis d'autres frégates et bricks. La bombarde et la grosse frégate dirigèrent leur feu sur le *Calcutta*, le *Varsovie* et l'*Aquilon;* les autres bâtiments prirent embossure au fur et à mesure qu'ils arrivaient, de manière à tenir ces vaisseaux dans des positions désavantageuses. Sur les deux heures, ces bâtiments légers furent soutenus par trois vaisseaux qui vinrent plus en dedans. Le *Calcutta* riposta quelque temps; le *Varsovie* et l'*Aquilon*, n'étant pas favorablement échoués, ne purent le faire. Ils étaient écrasés par le feu de l'ennemi. A quatre heures nous vîmes le vaisseau le *Calcutta* amener; l'*Aquilon* demanda à évacuer. Nous vîmes, à cinq heures, des canots anglais communiquer avec lui et le *Varsovie*.

« N'ayant pu réussir à la marée, faute d'être suffisamment allégi, j'envoyai un officier à Fouras, M. Aubriette, prendre toutes les allèges qu'il trouverait. L'officier d'artillerie, M. Gard, fut au fort de l'Aiguille demander à ce que j'y entreposasse mes poudres. Ma demande fut refusée. Comme j'avais vidé tout ce qu'il était possible de l'avant, que les pièces d'artillerie, au nombre de quatorze, halées dans cette partie, ne pouvaient mettre en différence, ayant encore tout l'arrière plein de biscuit, de légumes, de vin de campagne, de farines et autres objets, je jetai partie de mes poudres à la mer. Je pompai le vin; je tirai le lest en fer placé sous la soute aux poudres sur le talon. Je débarquai quelques effets dans deux petites embarcations qui me vinrent de Fouras, et que je ne revis plus depuis quoique j'en eusse sollicité officiellement le renvoi de M. le syndic et de toutes celles qu'il pourrait m'expédier.

« Cette mesure m'était impérieusement commandée, d'abord par ma position, la détermination qu'annonçait l'ennemi de poursuivre son succès (la destruction de l'escadre par ses bombardes et brûlots) et, conséquemment, pour le salut de la frégate de S. M., dont j'étais résolu de faire le sacrifice à l'honneur du pavillon plutôt que d'en laisser l'avantage à l'ennemi. Le général avait rendu la manœuvre indépendante aux capitaines pour le salut de leurs bâtiments.

« A six heures, je vis le vaisseau le *Tonnerre*, qui, démâté de ses mâts depuis le matin, les pompes n'ayant pu franchir, prendre feu, le pavillon français battant sur poupe.

A sept heures et demie, il sauta. Le vaisseau le *Calcutta*, auquel les Anglais mirent le feu, sauta à neuf heures.

« Dans l'après-midi je m'occupai à faire empeneller mon ancre à jet d'un canon de huit. Je parai une trouée de cent cinquante brasses dans la même direction pour la marée de la nuit. J'eus la chance malheureuse de voir les vents passer à l'O. et au S. O.

« Le 13, à deux heures du matin, à mer étale, je réussis à culer d'une demi-longueur de frégate, mais en même temps le devant évita plus à terre. Des ajuts manquèrent et contrarièrent mon mouvement. Le jusant vint, et je n'obtins que ce petit avantage. A trois heures l'ennemi mit le feu à l'*Aquilon* et au *Varsovie*. Dans les premiers moments, je les crus brûlots. Je présume même qu'ils eurent cette destination par l'ennemi, car ils me semblèrent approcher l'*Océan*, qui tira sur eux plusieurs coups de canon. J'avais moi-même quatre canons placés en retraite pour repousser toute attaque.

« J'écrivis, au jour, ma position à l'amiral; je réclamai des secours d'amarres et d'une chaloupe. J'avais lieu d'espérer qu'on avait reçu du port de Rochefort tous ceux qui pouvaient contribuer à assurer le sort de l'escadre. Le mien ne dépendait que d'un seul objet de ma demande. L'officier me rapporta qu'il était de toute impossibilité de me l'accorder, qu'on en attendait, que s'ils arrivaient ils me seraient immédiatement expédiés.

« Dans cette cruelle alternative, je me concentrai dans mes propres ressources. Je m'occupai de la construction d'un raz qui, en cas de calme, pût à la remorque de mes canots porter mon ancre de bossoir et mon câble dans la direction où je la voulais placer. C'était le dernier expédient qui me restait pour soutenir l'effet de mon ancre à jet.

Dès prime flot, six bricks-canonniers de fort calibre, une bombarde à trois mâts, une goélette et deux cutters lançant des obus incendiaires s'approchèrent des vaisseaux l'*Océan*, le *Régulus* et de la frégate l'*Indienne*. Ces vaisseaux et cette frégate ne pouvaient opposer que leurs canons de retraite. A dix heures commença l'action : l'*Océan* et l'*Indienne* furent vivement canonnés jusqu'à trois heures et demie; à quatre heures, l'*Océan* et le *Régulus* reçurent des bombes. Pendant l'engagement, j'envoyai demander des munitions au général, dans la crainte d'en manquer. Le vaisseau le *Régulus* m'envoya cent gargousses de dix-huit et autant de boulets. J'étais résolu de combattre tant que je ne verrais pas le sort de ma frégate inévitablement exposé. A une heure il vint un sous-adjudant du général Gourdon me communiquer un ordre qui annonçait l'intention de l'amiral de demeurer dans la position où il était, de s'entraverser à l'ennemi, ainsi que les autres vaisseaux.

« A trois heures, au flot, continuant toujours un feu de retraite bien nourri sur l'ennemi, je fis virer sous le sien, afin de me mettre à flot et de présenter mon travers. J'avais encore quatorze canons en batterie, l'empenelure de l'ancre à jet ne put étaler l'effort du vent de S. O. qui soufflait bon frais, et je restai dans la même situation, ayant un peu chassé.

« Cette marée perdue, j'envoyai vers l'amiral, à cinq heures, un officier, M. Cot-Dordan, porteur d'une lettre dans laquelle j'entrais dans les détails de l'action de la journée; que plusieurs boulets m'avaient donné à bord dans le gréement et la mâture. Le ton de misaine et la vergue furent coupés, ma poupe fut criblée; deux hommes furent légèrement blessés et contusionnés, un contre-maître eut la cuisse emportée d'un boulet, on l'amputa sur-le-champ. Je mandais au général que je conservais toujours l'espérance de sauver mon bâtiment si on pouvait m'expédier dans la nuit une chaloupe et des amarres.

« Le vaisseau l'*Océan* ne put s'entraverser et continua de chenaler; il rentra d'une demi-portée de canon. La flottille se retira sur l'île d'Aix, après avoir été très maltraitée

Deux bricks qui étaient sous le feu de la frégate furent près de trois quarts d'heure à se rétablir sans rien riposter, quoiqu'on continuât de tirer et que les boulets les dépassassent.

« Dans ma position, je me trouvais le bâtiment le plus éloigné et le plus isolé de l'escadre. N'ayant aucun secours à en espérer, réduit à mes propres moyens de défense, je donnai des ordres pour que l'équipage fît le quart sous les armes, réparti à divers quartiers de la frégate afin d'éviter toute surprise. Toute la nuit le vent souffla avec violence du S. O.

« Le 14, le vent par grains et à la pluie, nous vîmes, au jour, que le vaisseau l'*Océan* avait réussi à monter encore de quelques encablures en rivière, dans la marée de la nuit. La frégate fut violemment poussée par le vent; elle fatigua beaucoup par la levée de la grosse mer; cependant elle ne faisait pas d'eau. Je mouillai une ancre de bossoir au risque de me crever sur elle; j'étais entre cette crainte et le danger des récifs, si elle allait plus avant.

« La frégate, en s'approchant de la côte, trouva un fond de vase plus dure; elle inclina beaucoup au jusant, mais sans danger. Je fis dépasser le grand mât de hune, amener les basses vergues pour les mettre en béquilles, s'il y avait lieu; je gardai le petit mât de hune et sa vergue, celui de perroquet de fougue et sa vergue en cas de chances qui se présentassent encore de me mettre en rivière.

« J'employai le temps à envoyer à terre ce que je pourrais des agrès et des voiles; je fis bastinguer avec une partie du cordage l'arrière du mât d'artimon pour mieux garantir l'équipage d'une nouvelle attaque et je pris toutes les dispositions d'une résistance opiniâtre.

« L'officier, M. Cot-Dordan, que j'avais envoyé la veille à bord du général, ne put rejoindre la frégate que le matin en raison du mauvais temps de la nuit. Il me rapporta que le général ne pouvait disposer d'aucun secours des bâtiments en présence; cependant il donna ensuite l'ordre pour que le vaisseau le *Patriote*, le plus avancé en rivière, m'envoyât sa chaloupe. L'officier y fut, y prit six barils de poudre. Il eut l'assurance du capitaine qu'il me l'enverrait dès qu'elle serait à bord. M. Cot-Dordan la rencontra, fit part à l'officier qui y était de corvée, de l'ordre, mais il persista à retourner à son bord avant de venir à l'*Indienne*.

« L'escadrille, mouillée au nombre de deux frégates, deux bombardes, onze bricks, une goélette et un cutter en rade de l'île d'Aix, ne firent aucun mouvement au flot. A une heure elle fut renforcée par un bâtiment à trois mâts, que je crois bombarde, et un cutter.

« Réunissant des objets d'armement sur la pointe de l'Aiguille, je voulus assurer ma position. Conséquemment, je pris des dispositions pour avoir une batterie à terre. Je rendis l'officier d'artillerie, M. Gard, porteur de ma demande au commandant de Fouras pour me donner des pièces de position, moi-même je pris des mesures pour en mettre à terre, mais faute de machines pour les traîner et, de plus, la qualité du fond, je fus obligé de renoncer à ce dessein. A deux heures, M. Gard traîna sur le terrain deux pièces de campagne, à l'extrémité de la pointe de l'Aiguille, en avant du camp que j'établis à terre, où je mis une garde et partie de l'équipage. Il était fort abattu par les veilles, les travaux continuels et la terreur de la nuit du 11 au 12. J'avais conservé près de moi la portion d'élite capable de seconder mes efforts et ceux de mon état-major.

« Le vaisseau l'*Océan*, à cette marée, monta pour ainsi dire jusqu'à Lupin; le *Foudroyant* et le *Régulus* ne purent déssouiller. La chaloupe du *Patriote* ne me vint pas.

« A quatre heures d'après-midi, une bombarde et cinq bricks s'avancèrent pour combattre le *Régulus* et l'*Indienne*. Dès qu'ils furent à portée, je fis tirer; mais voyant que les boulets ne faisaient qu'expirer à leurs bords et qu'ils ne ripostaient pas, je cessai le feu; la bombarde lança jusqu'à sept heulés des bombes sur le *Régulus* et le *Foudroyant*. Ces bâtiments gardèrent leur position toute la nuit; celle-ci fut mauvaise et venteuse du N. O. J'avais la moitié la plus dévouée de l'équipage à bord, l'autre moitié à terre; tout était disposé à l'embrasement de la frégate s'il y avait urgence et après avoir épuisé tous les moyens de résistance. Les canonnières et la bombarde ne tentèrent et ne purent rien tenter; elles appareillèrent à six heures du matin et allèrent prendre leur mouillage à l'entrée de la Seudre (?)

« Le 15, à dix heures du matin, à marée basse, je descendis au camp pour voir cette position, jusqu'à quel point elle pouvait me mettre à l'abri d'un coup de main; je m'assurai que rien n'était plus facile à la grande armée du large de faire filer par le N. de l'île d'Aix, sur cette partie, des péniches armées, et que ce mouvement concerté avec l'escadrille, exécuté de jour ou de nuit, mettrait la frégate dans un danger imminent, ainsi que la retraite d'une partie de l'équipage et le salut de l'autre. Les deux pièces de campagne étaient dans le plus mauvais état, le moindre tir les mettait hors de service; il n'y avait que des boulets ronds, pas un paquet de mitraille; le bivouac serait en cas d'attaque obligé de se replier sur Fouras; le fort de l'Aiguille ne pouvait me protéger de son feu; dans le moment nécessiteux je me trouverais embarrassé pour l'évacuation et l'embrasement de la frégate qui ne serait plus en ma faculté. A une heure, j'écrivis à l'amiral et au préfet; j'entrai avec l'un et l'autre dans les détails de ma situation, des secours qu'il était encore temps de me donner; j'espérais toujours. L'aspirant Lafosse fut porteur de ces deux lettres.

« A deux heures, le vent ayant molli, je raidis mon grelin. J'envoyai un officier, M. Laroque, à bord du *Régulus*, près duquel je voyais plusieurs embarcations et chaloupes, lui en demander une pour trois quarts d'heure. Ce vaisseau ne put se prêter à ma demande; au fur et à mesure que la mer montait la frégate se relevait de sa forte inclinaison.

Je l'aidai en jetant à la mer six canons de dix-huit qu j'avais encore à bord. J'avais craint, un instant, que l'ea n'entrât par les sabords, j'eus bientôt la satisfaction de l voir entièrement droite. Mon contentement fut au combl lorsque je la vis flotter et s'agiter dans sa souille, le gou vernail prendre un peu de liberté; elle cula de quatre-vingt brasses sur le grelin que je faisais virer avec force, ell arriva même de quelques degrés; je me croyais déjà l fortune favorable et sur le point de sauver ma frégate. J'en voyai de suite mes canots sur une touline pour la fair abattre; je ne crus pas devoir hésiter dans mes mesures je me débarrassai de quelques caronades de trente-six et ca nons de dix-huit qui me restaient. Je n'étais pas encore au bout de ma touée, on virait toujours avec force et on trat nait les quatre canons que je conservais pour la défense sur l'avant afin de mettre la frégate sans différence. L'espé rance donna une singulière activité à tout ce travail, qui fut exécuté en un clin d'œil; mais, soit l'inégalité du fond de ce platin qui s'étendait de quatre à cinq encablures jus qu'au chenal, soit sa mobilité qui arrêtait le talon de la frégate quand son avant flottait, une fois rendue à long pic de l'ancre à jet, qui cette fois tint bon, elle ne put arriver davantage de ce qu'elle avait fait. Je demeurai avec la seule consolation de l'avoir tirée d'un fond dur.

« Sur les six heures du soir, il arriva deux péniches de la grande flotte à l'escadrille; la frégate qui commandait fit des signaux, il y eut des mouvements de bord à bord; tous ces bâtiments avaient des embarcations à la mer; j'en vis plusieurs venir dans les débris de l'*Aquilon* et du *Varsovie*, dont elles étaient cachées. Je distinguai une embarcation raz d'eau, semblablement mâtée au catamaran qui fut dirigé contre l'estacade dans la nuit du 11 au 12; je crus voir des dispositions de brûlots; je le signalai au général qui ne répondit pas à mon signal quoiqu'il demeurât longtemps ar boré. Le temps obscur et brumeux et le déclin du jour pouaient être un obstacle à l'apercevoir : tout annonçait du mauvais temps. A neuf heures du soir, le vent commença à souffler avec force du S. O.; des grains encore plus forts, par intervalle, accompagnés de pluie abondante, continuèrent.

« Le 16, toute la nuit, l'équipage fut sur pied, d'une grande vigilance jusqu'au jour. A la basse mer la frégate demeura droite et se fit une souille; dès qu'elle commença à monter je fis ouvrir les robinets pour introduire l'eau dans la cale afin de l'asseoir dans sa souille. Cette précaution n'empêcha pas la violence du vent et la levée d'une mer affreuse de la dessouiller; rien ne pu l'arrêter, elle fut de nouveau chassée sur le fond dur et de roches. En chassant, elle évita, le cap au N. N. O., élongeant la côte de la pointe de l'Aiguille, son flanc porté sur les roches de l'extrémité de la péninsule; je craignais emplir par les sabords à mi-jusant; je fis établir les faux sabords. On pompait l'eau que j'avais fait introduire et celle qui s'y introduisait, mais on ne put franchir à deux pompes; cependant la mer perdait déjà, la mâture menaçait de sa chute prochaine, elle arrachait les porte-haubans, les chaînes forçaient; elle avait dépassé l'angle de 45° avec la verticale. La mâture craqua bientôt; les marins réunis sur le côté étaient en danger d'être écrasés. Les baux, dans la cale, écartaient de cinq à six pouces de leurs serres, les courbes rompaient dans l'entrepont, les épontilles et les hiloires de la cale se déplaçaient et consentaient. Dans cette extrémité, je fis couper les haubans de misaine et du grand mât pour aider à la chute afin de ne point compromettre l'existence de l'équipage.

« Dans un tel état de détresse, ouï et vérifié les rapports des avaries, avant de donner mes derniers ordres j'ai cru devoir réunir le conseil des officiers et les premiers maîtres pour avoir leur opinion individuelle sur notre situation. Ils se sont tous réunis à la même opinion, que la frégate était perdue sans ressources, que sa position sans défense en exigeait l'abandon. Sur cette déclaration, je leur ai ouvert mon avis que tant que j'aurais eu en l'espoir de sauver mon bâtiment et que notre courage eût pu le sauver et l'utiliser encore, je ne l'eusse jamais quitté qu'en cédant à la loi impérieuse de la force et de la nécessité, et alors j'y eusse mis le feu pour en tirer le mérite à l'ennemi, qui en possession de l'endroit où nous naufragions ne manquerait pas de l'y mettre lui-même, que ce serait une tache à l'honneur du pavillon et à notre conduite persévérante dans l'adversité, dont nous venions d'éprouver le comble; que je regardais encore comme un triomphe sur les contrariétés sans nombre que j'avais essuyées la faculté de disposer du sort de la frégate : je m'arrêtai donc au parti de l'embraser. Tous me confirmèrent dans cette résolution. Je donnai les ordres; il n'y avait pas de temps à perdre pour évacuer. Le mauvais temps semblait redoubler. A neuf heures et demie du matin, j'arborai mon grand pavillon que j'appuyai d'un coup de canon. Le reste de mes poudres noyé, les canons que j'avais encore déchargés, je donnai l'ordre au maître canonnier, au maître charpentier et au contre-maître de la cale, que je gardai seuls à bord avec moi, de mettre le feu aux bûchers, en commençant par la cale et remontant dans l'entrepont; il était alors dix heures. Je les fis aussitôt retirer du bord. J'y demeurai seul quelques minutes, attendant de voir sortir les flammes par les panneaux avant de descendre. La frégate acheva de consumer à deux heures. L'équipage en armes bordait la haie sur le rivage. J'envoyai ensuite chercher le syndic de Fouras pour lui remettre l'état des effets d'armement mis à terre afin qu'il en prît charge. Cet état lui fut remis par l'agent comptable, signé de moi. Les embarcations ne purent être sauvées, la tempête les brisa sur les rochers. A quatre heures et demie, je partis avec l'équipage pour Rochefort, laissant une arrière-garde pour l'enlèvement des effets. A neuf heures, je rendis compte moi-même à M. le Préfet et au chef militaire de mon arrivée et de l'événement qui en avait été cause. L'équipage fut caserné et j'eus l'ordre de le faire partir le 18 pour le Port-des-Barques; j'eus celui de demeurer à Rochefort aux ordres de M. le V. A., préfet.

« Rochefort, le 17 avril 1809.

Signé : G. M. PROTEAU. »

« Nous, lieutenant, enseignes de vaisseau, officier d'artillerie, agent comptable, et chirurgien en chef composant l'état-major de la frégate l'*Indienne*, et premiers maîtres, certifions la vérité et authenticité des faits contenus au présent rapport et avons signé :

« J. Laroque, Leclainche, V. Vincent, Dessoignes, J. R. Gard, B. Dozot, Laruffle, agent comptable; Desparens, maître canonnier; Menard, maître charpentier; pour le maître voilier Léguel; Ménard-Bénard, capitaine d'armes; Allain; le pilote ne sachant signer a fait sa croix. »

Extrait du Journal des événements qui se sont passés à bord du vaisseau le Tourville, *pendant les journées des 11, 12, 13, 14, 15, 16 et 17 avril 1809.*

« Du 11 au 12 avril.

« Du 11 au 12 avril, grand frais de N. N. O., temps mauvais; à la nuit, envoyé le grand canot et la chaloupe au bivouac, le nombre des bâtiments ennemis ayant beaucoup augmenté; à huit heures et demie un brûlot envoyé par l'ennemi a fait son explosion sur l'estacade. Aussitôt l'amiral a fait le signal d'envoyer les canots et chaloupes pour détourner les brûlots; à une heure trois quarts nous en avons aperçu plusieurs qui se dirigeaient sur nous en passant sur l'estacade; à neuf heures la frégate la *Pallas* a appareillé pour éviter une frégate-brûlot qui tombait sur elle; la *Pallas* nous a abordé en cassant le tangon; alors j'ai fait couper le câble de tribord pour éviter d'être incendié; parmi la grande quantité de ces brûlots il y avait deux vaisseaux, six frégates et le restant de grands bâtiments; toute l'armée en était entourée. A neuf heures et demie, le *Régulus* était accroché par un brûlot et tombait avec lui sur nous; pour les éviter, j'ai fait couper le câble de bâbord et nous avons appareillé sous le petit foc et largué d'autres voiles en abattant sur bâbord; nous gouvernions pour éviter les brûlots qui nous entouraient de tous côtés. A dix heures et demie nous touchions; le vaisseau-amiral a été abordé et accroché par un brûlot qui, après beaucoup d'efforts, a été éloigné et nous a passé très près. M. Calloche, le capitaine de frégate du *Tourville*, et plusieurs officiers se sont mis dans nos canots et ont fait tout ce qui a été possible pour détourner tous ceux qui nous entouraient, ainsi que les autres vaisseaux; leurs efforts et leur zèle ont été inutiles, le vent, les courants et ces brûlots étant trop forts. J'ai fait défoncer les barils de poudre pour les noyer plus promptement par une manche que j'ai fait passer par les soutes, dans le cas où le feu serait à bord. A onze heures, les brûlots étaient éloignés et dépassés de nos vaisseaux. A la mer haute, sondé et trouvé fond à vingt pieds; nous avons fait élonger une ancre à jet dans la mer pour nous retirer du danger. A trois heures trois quarts sondé de nouveau : dix-sept pieds et demi des deux bords; il y avait encore quinze brûlots enflammés qui ne nous inquiétaient plus; à cinq heures et demie, élongé de nouveau un grelin, pour nous mettre à flot; à six heures et demie, un pilote nous est arrivé; nous avons vidé des pièces; à onze heures, le grand mât du *Tonnerre* a été coupé; à la même heure les vaisseaux qui donnaient de la bande ont dressé; à onze heures et demie, trouvé fond à 16 pieds devant et derrière. Continuant toujours à vider nos pièces, le pilote nous disant qu'il doutait que le vaisseau sorte de cette place, nous avons élongé une grande ancre pour avoir plus de force.

« Du 12 au 13.

« A une heure et demie, plusieurs frégates ennemies sont venues mouiller près les vaisseaux la *Ville-de-Varsovie*, le *Calcutta* et l'*Aquilon*, qui étaient échoués, donnant une forte bande et présentant la poupe à l'ennemi qui les a canonnés; à cette dite heure, nous avons sondé et trouvé AR. 19 pieds, AV. 20 pieds; nous avons appareillé sans pouvoir changer de place; nous avons jeté à la mer boulets et canons de dix-huit; nous avons envoyé à bord de la *Ville-de-Varsovie*, d'après l'ordre du général, nos embarcations; peu après un vaisseau ennemi a donné du renfort aux frégates; à trois heures et demie, le *Calcutta* a amené; à quatre heures et demie, la *Ville-de-Varsovie* en a fait autant et, à cinq heures, l'*Aquilon*. A cinq heures et demie il a paru de la fumée à bord du *Calcutta* et à cinq heures trois quarts l'explosion s'est faite; à la même heure nous nous sommes aperçus que le *Tonnerre* et le *Patriote* évacuaient leurs équipages; ayant trouvé convenable de nous débarrasser des hommes inutiles dans le combat et à la manœuvre, j'ai fait mettre à terre les mousses, novices et hommes faibles et j'ai gardé à bord les maîtres, matelots, les hommes forts et la garnison, ces hommes étant suffisants pour combattre et pour manœuvrer, ainsi que pour écarter les brûlots, s'il en arrivait; il en paraissait alors plusieurs placés au vent. Au soir, nous avons reçu l'ordre de l'amiral de lui envoyer nos embarcations; je lui en ai expédié trois. A la même heure, le feu a paru à bord du *Tonnerre* et l'explosion s'est faite à sept heures; le pilote côtier, voyant l'impossibilité de sauver le vaisseau, est parti sans me rien dire. A la marée de nuit, nous avons viré sur les amarres élongées pour mettre le vaisseau à flot, sans pouvoir réussir. A deux heures et demie on m'a prévenu qu'il y avait près de nous et au vent deux brûlots et qu'il y en avait aussi plusieurs à la voile: j'ai vu l'amiral tirer plusieurs coups de canon dessus. Alors voyant qu'il était inutile de prétendre détourner des bâtiments de cette force avec deux embarcations et ne pouvant aussi en éloigner le vaisseau, étant pleinement échoué et craignant d'être accroché et que la confusion empêche d'évacuer, je fis débarquer tout le monde et moi le dernier, avec la résolution de revenir de suite si le vaisseau était préservé, le vent alors gros frais de N., le temps à grains, et deux heures après nous étions à bord, de retour avec le même pilote, qui s'est trouvé sur la jetée du Port-des-Barques, et qui me dit qu'il croyait mettre le vaisseau à flot à cause de la force du vent qui gonflait l'eau. Nous avons travaillé à lever l'ancre et à en élonger d'autres. A dix heures et demie, plusieurs bombardes et autres bâtiments se sont approchés de l'*Océan* et du *Tourville* pour nous combattre;

l'amiral a vivement riposté et nous les avons aussi canonnés.

« Du 13 au 14.

« Le temps étant le même, bon frais, l'ennemi tirant toujours sur nous et sur notre amiral, à quatre heures il s'est éloigné. A minuit et demie, le temps couvert, bonne brise du N. O., nous avons mis sous voiles. A deux heures et demie nous étions parés; mais le pilote nous a échoué de nouveau de l'autre côté du chenal près Fouras, à côté de la carcasse d'un brûlot. A six heures, nous étions de quinze pouces dans la vase; l'amiral a mis sous voiles et nous avons travaillé pour nous mettre à flot, sans réussir. A trois heures et demie, l'ennemi a lancé des brûlots sur le *Foudroyant*, le *Jemmapes* et le *Régulus:* ces vaisseaux ont tiré des coups de canon dessus. A deux heures et demie, le *Jemmapes* a monté la rivière; à six heures du matin, nous avons pris quatre-vingt-quinze hommes du vaisseau le *Régulus*, continuant à nous alléger en vidant l'eau et en jetant la drome à la mer, le vent nous contrariant beaucoup pour élonger les touées.

« Du 15 au 16.

« Mêmes temps et vent; travaillant toujours à nous mettre dans le chenal et toujours contrariés par le vent. A quatre heures, le *Cassard* est entré en rivière, le vent alors extrêmement fort; dans la nuit il a beaucoup diminué. Il nous est arrivé un officier de port. Nous avons été à flot à la marée du matin. Au jour, l'ennemi a mis le feu au *Jean-Bart*. Dans la matinée, guindé les mâts de hune et les basses vergues.

« Du 16 au 17.

« Petite brise de O. S. O. A la marée, nous étions à flot: nous avons appareillé en coupant le câble et le grelin. A quatre heures et demie, nous étions sous voiles et faisions route pour la rivière. A cinq heures et demie, nous avons mouillé à la pointe du Vergeroux, avec une ancre de bossoir. Le *Foudroyant* a aussi paré et a mouillé un peu plus bas que le Port-des-Barques.

« A bord du *Tourville*, en rivière de Rochefort, le 18 avril 1809.

Signé : L'ACAILLE.

« Vu par nous, vice-amiral,

Signé : ALLEMAND. »

Procès-verbal de la perte du vaisseau le Tonnerre, *commandé par* M. Clément de la Roncière, *capitaine de vaisseau.*

« Le 11 avril, à cinq heures et demie du soir, les vents au O. N. O., variables, l'horizon chargé, plusieurs frégates ennemies paraissaient remorquer des bâtiments de différentes grandeurs; l'une vint mouiller à l'accore de Boyard, dans la partie du N. A sept heures et demie, l'amiral signala le bivouac à l'estacade aux 5e et 4e divisions des bateaux. A huit heures, ordre aux susdites divisions de crocher et détourner les brûlots. Vers neuf heures un quart, l'explosion du premier eut lieu et fut suivie de plusieurs autres qui se dirigèrent sur le centre des deux lignes de l'escadre. L'*Océan*, abattant sur tribord pour les éviter, menaçait d'aborder le *Tonnerre*. Ce dernier, empressé d'imiter sa manœuvre sous le premier rapport et d'en prévenir l'effet quant au second, coupa son câble du N. O.

« Le *Patriote*, également embarrassé, tomba en grand, dans son évolution, en travers sur le second. Pour dégager l'un et l'autre d'eux-mêmes et d'un brûlot enflammé qui n'en était qu'à longueur d'espare, le câble du S. E. fut filé par le bout pendant qu'on coupait les manœuvres dormantes et courantes. Il en résulta la perte du bout-dehors de beaupré, de la civadière, vergue et voile; l'instant d'après l'escadre était entourée de bâtiments en feu. L'*Océan*, en manœuvrant pour éviter ceux qui le menaçaient, aborda en hanche le vaisseau le *Tonnerre* et le força par cela même à abattre sur tribord : la dérive qui s'en suivit nécessairement fit échouer le vaisseau sur les Palles, le cap au Sud. La chaloupe ni nos embarcations n'étaient de retour de l'expédition de l'estacade, ce qui privait du moyen de se touer au vent, qui était d'autant plus dans le sens contraire que la lame grossissait.

« Il fut essayé, au moyen des voiles restantes, d'abattre sur bâbord, pour s'élever au N. E. Nous allégeâmes en même temps de trente-cinq tonneaux d'eau pour tâcher de nous dégager avant la pleine mer; ce moyen devint inutile, le vent avait d'ailleurs pris du Nord.

« Vers une heure du matin, pleine mer, nous avions vingt pieds et demi d'eau, fond de roche. A une heure et demie, les coups de talon furent très fréquents et très violents. L'ordre fut donné d'alléger des batteries; ce qui emporta beaucoup de temps parce qu'on fut obligé de jeter les canons par les premiers sabords de la sainte-barbe, ne pouvant réussir par ceux de retraite. A quatre heures et demie, le mât de perroquet de fougue fut calé; à cinq heures, les basses vergues amenées et mises en béquilles. A sept heures et demie, il restait sept pieds et demi d'eau à côté du vaisseau, tout à fait à la bande sur tribord. La chaloupe était arrivée; elle servit à porter une ancre à jet à la longueur de deux grelins dans le N. E., ensuite une ancre de bossoir à une forte encablure dans la même partie : tout fut mis en œuvre comme disposition préparatoire pour pouvoir se haler à la mer haute. Le lest en fer, volant, celui du puits, les boulets, mitrailles, dromes, affûts, ainsi que le reste des canons, furent jetés à la mer. A huit heures, l'eau marqua aux pompes et fit des progrès rapides; à neuf heures, elle gagnait sensiblement et le signal en fut fait.

« A onze heures et demie, le vaisseau ne se relevant pas, le grand mât fut coupé. Le vaisseau ne commença à se redresser qu'à dix-sept pieds de montant, ce qui donna un peu de répit aux escouades de la pompe. Le câble et le grelin avaient été préalablement raidis pendant la crue de l'eau et jusqu'à l'étale de la marée, avec toute la force imaginable, sans qu'on pût haler le vaisseau d'un pied. Pendant ce temps, les bâtiments ennemis s'emparaient successivement des vaisseaux le *Calcutta*, la *Ville-de-Varsovie* et l'*Aquilon*. A trois heures et demie, le vaisseau le *Tonnerre* retomba à la bande, mais sur bâbord. Dès ce moment l'eau augmenta, à désespérer; cependant on redoublait de courage lorsqu'une des pièces des pompes-à-chapelet cassa; alors nous n'eûmes plus de moyens d'étaler. A trois heures trois quarts le signal en fut fait à l'amiral.

« A cinq heures et demie, nous demandâmes d'abandonner le vaisseau et de sauver l'équipage. Le général répondit par le signe exprimant qu'on distinguait le signal; alors, les chaloupes et canots mirent successivement les hommes de l'équipage sur la pointe de roches au N. O. de l'île Madame. A six heures et demie, j'ordonnai d'établir les feux nécessaires pour brûler le vaisseau. Les feux bien établis, l'équipage sauvé entièrement, l'ordre fut donné d'y mettre le feu; alors, embarquant le dernier, je débordai.

« Rochefort, le 14 avril 1809.

« Le capitaine de vaisseau, commandant le 8e bataillon,

« Clément.

« Vu par le V. A. : Allemand. »

Rapport du vice-amiral Allemand *à Sa Majesté impériale et Royale, annoté par* M. Lucas, *capitaine de vaisseau, commandant le* Régulus, *de l'escadre de l'île d'Aix*[1].

« Sire,

« Le 10 mars, à six heures du matin, je reçus de votre ministre de la marine l'ordre que Votre Majesté me faisait donner de quitter Toulon et de me rendre, sous le plus bref délai, prendre le commandement de votre escadre mouillée en rade de l'île d'Aix.

« A une heure, j'étais en poste; je courus jour et nuit, et j'arrivai le 15 à Rochefort. Le 16, je reçus le brevet de vice-amiral dont Votre Majesté daigna m'honorer, et le 17, je pris le commandement de votre escadre et y arborai mon pavillon. Ce même jour, *treize* vaisseaux, *six* frégates, cinq corvettes et *six* bâtiments de transport ennemis mouillaient dans la rade des Basques.

« Le 21, je plaçai votre escadre sur deux lignes d'embossage, endentées, très serrées entre elles, et près de l'île d'Aix, mes frégates à l'avant-garde[2].

« Le 22, l'ennemi reçut de nouveaux bâtiments. Il n'était pas présumable, Sire, que cette escadre, qui était partie des ports d'Angleterre pour courir après celle de Votre Majesté, eût des besoins qui nécessitassent l'envoi d'autant de bâtiments. Je conjecturai que l'ennemi rassemblait des trou-

1. Les annotations de Lucas sont en renvoi au bas des pages.

2. Tellement serrées et endentées qu'il était impossible qu'un brûlot passât sans accrocher un vaisseau français; cependant nous n'étions menacés que par des brûlots.

Les frégates étaient placées à l'avant-garde, c'est-à-dire de manière à empêcher les vaisseaux de tirer vers l'estacade, sur l'ennemi qui serait venu la forcer.

pes pour attaquer l'île d'Aix, et des brûlots pour incendier votre escadre[1]. Je pris donc des dispositions de défense. J'en donnai avis à votre ministre; je lui fis part de mes projets et de la demande que je faisais, au port, d'ancres, de grelins et de bois-flottants, pour former une estacade à quatre cents toises au dehors de ma première ligne, afin d'arrêter ou au moins de diminuer l'effet des catamarans et des machines infernales, qui, sans eux, eussent fait leur explosion sur quelques-uns de vos vaisseaux, et pour aussi les détourner je m'occupai à créer une flottille de soixante-treize embarcations[2].

« Les onze chaloupes des vaisseaux devaient porter chacune un canon et caronade de trente-six, et quatre pierriers[3].

« Dix-neuf grands canots armaient chacun une caronade de trente-six et quatre pierriers; les quarante-trois autres montaient chacun quatre espingoles[4]. Je fis mes demandes de matières au port; le 31, je les renouvelai avec instances; je demandai deux bombardes qu'on ne put me fournir[5].

« Le 1er avril, j'employai ce qui me restait d'ancres et de grelins dans l'escadre à former une estacade de trois cents

1. Pourquoi ne s'amarra-t-on pas pour se garantir des brûlots, puisque l'ennemi n'a jamais eu assez de vaisseaux pour nous attaquer de vive force? — Voir, à la suite, les « Avertissements de journaux anglais ».

2. Une flottille de soixante-treize embarcations, dont une moitié ne pouvait que compromettre l'autre, car on avait admis dans cette flottille jusques aux plus mauvais canots des vaisseaux et frégates, plusieurs à quatre et six avirons... Quelle ressource contre des péniches de trente et trente-quatre avirons!

3. Les chaloupes devaient porter chacune un canon et une caronade de 36, c'est-à-dire être mises hors d'état de naviguer pour les surcharger d'un calibre que ces embarcations ne sont pas faites pour porter.

4. Les grands canots, qui avaient une caronade sur l'avant, ne naviguaient plus et remplissaient pour peu que la mer fût grosse.

5. Je ne vois pas ce qu'on eût fait de ces deux bombardes, qui n'auraient pu servir au plus que contre des vaisseaux échoués, car les bombes sont de nul effet par la difficulté de les ajuster sur des bâtiments à la voile, et ceux à l'ancre sont toujours maîtres d'appareiller.

toises de longueur[1]; je destinai quatre cent dix-neuf hommes de garnison de l'escadre pour renforcer celle de l'île d'Aix[2], et j'invitai M. le préfet du cinquième arrondissement maritime d'y envoyer cinquante canonniers.

« Le 3, il m'arriva du bois et des ferrures pour l'installation en guerre de ma flottille; je fis mettre la main à l'œuvre, et la plus grande activité régna bientôt à tous les bords[3]. L'ennemi reçut une augmentation de brûlots et de transports.

« Le 5, j'augmentai les rondes de nuit de deux lieutenants, d'une de capitaines de frégate, d'une de capitaines de vaisseau, et d'une de majors[4].

« Le 8, mon estacade était terminée. Je comptai soixante bâtiments ennemis au mouillage; je donnai l'ordre de déverguer les voiles inutiles, de caler les mâts de hune, de reti-

1. Voilà, monsieur l'Amiral, l'une des fautes auxquelles vous devez la perte d'une partie de votre escadre; car c'est parce que vous aviez enlevé à plusieurs vaisseaux leurs ancres et leurs grelins qu'il ne leur en restait plus pour se relever de la côte où vous les avez abandonnés et où ils ont été détruits par l'ennemi.

2. Les quatre cent dix-neuf hommes destinés à remplacer la garnison de l'île d'Aix n'y ont pas été envoyés, quoiqu'on en ait eu le temps; mais vous étiez tellement occupé de vous-même, monsieur l'Amiral, lors de l'événement des brûlots, que vous n'avez pas plus pensé à faire le signal de les débarquer qu'à celui de faire le branle-bas de combat.

3. *Je fis mettre la main à l'œuvre*, c'est-à-dire qu'on détruisit tout ce qui était fait dans les chaloupes pour les armer en guerre, selon leur capacité; et qu'on n'eut pas le temps d'exécuter le projet de monsieur l'Amiral, qui, contre le gré de tous les capitaines, fit couper et hacher les caissons et pièces principales de nos embarcations pour y installer un calibre qu'elles ne pouvaient pas porter.

4. C'est pour la première fois, sans doute, qu'un général se soit permis d'ordonner aux capitaines, dont les vaisseaux, que Sa Majesté leur a confiés, sont à l'instant d'être attaqués par une escadre ennemie, mouillée à portée et demie de canon, d'abandonner leurs vaisseaux, la nuit, pour aller parcourir la rade, risquer d'être enlevés par des péniches et de ne pas se trouver à leurs bords pour sauver leurs bâtiments des entreprises de l'ennemi. C'est ce qui a failli m'arriver le soir des brûlots : j'étais nommé de ronde; un peu plus tard, j'allais déborder du vaisseau; la force du vent réunie à celle du flot, qui ne permettait pas aux embarcations de gagner, n'eût pas tardé à me jeter sous le vent de l'escadre et j'eusse alors été témoin de la destruction du vaisseau le *Régulus*, sans pouvoir ordonner les manœuvres par lesquelles j'ai sauvé ce vaisseau à Sa Majesté.

er les gréements et ramasser dans la cale ce qui pourrait accroître l'incendie ou offrir des points d'accrochement aux brûlots [1].

« Je plaçai votre armée dans une seconde position plus directe aux courants, pour qu'elle présentât moins de force à leur envoi [2].

« Ma flottille était organisée en cinq divisions; tous ceux qui étaient employés avaient reçu des instructions par écrit sur la manière dont ils devaient agir dans tous les cas

---

1. C'est vrai, Monsieur l'Amiral, vous fîtes déverguer plusieurs voiles, dépasser les mâts de perroquet et caler les mâts de hune. Vous ne voulûtes pas même laisser à vos vaisseaux le moyen de se soustraire aux brûlots en mettant à la voile, ce qui pouvait se faire avec avantage, surtout les vaisseaux de la première ligne qui pouvaient courir un bord au Sud-Ouest (car les vents étaient alors Nord-Ouest) et revenir à l'autre bord, reprendre leur mouillage à l'île d'Aix en passant au vent des brûlots qui couraient vent arrière et que le flot entraînait sous le vent. Après avoir privé votre escadre de ses ancres, de ses grelins, de ses mâts et de ses voiles, il ne vous restait plus qu'à lui ôter sa dernière ressource, celle de ses embarcations, et nous ne tarderons pas à voir que vous n'y avez pas manqué.

Je demande à tout marin si un vaisseau qui a ses mâts de hune calés et ses mâts de perroquet dépassés, offre moins de points d'accrochement aux brûlots lorsqu'ils sont guindés; quel a donc pu être le but de cette mesure, qui n'a pu que paralyser les mouvements de l'armée?

2. Votre escadre faisait exactement l'entrée de la rivière, à prendre de la pointe Sud de l'île d'Aix à celle du Nord-Ouest des Palles; elle était par conséquent entièrement exposée à la direction des courants qui devaient entraîner les brûlots en rivière. Certes, M. l'amiral Gambier n'eût pas mieux placé lui-même l'escadre de Sa Majesté Impériale et Royale pour pouvoir la détruire avec plus de réussite, car, comme l'envoi des brûlots ne pouvait avoir lieu qu'avec des vents de Nord-Ouest, les vaisseaux eussent encore pu les éviter en filant à volonté l'un des deux câbles pour s'effacer en tombant à l'appel de l'autre, s'ils eussent été affourchés Nord-Est et Sud-Ouest, c'est-à-dire perpendiculairement à la direction des courants et des brûlots. Vous fîtes précisément le contraire, en affourchant votre escadre Sud-Est et Nord-Ouest, ce que vous vous gardez bien de dire dans votre rapport à Sa Majesté. Il est résulté, de cette faute, que tout marin aura peine à concevoir, que les vaisseaux, qui étaient évités debout au vent et affourchés dans sa direction, avaient une ancre qui venait de l'avant et une de l'arrière, en passant par-dessous le bâtiment. Dans cette situation critique, il ne restait aucune ressource aux vaisseaux de Sa Majesté, puisque, filant leur câble du Nord-Ouest, ils ne faisaient que culer sans pouvoir s'effacer; il était impossible à ces vaisseaux de se soustraire aux brûlots qui venaient sur eux vent arrière avec toutes voiles, vent et marée, et ils n'avaient d'autres manœuvres à faire que de couper leurs câbles et de se jeter à la côte.

supposables : les capitaines avaient des ordres sur la manière de s'embosser en raison des différents vents et courants[1].

« Votre ministre était informé de toutes ces mesures; je ne pouvais rien de plus : votre armée était dans une position formidable pour tirer, de quelque côté que l'ennemi se présentât, avec un feu bien nourri et bien concentré[2].

« Nous sommes tous convaincus, Sire, que dans cette superbe position, vingt-cinq vaisseaux n'auraient pas réussi à forcer notre armée[3].

1. Les capitaines avaient des ordres sur la manière de s'embosser en raison des différents vents et courants. Vous rappelez-vous, Monsieur l'Amiral, que votre expérience s'est encore trouvée en défaut et que je vous observai, au dernier comité, que, pour me conformer à vos ordres, j'avais ainsi que l'*Océan* et tous les autres vaisseaux de l'escadre, frappé mon grelin d'embossage de bâbord sur le câble du Sud-Est ou de bâbord, sur le grelin d'embossage de tribord sur le câble de Nord-Ouest ou de tribord, mais que cette disposition pouvait devenir funeste dans bien des circonstances et compromettre le salut de l'escadre qui ne pourrait pas s'entraverser pour prêter côté à l'ennemi, si on eût été attaqué de jusant, car, dans cette situation, les câbles se croisaient sous le taille-mer, et il en était de même des grelins. Je vous observai enfin qu'il y avait des dispositions où chacun des grelins pouvait être frappé, suivant le cas, sur l'un ou l'autre câble. Vous me demandâtes alors comment je ferais : je vous le dis; vous m'approuvâtes, vous me dîtes même que vous ordonneriez ce moyen à toute votre escadre. Mais vous n'en fîtes rien et si tous les brûlots qui nous ont attaqués eussent été des vaisseaux de guerre, l'escadre de Sa Majesté était perdue, car elle n'aurait pu parvenir à se former sur la ligne d'embossage, faute d'avoir eu le grelin de bâbord frappé sur le câble du Nord-Ouest qui venait de l'avant et même un peu de bâbord, car les vaisseaux avaient le cap au Nord-Nord-Ouest.

2. Ce qui prouve que l'escadre ne pouvait pas tirer, de quelque côté que l'ennemi se présentât, c'est que, le 5 avril, lorsqu'une frégate anglaise vint nous observer à portée de canon, les vaisseaux le *Cassard*, le *Régulus* et l'*Océan* voulurent s'entraverser pour lui présenter le côté, ce qu'ils ne purent faire qu'en portant des aussières l'un sur l'autre, car leurs grelins d'embossage ne purent pas leur servir, et après être parvenus à s'entraverser on se trouvait tellement masqué l'un par l'autre que le *Régulus* ne put tirer que des trois pièces de l'arrière. Il masquait entièrement l'*Océan*. C'eût été bien pis si l'ennemi était venu nous attaquer en rangeant les Palles.

3. Pour moi, j'étais d'autant moins convaincu que notre ligne était superbe et que dans cette situation nous eussions pu résister à vingt-cinq vaisseaux que tout marin doit savoir qu'à moins de s'embosser avec des câbles, des vaisseaux de guerre ne tiendront jamais avec un grelin sur la rade de l'île d'Aix, en travers, au vent et à la marée, surtout si les marées sont fortes et qu'il vente bon frais.

« Le 10, je reçus quatre ancres-à-jet du port; l'ennemi réunissait soixante-douze bâtiments. Il avait envoyé précédemment aux courants des barils de goudron enflammés, pour connaître leur direction sur l'escadre de Votre Majesté[1].

« Le 11, les vents au N. O., grand frais, des frégates ennemies approchèrent à environ quinze cents toises dans le lit du vent, dans le centre de votre escadre. Je donnai l'ordre aux 1re et 5e divisions de ma flottille d'aller à l'estacade[2].

« A six heures du soir, j'envoyai prévenir le général de brigade Brouard, commandant l'île d'Aix, que d'après les manœuvres de l'ennemi je présumais qu'il entreprendrait une attaque dans la nuit. Je l'engageai à être en mesure. Tous les bâtiments de Votre Majesté furent établis en branle-bas de combat[3].

« A neuf heures, la nuit très obscure, les frégates ennemies mirent des feux, tirèrent quelques coups de canon, et parurent servir de jalons à la direction de leurs brûlots; je donnai l'ordre au reste de ma flottille d'aller les détourner. Peu après, une machine infernale fit explosion à l'estacade, lançant des grenades et des fusées incendiaires dans diverses directions. La détonation fut très forte. Un instant après, trente-trois gros bâtiments de transport, frégates et vaisseaux de ligne parurent sous toutes voiles, enflammés dans toutes leurs parties, forçant l'estacade, se diri-

---

1. L'ennemi dut être satisfait de son épreuve et de notre position, car ses barils de goudron enflammés se dirigèrent droit au milieu de l'escadre. Quel espoir pour des brûlots!

2. Cet ordre fut effectivement donné à six heures, mais on y joignit le signal qu'il ne serait exécuté qu'à huit heures, c'est-à-dire lorsqu'il y aurait grand flot. On a bien peine à croire que des embarcations chargées de mitraille et du poids d'un armement outré puissent gagner contre un grand vent, une grosse mer et la force de la marée! Ne devait-on pas penser d'avance qu'elles iraient en dérive et qu'alors les vaisseaux seraient privés de leurs secours, sans qu'elles puissent protéger la rade, où elles auraient pu se rendre si on les avait envoyées lorsqu'on en fit le signal, c'est-à-dire avec un restant de jusant.

3. Les capitaines eurent cette précaution, car le signal de se préparer au combat ne fut pas fait.

geant sur nos vaisseaux, faisant feu de leur artillerie, lançant des grenades, des fusées incendiaires, des boulets et tous les projectiles imaginables. Rien, Sire, ne pouvait arrêter ces masses, conduites par un vent très fort. Nous faisions sur elles un feu bien soutenu, mais sans succès apparent. Votre vaisseau le *Régulus* fut accroché par son avant, ses focs furent en un instant dévorés par les flammes; le feu gagnait, le capitaine ne pouvait entreprendre de se dégager qu'en coupant son câble; il se fit abattre sur l'*Océan*, qui avait deux brûlots enflammés en travers sous son beaupré[1]. Je coupai aussi mon câble; les autres se trouvèrent bientôt dans la même position et firent la même manœuvre. Nous n'avions pas d'ennemis à combattre, Sire, mais une destruction générale et incendiaire à éviter. Je venais d'éviter une frégate et un vaisseau tout en feu, je ne pus réussir contre un grand transport; il m'accrocha par l'arrière, on parvint à le dégager; il me reprit par le travers et fut encore éloigné; il s'accrocha au bossoir, les flammes sillonnaient à gros flocons le long de votre vaisseau l'*Océan*[2]; il n'y avait de salut pour personne; la consternation était générale; il m'était difficile de me faire entendre[3].

1. Le *Régulus* n'abattit pas sur *Océan*, qui avait coupé ses câbles le premier et qu'on ne voyait plus lorsque le *Régulus* fut forcé de couper les siens. L'*Océan* aborda des vaisseaux qui furent par là forcés de couper leurs câbles, et il en résulta une partie du désordre. Le *Régulus* n'aborda personne.

2. S'il n'est à la connaisance de personne que l'*Océan* ait été abordé de l'avant par deux brûlots, il est au moins connu de toute l'escadre qu'il a été abordé par derrière par un petit brûlot qu'il renvoya ensuite par l'avant, ce qui prouve évidemment qu'on avait eu de bonne heure la précaution de leur tourner le c...

3. Vous convenez donc, monsieur l'amiral, que la consternation était générale à votre bord? Très bien! Les brûlots n'ont pas produit cet effet à bord du *Régulus*, et la consternation à bord de ce vaisseau n'a eu lieu, comme à bord de tous les autres vaisseaux, que par la funeste influence de l'évacuation du vaisseau l'*Océan*, qui devait être brûlé le 12 au soir, ainsi que vous l'écriviez à M. le préfet maritime, pour le préparer à cet événement. Le débarquement de vos effets, dans lequel vous égarâtes vos diamants; l'évacuation de votre détachement, et les embarcations de l'escadre dont vous privâtes tous les vaisseaux pour les retenir, sans nul emploi, le long de votre bord, menaçant de faire feu sur celles qui s'écarteraient; votre

« Je me portai sur l'avant, suivi par MM. Pesron, capitaine de frégate, et Gaspard Dupuije, mes adjudants, et par le capitaine de frégate Lissilour. J'appelai à mon aide les braves de l'*Océan*, rien que des braves. Ce mot si puissant sur l'esprit des Français fut entendu, il ranima le courage : on coupait; la chaleur ne permettait guère d'approcher. Enfin, Sire, des braves se dévouèrent, deux perdirent la vie dans les flammes, d'autres furent grièvement blessés par des brûlures, d'autres tombèrent à la mer et périrent; mais votre vaisseau l'*Océan* fut encore une fois sauvé. Le jeune enseigne de vaisseau Allary vint, dans un canot du vaisseau le *Tonnerre*, crocher audacieusement ce brûlot; il contribua à nous aider et sauva une vingtaine d'hommes de ceux tombés à la mer par-dessus la civadière[1].

« Chacun, dans l'armée, s'occupait à parer son vaisseau et son équipage d'un incendie certain; la mer était en feu[2]. Au jour, j'eus la satisfaction de compter tous mes vaisseaux et mes frégates; mais ils étaient échoués sur les vases[3].

canot armé, dans lequel M. l'aspirant de première classe Duperré gardait une mèche dans une marmotte, prêt à incendier l'*Océan*, qui n'était menacé, ainsi que plusieurs, que par des bricks et deux bombardes, que le *Régulus* a repoussés seul avec tant de succès : voilà, monsieur l'Amiral, ce qui a démoralisé les équipages.

1. Si j'eusse appelé à moi les braves du *Régulus*, l'équipage fût accouru à ma voix; mais personne n'abandonna son poste de combat : les hommes de la manœuvre seulement travaillèrent, avec autant d'ordre que d'usage, à me séparer du brûlot. Aussi dans cet événement n'ai je eu qu'un seul homme de blessé.

2. Très peu de vaisseaux ont été accrochés par des brûlots; excepté le *Régulus* et l'*Océan*, je n'en connais pas d'autres.

3. Pardon, monsieur l'amiral, vous étiez seul sur la vase; tous les autres étaient échoués sur le bout des Palles ou sur celui de l'île Madame excepté le *Foudroyant* et le *Cassard*, qui étaient restés en bon état au mouillage de l'île d'Aix, et auxquels je vous demandai de me joindre lorsque je fus à flot, ce que vous me refusâtes. Le *Jemmapes* eût pu s'y joindre également, et vous-même, monsieur l'amiral, car l'*Océan* flottait dans la rivière, et à plus forte raison pour retourner en rade, où nous eussions sans doute évité la honte de voir deux petits vaisseaux anglais, dont un a jeté une partie de sa batterie à l'eau pour se retirer, venir détruire sous nos yeux quatre de nos vaisseaux échoués, à l'entrée de l'un des ports de Sa Majesté... excepté une division de bâtiments légers à laquelle se joignirent les deux petits vaisseaux.

« L'escadre ennemie mit sous voiles et manœuvra pour entrer[1]; quel dut être l'étonnement des Anglais en nous voyant tous préservés d'une destruction qu'ils regardaient comme évidente, ce qui devait leur avoir coûté énormément, même dans l'emploi des brûlots qui étaient tous doublés en cuivre. C'est par stupéfaction sans doute que l'amiral Gambier n'osa pas entrer pour nous canonner. S'il avait profité de cette circonstance, Votre Majesté perdait son escadre, qui, échouée, ne pouvait présenter que quelques canons de l'arrière au feu du travers de l'ennemi. Ce ne fut que vers les trois heures après-midi qu'il envoya deux vaisseaux, quelques frégates et bombardes. Ceux à qui il restait des ancres en élongèrent sous leur feu, et trois frégates et sept de nos vaisseaux parvinrent à se mettre à flot : le *Calcutta*, l'*Aquilon*, le *Varsovie* et le *Tonnerre* ne purent y réussir, les trois premiers furent forcés d'amener après avoir soutenu deux heures de combat, ne pouvant que riposter rarement de deux canons de retraite; le dernier était crevé, il évacua son équipage et se brûla lui-même. Je fis sauver beaucoup de monde de leurs bords, et le 12 l'ennemi les incendia.

« Le 13, les sept vaisseaux et quatre frégates restant étaient échoués plus en dedans; il n'y avait pas d'eau pour aller plus loin; votre vaisseau l'*Océan* était le plus au large. L'ennemi eut la hardiesse de placer dans mon arrière six canonnières, deux bombardes, une goélette et un cutter, lançant des fusées incendiaires. L'action commença à dix heures du matin; je ripostai de mes six canons de retraite avec un tel succès qu'à quatre heures et demie l'ennemi lâcha pied et se retira; je perdis quelques hommes, mais je dus faire du mal à l'ennemi. Dans ces six heures et demie mes six

1. L'escadre anglaise n'a jamais manœuvré pour entrer en rade, et elle ne pouvait pas le faire; la division qui est venue mouiller dans le S.-O. des Palles a passé hors de portée de canon de l'île d'Aix et il est certain qu'elle ne serait pas venue si nous avions eu quelques vaisseaux embossés en rade.

pièces ont tiré mille quarante coups, la majeure partie portant : il est vrai, Sire, qu'elles étaient servies par des hommes de choix[1].

« Le 14, je fis élonger l'ancre qui me restait pour entrer l'*Océan;* il n'y avait pas à compter sur la réussite en raison de son éloignement de la rivière et de son grand tirant d'eau; mes manœuvres ont été couronnées de succès. Je suis entré au Port-des-Barques en lui conservant la moitié de sa batterie de douze et toutes celles de trente-six et de vingt-quatre.

« L'ennemi envoya les mêmes forces que la veille canonner et bombarder les bâtiments restant en dehors; je me rendis à leurs bords dans l'action; je donnai des ordres partout. Je rassemblai les canots armés qui me restaient et je fus bivouaquer toute la nuit entre l'ennemi et les vaisseaux de Votre Majesté pour crocher et éloigner moi-même les brûlots qu'on leur enverrait; il ventait horribleme ', la pluie tombait par torrents. A minuit, l'ennemi mit des feux, tira quelques coups de canon. J'étais résolu à périr ou à sauver le reste de votre escadre; je n'avais d'autres moyens à employer que de m'opposer moi-même aux brûlots avec mes canots. A une heure du matin, les vents passèrent au S. O. et l'ennemi s'en tint à ses dispositions.

« Ma bonne constitution ne put résister au dernier coup de fatigue morale et physique; je revins à mon bord avec une fièvre violente qui n'a cédé qu'au repos que j'ai été forcé de prendre. Le 15, les vaisseaux le *Cassard*, le *Tourville*, le *Jemmapes* entrèrent en rivière; il ne restait que le *Foudroyant* et le *Régulus* dehors. Je me rendis à bord du premier : il fut mis à flot; je le quitta lorsqu'il fut à la

1. Mille quarante coups avec six pièces font un peu plus de cent soixante-treize coups par pièce; six heures et quart font trois cent soixante-quinze minutes; cent soixante-treize coups en trois cent soixante-quinze minutes font un coup en deux minutes dix secondes; c'est bien tirer, surtout avec des pièces de retraite.

LUCAS.

voile, faisant route pour entrer en rivière. J'allai à bord du *Régulus*, et j'eus le chagrin de voir, un moment après, le pilote du *Foudroyant* l'échouer encore hors du chenal, cependant assez en dedans pour être protégé par les batteries de l'île Madame.

« Le 17, j'entrepris de faire flotter le *Régulus* à l'aide de bâtiments placés le long de son bord : je ne pus y parvenir; la mer ne monta pas assez et il a fallu la marée de pleine lune.

« Le 20, deux bombardes, quatre canonnières et une corvette, lançant des fusées incendiaires, se placèrent derrière ce vaisseau; le pavillon de l'amiral Gambier était arboré sur une goélette, il n'a pas voulu sans doute se donner le honteux plaisir de lancer lui-même quelques fusées, en se tenant plus honteusement encore hors de la portée de canon, dans cinq heures de bombardement. Le *Régulus* a peu souffert. A sept heures et demie l'amiral a fait route pour rejoindre son escadre.

« Daignez, Sire, me rendre la justice de compter sur mon zèle pour votre service; croyez que personne n'aurait empêché ce qui est arrivé à votre escadre. Il est étonnant même qu'avec des moyens aussi considérables de destruction, elle n'ait pas été la proie des flammes. J'ose espérer, Sire, que Votre Majesté me fournira l'occasion de me venger un jour d'une conduite aussi lâche de la part de ses ennemis, qui, hors de l'atteinte de notre feu, envisageaient d'un œil barbare l'horreur de notre destruction que, certes, ils ont cru bien certaine.

« Je serai peut-être assez heureux, un jour, de les attaquer plus honorablement; je prie Votre Majesté de me permettre de leur faire subir le même supplice. Ce serait user de représailles en les laissant à leurs bords et en y mettant le feu.

« J'ai fourni des hommes et des munitions aux forts qui défendent l'entrée de la rivière. Je la ferme par une estacade en câbles et en chaînes pour qu'elle ne soit pas forcée. Ce serait se faire illusion que de croire que l'ennemi, à qui il reste autant de moyens, s'en tienne à l'horrible action qu'il vient de commettre.

« Si les mesures que votre ministre vient d'ordonner sont promptement exécutées, sous deux mois Votre Majesté aura en rade une escadre de sept à huit vaisseaux, trois frégates, sans que l'on puisse craindre pareil événement pour l'avenir.

ALLEMAND. »

Avertissements des journaux anglais *contre l'incendie projeté des vaisseaux français mouillés à l'île d'Aix.*

Il ne faut pas croire que le ministre Decrès ignorait les projets d'incendie de l'ennemi. Voici, par exemple, des renseignements qu'on trouve dans le *Moniteur :*

« Londres, 28 mars. On équipe actuellement à Sheeness, douze gros bâtiments de transport, doublés en cuivre, pour être employés comme brûlots.

» Le colonel Congrève a fait voile mercredi de Portsmouth, à bord de la bombarde l'*Œtna*, avec plusieurs officiers et soldats d'artillerie de la marine. Elle a à bord une grande quantité de fusées de l'invention du colonel, et les marins s'étaient exercés à les lancer. L'*Œtna* va joindre notre escadre à la hauteur de Rochefort et il n'y a pas de doute qu'on ne veuille faire une tentative contre la flotte de l'ennemi dans la rade des Basques ».

Voici un autre article que le *Moniteur* n'a publié que le 23 avril, en même temps que le rapport du V. A. Allemand, rapport qui porte la date du 12 :

« Londres, le 6 avril. On annonce une attaque pour essayer de détruire l'escadre française dans la rade des Basques. Le colonel Congrève est parti avec des brûlots d'une invention nouvelle et se promet d'incendier les vaisseaux ennemis. Les esprits sont ici bien partagés sur une telle expédition. N'avons-nous pas à craindre les plus justes représailles et l'emploi de moyens pareils? Vivons-nous dans un siècle où une nation puisse cacher à l'autre de pareilles découvertes et se servir d'un moyen de destruction qui ne soit pas bientôt imité et surpassé par ceux qui en ont souffort? Les Français sont-ils moins avancés que nous dans les secrets de la mécanique et de la chimie? Ils ont, dans plusieurs circonstances, hautement refusé l'emploi de moyens semblables; ils montrent constamment de l'horreur pour de telles compositions et pour les machines que nous-mêmes nous sommes forcés de nommer *infernales;* faut-il les forcer à y recourir par tous les motifs de la plus légitime vengeance? On ne change impunément ni les lois de la guerre, ni celles du droit des gens, ni celles de l'humanité. Quelle gloire avons-nous d'user de brûlots quand nous pouvons combattre avec nos vaisseaux si souvent victorieux? Ainsi, nos plus belles flottes, si l'ennemi usait de représailles, pourraient être à leur tour la proie de quelques perfides incendiaires? ainsi les forteresses véritables de l'Angleterre peuvent dans quelques heures s'engloutir dans les mers? Voilà ce que de telles opérations nous annoncent, voilà ce que le colonel Congrève et notre ministère veulent apprendre à un ennemi dont nous avons tant à craindre la haine, le courage et le génie ».

Que ce soit philanthropie, crainte de représailles ou opposition ministérielle, toujours est-il qu'il y avait en Angleterre un parti opposé à l'usage des brûlots, dont on se servait peu ou pas depuis l'ouverture de la guerre.

Le *Moniteur* fait suivre le rapport de l'amiral Allemand des réflexions suivantes :

« Voilà donc les moyens qu'un ennemi si supérieur en nombre n'a pas rougi d'employer! Il n'a pas combattu, mais il a lancé des machines infernales! Il se proclamera vainqueur et il n'aura été qu'incendiaire!

« De tout temps on connut l'usage des brûlots, mais la lâcheté attachée à leur emploi les avait fait proscrire par toutes les nations; ils n'entraient point dans le système des guerres maritimes et si, dans le XVIIe siècle, quelques aventuriers s'en servirent, ces hommes étaient désavoués d'avance par leur gouvernement et une mort infâme les attendait s'ils étaient pris.

« Il était bien digne du gouvernement actuel de l'Angleterre de reproduire les brûlots, d'y ajouter des machines infernales, de multiplier avec une fureur inconnue tous les moyens qu'une exécration unanime avait rejetés; de dépenser enfin des sommes énormes pour une opération flétrissante et dont le résultat a été si inférieur à ses horribles espérances ».

Le *Moniteur*, qui enregistre ces lieux-communs sur les brûlots et leur usage, ne dit pas :

Que depuis longtemps le ministre de la marine avait des rapports du V. A. Allemand, qui le prévenait que l'armée anglaise avait des brûlots;

Que, de l'île d'Aix, on comptait tous les jours leur nombre; qu'on voyait très facilement les Anglais en garnir les vergues, de grappins, d'obus, etc.;

Qu'on lui avait envoyé un procès-verbal d'interrogatoire subi à La Rochelle et dans lequel on voyait le nombre et l'espèce des brûlots, etc.;

Que, deux fois, le commandant en chef avait demandé avec instance à faire rentrer les vaisseaux en rivière pour les soustraire à l'incendie projeté. (Correspondance du V. A. Allemand avec le ministre de la marine). (Note du manuscrit de Potestas).

Version anglaise de l'affaire des Brûlots, d'après le « James naval history » *(traduction de Mlle Andrée Limousin).*

« Le 17 mars 1809, lord Gambier, fit mouiller sa flotte sur la rade des Basques, plaçant ses frégates et navires de moindre tonnage à environ un mille en avant, tant vers l'île d'Aix que vers La Rochelle, suivant la direction du vent. Comme défense complémentaire contre toute tentative sur la flotte par des brûlots, les navires devaient être constamment prêts à l'action, et à filer leurs câbles en y laissant des bouées. Deux embarcations de chaque vaisseau de la ligne de combat, avec des grappins à feu, devaient aussi être envoyées, chaque nuit, après le coucher du soleil, à bord des frégates avancées pour être prêtes à remorquer au large les brûlots français, au moment où ils approcheraient. Quoique ni M. Willaumetz, ni M. Allemand, son successeur, n'eussent, autant que nous ayons pu savoir, aucune idée de recourir à un tel système d'attaque contre la flotte anglaise, lord Gambier, presque une semaine avant qu'il commençât ses préparatifs de défense, avait lui-même suggéré à l'amirauté anglaise l'emploi de brûlots contre la flotte française. La lettre de Sa Seigneurie à lord Mulgrave est datée du 11 mars, et voici un paragraphe sur ce sujet : « Les bateaux ennemis sont très exposés à l'action des brûlots. C'est un horrible système de guerre et cette tentative serait très hasardeuse, sinon désespérée; mais nous aurions beaucoup de volontaires pour ce service »[1].

« Cependant, l'Amirauté avait prévu les désirs de lord Gambier, car le 7 mars, le Conseil avait ordonné de préparer

1. Minutes du Conseil de guerre de l'honorable James Lord Gambier, amiral de la flotte Bleue, page 114.

un certain nombre de brûlots, étant sans doute guidé par un rapport écrit par le capitaine Richard Goodwin Keats, lequel, dans le mois d'avril 1807, alors que le *Majestueux* et quatre des vaisseaux à deux ponts étaient mouillés en rade de l'île d'Aix, avait suggéré à l'Amirauté le succès probable d'une attaque avec bombes, brûlots et fusées, couverte et protégée par une escadre, « laquelle escadre, ajoute cet officier, aussi capable que distingué, serait maintenue aussi près que possible de l'île d'Aix, avec vent d'Est, et de Boyard par vent d'Ouest, de façon qu'elle soit constamment prête à agir d'une façon décisive, si l'occasion se présentait ». Ceci résolu, le Conseil d'amirauté, par son secrétaire, informa, le 19, lord Gambier que douze transports sont disposés en brûlots; que M. Congrève doit se rendre sur un transport avec un approvisionnement de fusées et des hommes habiles à les manier; que cinq bombardes avaient ordre de se tenir prêtes à prendre la mer, avec toute la promptitude possible, et de se rendre en rade des Basques. La lettre d'instruction continue ainsi : « Tous ces préparatifs sont faits en vue d'aider votre Seigneurie à faire une attaque contre les Français au mouillage de l'île d'Aix, si cela est praticable.

« On me commande, en outre, de vous signifier ces instructions de Leurs Seigneuries : de prendre en considération la possibilité de faire une attaque contre l'ennemi, soit conjointement avec votre ligne de vaisseaux de combat, de frégates et de moindres navires, de brûlots, de bombes et de fusées; ou séparément par les moyens déjà nommés ».

« Le jour même où ces ordres furent écrits, arriva à l'Amirauté la lettre du 11 de lord Gambier, suggérant l'idée d'employer des brûlots, et le même jour arriva aussi à Plymouth, venant de la Méditerranée, la frégate de trente-huit canons l'*Impérieuse*, capitaine lord Cochrane. Environ une heure après que la frégate eut jeté l'ancre, son capitaine, par une communication télégraphique de l'Amirauté, reçut l'ordre de se rendre au Conseil. Leurs Seigneuries savaient, par les rapports existant dans leurs bureaux, que lord Cochrane connaissait très bien cette partie de la côte de France où les opérations allaient avoir lieu.

« Le 21, lord Cochrane, étant venu de Plymouth par un exprès, se présenta à lord Mulgrave, qui conféra confidentiellement avec lui sur les moyens de détruire la flotte française au mouillage de l'île d'Aix. Lord Cochrane était absolument convaincu de la réussite de la tentative par des brûlots. Le premier lord de l'Amirauté demanda à lord Cochrane s'il voulait entreprendre l'exécution du plan qu'ils avaient discuté. Tout d'abord lord Cochrane déclina cette offre, donnant comme raison la jalousie qu'une telle mission pourrait exciter dans le cœur des officiers, ses collègues, servant à cet endroit. Mais à une autre entrevue, le premier lord de l'Amirauté ayant affirmé à lord Cochrane qu'il était le seul officier avec lequel il eût communiqué qu'il jugeait l'entreprise d'exécution facile et de peu de risques, et lui ayant renouvelé son offre de commandement, lord Cochrane consentit, pensant que lord Mulgrave pourrait voir dans un refus définitif des motifs peu dignes d'éloges pour un officier qui avait exprimé une opinion si décidée pour la mise en pratique de l'entreprise. Le 25, le Conseil de l'amirauté adressa à l'amiral anglais, en rade des Basques, une lettre lui faisant savoir qu'il avait pensé convenable de choisir lord Cochrane dans le but de conduire, sous la direction de lord Gambier, les brûlots à employer dans l'attaque projetée contre la flotte ennemie. Cette lettre fut remise à lord Cochrane et dès que cet actif officier put atteindre Plymouth, l'*Impérieuse* fit voile vers sa destination.

« Le 26, lord Gambier reçut la lettre du Conseil, datée du 19, lui donnant instruction d'essayer de détruire la flotte ennemie de la façon déjà décrite. Le même jour, Sa Seigneurie écrivit deux lettres en réponse. Dans la première, lord Gambier reconnaît que la flotte française est exposée à une attaque par brûlots; mais dans la seconde, Sa Seigneurie dit : « Les navires ennemis sont mouillés sur deux lignes très près l'une de l'autre, dans une direction droit-sud du fort de l'île d'Aix et les bateaux de chaque ligne n'étant éloignés les uns des autres que de leur propre longueur; d'après quoi il semble, je pense, que l'espace pour leur mouillage est si restreint, par le peu de profondeur de l'eau, qu'on ne saurait admettre que les navires puissent se mouvoir et mouiller sans se gêner mutuellement. Les vaisseaux les plus éloignés de leurs deux lignes sont à distance de but en blanc du tir des ouvrages de l'île d'Aix : par conséquent, si l'ennemi attaquait ces navires, ceux-ci seraient exposés à être balayés par les projectiles, etc... venant de l'île, et si les vaisseaux étaient désemparés dans leur mâture, ils devraient rester dans la portée du feu de l'ennemi, jusqu'à destruction, car il n'y a pas profondeur d'eau suffisante pour leur permettre de se mouvoir vers le Sud, hors de portée. » L'Amiral termine ainsi sa lettre : « Qu'il me soit permis d'ajouter que si Leurs Seigneuries trouvent exécutable une attaque contre les navires ennemis par ceux de la flotte que je commande, je suis prêt à obéir à tous les ordres dont il leur plairait m'honorer, quelque grand que soit le risque en perte d'hommes et de navires »[1]. Il est clair, par la teneur de cette lettre, que lord Gambier était opposé au plan d'une attaque par la ligne des vaisseaux de bataille, la trouvant impraticable pour deux raisons : la force des batteries de l'île d'Aix protégeant le mouillage français et la supposition du peu de profondeur de l'eau, en-dedans ou un peu au delà de la portée du but en blanc de ces batteries vers le Sud. C'est pourquoi, le mode de destruction de la flotte française de l'île d'Aix étant laissé à la discrétion de lord Gambier, il choisit la façon qu'il avait lui-même suggérée, l'attaque par les brûlots.

« Quand, du mouillage que lord Gambier occupait en rade

1. Minutes A. page 120.

es Basques, on s'aperçut que les Français s'efforçaient de rtifier leur position de la rade d'Aix, en établissant des uvrages sur la pointe sud des bancs de sable de Boyard, frégate de trente-huit canons *Amelia*, commandée par l'Ho·orable Frederick Paul Irby, fut envoyée pour les en chas·er. Le premier avril, à neuf heures du matin, la frégate ppareilla et se dirigea sur ce point et, à dix heures quinze, rant de bord, elle tira une bordée et chassa les Français. 'Amelia envoya ses embarcations et détruisit complètement s ouvrages. Un ou deux jours plus tard, le capitaine Irby t envoyé vers une autre partie de la côte française.

« Le 3, l[illegible] Cochrane arriva sur l'*Impérieuse* en rade des asques et re[illegible]it à lord Gambier la lettre adressée par le onseil à l'amiral. Douze des brûlots, qui devaient être em·loyés étaient à ce moment mouillés en rade des Dunes, at·ndant un vent favorable, et six transports, qui devaient tre transformés en brûlots par la flotte, avaient reçu l'ordre e partir de Plymouth. La direction d'artillerie avait aussi rdre d'envoyer de Woolwich un navire chargé de matières ombustibles, comprenant une quantité de composition de alenciemo (?), ainsi que 1.000 caronades du calibre de ix-huit livres. Les transports de Plymouth ne devant pro·ablement pas les rejoindre avant quelques jours, lord Gam·ier commanda que huit des plus grands transports, des ente voiliers qui faisaient partie du même convoi, soient quipés en brûlots à leur place; et il se présenta très op·ortunément que deux chasse-marées français, chargés de oudron et de résine, venaient d'être récemment capturés ar la flotte.

« Avec cet approvisionnement de combustibles et de tous utres matériaux que la flotte pouvait fournir, les huit trans·orts, et, sur l'idée de lord Cochrane, la frégate d'approvision·ement le *Mediator* furent transformés en brûlots, la der·ière armée par ses propres officiers et son équipage, et s premiers par les officiers et les équipages de la ligne des vaisseaux de combat. Trois navires explosifs furent aussi équipés sous l'inspection immédiate de lord Cochrane. Le 6, l'*Ætna*, navire-bombarde, mouilla en rade, et le 10, les douze brûlots des Dunes, escortés par les sloops *Beagle* et *Redpole* qui avaient également sous leur protection le transport *Cleveland* chargé de fusées Congrève, dont l'ingénieux inventeur était précisément arrivé sur l'*Ætna*. Ayant déjà donné la liste de la ligne des vaisseaux de combat, nous présentons ici une nouvelle liste des frégates et navires de moindre tonnage employés dans cette expédition :

Canons	Frégates	Commandants
44	*Indefatigable*	J. Tremayne Rodd
38	*Imperieuse*	Ld Cochrane
36	*Eagle*	G. Wolfe
»	*Emerald*	V. Maitland
32	*Unicorn*	L. Hardyman
»	*Pallas*	G. Seymour
»	*Mediator*	J. Wooldridge
	Bricks-Corvettes	
18	*Beagle*	V. Newcombe
»	*Doterel*	A. Aldy
»	*Foxhound*	F. Greeve
10	*Lyra*	W. Bevians
»	*Redpole*	J. Joyce
Bombarde	*Thunder*	J. Caulfield
»	*Ætna*	W. Godfrey
	Bricks	**Lieutenants**
14	*Insolent*	J. Morris
12	*Encounter*	J. Talbot
»	*Conflict*	J. Batt
»	*Contest*	J. Gregory
»	*Fervent*	J. Have
»	*Growler*	F. Crossman

Goélette : *Whiting*
Côtre affrété : *Nimrod* et *King George*.

« On doit maintenant accorder quelque attention à ceux contre lesquels tous ces préparatifs formidables étaient faits. Parmi les officiers de l'escadre de Brest qui désapprouvaient le retard du contre-amiral Willaumetz à attaquer les quatre Soixante-quatorze sous le commandement du commandant Beresford, était le capitaine Jacques Bergeret, déjà si bien connu de nous.

« Une lettre de ce dernier officier au ministre de la marine occasionna le rappel du contre-amiral Willaumetz. Le 16, celui-ci amena son pavillon à bord de l'*Océan* et descendit à terre; et le matin du 17, le vice-amiral Allemand hissa son pavillon à bord du même navire. Le contre-amiral Gourdon resta comme commandant en second, mais deux ou trois des capitaines, y compris M. Bergeret, furent remplacés par d'autres, laissant le tout comme il est indiqué dans la liste déjà donnée.

« Quand l'amiral Allemand joignit la flotte, il la trouva amarrée sur trois lignes à l'entrée du passage et trop loin en dehors. Il ordonna aux bateaux de lever l'ancre et de dériver plus bas; puis il les fit mouiller en une double « ligne endentée », dont la direction était à peu près N. N. E. et S. S. O., et l'avant des navires tournés au N. O. L'avant-garde des vaisseaux de la ligne extérieure pointait droit Sud de la batterie à l'extrémité sud de l'Ile d'Aix dont ils étaient distants d'environ six cent quarante mètres. Les deux lignes étaient approximativement éloignées, l'une de l'autre, de deux cent cinquante mètres et les navires de chaque ligne, de l'arrière de l'un à l'avant de l'autre, laissaient un intervalle de cent soixante-dix mètres pleins, laissant ainsi une distance de mille cinq cent vingt mètres depuis l'arrière des navires d'arrière-garde sur la ligne extérieure jusqu'au fort (en calculant la longueur de chaque navire sur une moyenne de soixante-dix mètres), ou environ sept huitièmes de mille réglementaire.

« Chaque vaisseau était amarré sur un câble au N. O. et sur un autre au S. E. Environ à sept cent quarante mètres en avant de la ligne extérieure étaient les trois frégates *Pallas*, *Hortense* et *Indienne*. La quatrième frégate, l'*Elbe*, était amarrée comme navire de tête dans la deuxième ligne ou ligne intérieure. Le tableau ici donné montrera, sans l'aide d'un diagramme, comment les différents navires étaient placés :

Indienne *Hortense* *Pallas*
Foudroyant *Varsovie* *Océan* *Régulus* *Cassard* *Calcutta*
Tonnerre *Patriote* *Jemmapes* *Aquilon* *Tourville* *Elbe*

« A la distance d'à peu près cent dix mètres en avant de la ligne des frégates, une estacade, longue d'un demi-mille et formée de câbles fixés sur des ancres et soulevés par des bouées, fut jetée en travers du chenal allant de la rade des Basques à la rade d'Aix, ayant son extrémité Nord à un peu moins de mille mètres des rochers qui sont à l'extrémité Sud-Ouest de l'île. Les ancres employées à amarrer l'estacade avaient le poids énorme de cinq tonnes et demie anglaises et les câbles avaient trente et un pouces et demi anglais de diamètre. Pour éclairer ceux qui ne sont pas suffisamment instruits sur ce sujet, il est utile d'ajouter que l'ancre de bossoir du *Caledonia*, le plus grand navire de la marine anglaise, pèse quatre tonnes trois quarts et que son câble de bossoir mesure, ou mesurait avant que ceux en fer soient adoptés, vingt-cinq pouces de diamètre. D'après tout ce que l'on raconte, l'existence de cette formidable estacade n'était pas connue des Anglais jusqu'au commencement de l'attaque que nous allons décrire.

« La force des batteries qui protégeaient le mouillage avait été différemment évaluée de treize à cinquante canons. Il est probable que le nombre des canons ne dépassait pas trente, mais la plus grande partie de ceux-ci était de longs canons de trente-six livres, et il y avait aussi plusieurs mortiers du plus grand calibre en usage. L'île avait une garnison de deux mille soldats, mais tous des conscrits sur lesquels on ne pouvait compter. L'île d'Aix n'avait pas d'autres fortifications, dans ses autres parties, que celles qui protégeaient la flotte. De son côté N. E. ou du côté qui fait face à la baie de La Rochelle il n'y avait que peu de canons montés, ceux-ci en mauvais état et à une grande distance les uns des autres. En plus des batteries de l'île d'Aix, l'île d'Oléron, éloignée de trois milles et demi dans l'Ouest-Sud-Ouest de la citadelle d'Aix, contenait trois ou quatre batteries de canons et de mortiers, dont l'une, nommée Saumonard, pouvait envoyer ses projectiles et ses obus presqu'à portée de la première. A côté de ces défenses artificielles, la rade d'Aix avait un banc à une courte distance de son arrière, et un autre à une distance quelque peu plus éloignée, s'étendant le long de son extrémité Sud. Ce dernier s'appelait *Palles* et était en plusieurs endroits dur et rocheux. Le premier était un banc ou barre de vase s'étendant à l'embouchure de la rivière la Charente.

« L'arrivée de douze brûlots, dans l'après-midi du 10, ne laissant aucun doute dans l'esprit de l'amiral Allemand sur la nature de l'attaque que l'on méditait, il ordonna aux chaloupes armées et aux navires de la flotte, au nombre de soixante-treize, de s'assembler en cinq divisions pour être prêtes, au déclin du jour, à prendre leurs positions près de l'estacade dans le but d'aborder les brûlots et de les remorquer au large, et d'attaquer tout navire anglais qui pourrait être envoyé pour aider ces derniers dans leurs opérations. Plusieurs excellentes instructions furent données aux vaisseaux pour la marche à suivre, comme il ressort d'une copie de ces instructions tombée plus tard entre les mains des Anglais. L'amiral français ordonna aussi aux navires de chaque ligne de caler leurs mâts de hune, de descendre sur le pent leurs mâts de perroquet et de déverguer toutes les voiles inutiles. Cependant, les frégates avancées devaient garder leurs mâts de hune en place et être prêtes à appareiller au moment même où le signal en serait fait. Les vaisseaux de la ligne de combat reçurent aussi l'ordre de se préparer à mettre à terre les quelques troupes qu'ils avaient à bord, dans le cas où les Anglais essaieraient de s'emparer de l'île d'Aix.

« Le 11, de bonne heure dans l'après-midi, l'amiral anglais ayant terminé ses préparatifs, les différentes frégates et les moindres navires se dirigèrent vers le point qu'on leur avait assigné. L'*Impérieuse* descendit vers la pointe intérieure de Boyard et prit position, par neuf brasses de fond près du banc, ayant la pointe Nord de l'île d'Aix portant dans l'Est, la pointe Sud dans le S. E. 1/4 E. et le centre de la flotte française dans le S. E. 1/4 S., cette dernière à une distance de deux milles et demi environ. La position de l'*Impérieuse*, prise de la frégate l'*Indienne*, était presque N. O., à la distance d'une portée de canon et demie de l'estacade. Les navires *Eagle, Unicorn* et *Pallas* mouillèrent un peu plus au-dessus ou au N. O. de l'*Impérieuse*, de façon à recevoir les équipages des brûlots à leur retour et à soutenir les embarcations de la flotte qui devaient accompagner les brûlots, et à porter secours, si besoin était, à l'*Impérieuse* elle-même. La goëlette *Whiting*, avec le lieutenant Henry Wildey, et les côtres affrétés *King George* et *Nimrod* (seconds-maîtres Thomas Mekeek et Edward Tapley), qui avaient été installés pour lancer des fusées, prirent aussi position près du banc de Boyard. L'*Ætna*, le seul navire bombarde présent, quoique quatre autres, *(Fury, Fox-Hound, Thunder, Vesuvius)* eussent été promis, alors que huit n'auraient pas été de trop, se plaça au N. O. de l'île d'Aix, aussi près que possible du fort dans cette direction, et se couvrit par l'*Indefatigable* et le *Fox-Hound*. Les frégates *Emerald, Beagle, Dotterel, Conflict* et *Growler* étaient postées, pour faire diversion, à la pointe E. de l'île. Le *Redpole* et la *Lyra*, avec les feux hissés et proprement masqués à la vue des ennemis, étaient placés, l'un près du banc au N. O. de l'île d'Aix et l'autre près du banc de Boyard, afin de guider les brûlots dans leur route vers l'attaque. Chacun de ces bricks était à une distance plutôt inférieure à deux milles de l'extrémité de la ligne française, de son côté.

« Les onze vaisseaux de la ligne anglaise, qui était à huit ou neuf milles de la flotte française, démarrèrent aussi pour être prêts à coopérer si cela était nécessaire; mais ayant été obligés de mouiller dans un fort courant, et le vent soufflant fortement du N. O., les navires furent de nouveau amarrés, quand le courant faiblit, afin de les empêcher de tomber les uns sur les autres. M. Edward Fairfax, commandant du *Caledonia*, évaluait la distance de son navire et de ceux autour de lui à seulement six milles du mouillage ennemi; mais quand les Français télégraphièrent de la citadelle d'Aix, ainsi qu'ils faisaient tous les matins, ils indiquèrent la distance de trois lieues.

« Bien que le vent soufflât dans une direction aussi favorable qu'on pût le désirer pour la marche en avant des brûlots, dont la totalité avait dérivé et était mouillée un mille devant la flotte anglaise, le vent était trop violent pour mettre à exécution une partie du plan, qui était d'enchaîner les navires ensemble par groupes de quatre. Chaque brûlot fut alors laissé libre d'agir indépendamment et, vers huit heures trente du soir, la nuit absolument noire, le vent soufflant encore plus fort qu'il n'avait jamais fait et la marée montant à une vitesse de deux nœuds à l'heure, le *Mediator* et les autres brûlots mouillés autour de lui coupèrent leurs câbles et mirent à la voile. Des trois bateaux explosifs, un fut balayé de l'arrière de l'*Impérieuse* par un brûlot abandonné trop tôt et, bien que l'équipage à bord de ce bateau fût prêt à marcher et mit ensuite le feu à la fusée, celle-ci sembla rater. Pendant ce temps, les deux autres, dont l'un était commandé par lord Cochrane, assisté du lieutenant W. Bissell et de quatre marins, se dirigèrent vers la rade d'Aix. Ces deux bateaux explosifs semblent avoir été enflammés quand ils étaient à moins de trois quarts de mille de la ligne française. A quelle proximité se produisit l'explosion et quels en furent les effets, les Français eux-mêmes peuvent le mieux dire. Pour s'imaginer quels effets de telles machines pouvaient produire, il faut voir tous les soins apportés à leur préparation. Le navire de lord Cochrane, seul, contenait environ mille cinq cents barils de poudre à canon. Ces barils étaient placés debout, amarrés ensemble par des câbles enroulés autour et serrés les uns contre les autres par des coins, avec du sable humide bourré entre eux de façon à rendre le tout, de l'avant à l'arrière, complètement solide, et à augmenter ainsi la résistance. En plus de cela, par-dessus cette masse de poudre à canon étaient intercalés trois à quatre cents obus chargés de fusées et presqu'autant de milliers de grenades à main.

« Plusieurs des brûlots furent enflammés et abandonnés bien avant d'arriver au large des deux navires placés le plus au nord comme guides. D'autres encore furent admirablement conduits, surtout le *Mediator*, le plus grand et le plus efficace d'eux tous. Ce navire, par son grand poids et par la force du vent et de la marée, qui, à ce moment-là, avait atteint une vitesse de presque quatre nœuds, brisa l'estacade et fraya ainsi pour le reste des brûlots un passage libre. Le brave commandant du *Mediator* était tellement résolu à voir bien exécuter le service qu'il avait commencé, que lui-même, les officiers et les hommes qui s'étaient engagés à l'accompagner furent sur le point de périr avec leur navire; un officier et le canonnier James Jegges furent tués, et le commandant Wooldridge, les lieutenants Nicholas Brent Clément et James Pearl, ainsi qu'un marin furent enlevés par l'explosion du navire; ces trois derniers légèrement, mais le commandant plus sérieusement, brûlés à vif. Les pertes subies à bord des autres brûlots semblent avoir été : deux marins du *Cæsar*, tués par l'éclatement d'un bateau explosif près du brûlot, et un lieutenant-commandant, W. Flindt, un marin qui mourut d'épuisement dans l'embarcation, deux seconds maîtres : Richard Francis Juvers, du *Theseus* et John Cogyers ,du *Gibraltar*, tous deux brûlés à vif par la poudre.

« Parmi les cinq ou six officiers commandant les brûlots, avec le capitaine Woolcombe, qui eurent la sagesse et la présence d'esprit d'attendre jusqu'au bon moment pour mettre le feu au train de leurs navires, nous pouvons citer les commandants Newcome, du *Beaver*, Joyce, de la *Lyra*, et le lieutenant J. Cookesley, du *Gibraltar*, qui furent exposés aux plus grands dangers pendant leurs efforts pour regagner les frégates avancées. Ils eurent à ramer contre un fort courant et contre une mer houleuse qui fit presque couler plusieurs embarcations; ils furent aussi mis en péril par des volées de fusées dont la plupart avaient été placées dans le gréement des brûlots et prenaient une direction tout à fait différente de celle qu'on avait voulu leur donner.

« Les embarcations de la flotte sous le commandement du contre-amiral Stopford avaient reçu l'ordre de soutenir les brûlots. Elles furent réunies, en conséquence, le long du *Cæsar;* mais jugeant, par le grand mauvais temps, qu'on ne pourrait pas s'en servir, le contre-amiral ne fit pas route avec elles. Il poussa les choses si loin que, bien que la 4e et la 5e divisions des navires français eussent été envoyées à l'estacade, il attendit les embarcations jusqu'à deux heures du matin; mais presque toutes, entravées par la puissance du vent et du courant, furent obligées de se retirer. La nuit était si obscure que le ciel fut bientôt illuminé par l'éclat éblouissant de tant de feux; et avec les éclairs des canons des forts et des navires en retraite, le vol des obus et des fusées partant des brûlots et la réflexion des rayons de lumière sur les flancs étincelants des navires français dans l'arrière-plan, tout cela formait une scène particulièrement terrible et sublime. Mais le vent était tellement violent au commencement de l'attaque que, dans la flotte anglaise, on ne pouvait même pas entendre les explosions, bien qu'elles fussent très bruyantes. Cependant un de leurs premiers effets fut de calmer considérablement la brise. Quels autres effets les brûlots et les bateaux explosifs produisirent? Nous allons le raconter aussi bien que possible, en tirant les faits des comptes-rendus publiés et autres.

A neuf heures trente du soir, suivant l'heure constatée par l'*Indienne*, un corps flottant à l'estacade, dans la direction des bossoirs de tribord, fit explosion avec un bruit épouvantable; mais, bien que distant de seulement cent dix à cent vingt mètres de la frégate, il ne lui fit pas, nous dit-on, le moindre mal. Les paroles du commandant Proteau, à ce sujet, dans son journal sont : « J'étais dans cette position, à trois encablures et demie de mon escadre, l'amiral dans mes eaux, lorsque nous distinguâmes, à neuf heures et demie, sous notre bossoir de tribord, un corps flottant à l'estacade. L'explosion s'en fit tout à coup et vomit quantité de fusées artificielles, grenades et obus, qui éclatèrent en l'air sans nous faire le moindre mal; cependant nous n'en étions qu'à une demi-encablure ». D'après l'exposé de M. Fairfax, le commandant de la flotte de lord Gambier, il ressort que le bateau explosif éclata à « environ un mille » de l'ennemi. Quelle raison eut-il de craindre qu'il aurait pu sauter au lieu de l'ennemi, quand il admet que la *Lyra*, à bord de laquelle il se trouvait, était placée à deux encablures, au vent du bateau explosif, alors que l'*Indienne*, qui était à une demi-encablure sous le vent, s'en tira sans aucun mal[1]. Dix minutes plus tard, un second bateau explosa aussi contre l'estacade et presque sous le beaupré de l'*Indienne*. Qu'il nous soit permis d'observer en passant que, bien que sur le temps

1. Minutes A. pages 177-178.

absolu l'*Indienne* et l'*Impérieuse* diffèrent de une heure dix minutes, ils sont exactement d'accord. La dernière explosion est décrite comme ayant été plus forte et plus terrifiante que la première et comme ayant couvert les frégates d'une grêle de feu; et cependant on ne nous a jamais dit que la frégate ait eu aucune avarie. Il est donc vrai, ainsi que lord Gambier l'affirma, que « l'explosion des bateaux explosifs sous le commandement immédiat de lord Cochrane ne se produisit pas, de toute façon, aussi près des bateaux ennemis que sa Seigneurie l'avait projeté »[1]. Mais ce ne fut pas parce que les fusées avaient été allumées trop tôt, comme l'assurèrent les témoins de lord Gambier, ni parce que les fusées avaient brûlé trop rapidement, mais par la résistance de l'estacade, qui avait arrêté les bateaux dans leur marche. Quand l'officier de l'*Indienne*, sur le gaillard d'avant, découvrit le corps flottant, celui-ci n'allait pas vers l'estacade, il y était déjà arrivé. Si cette estacade avait été enlevée, une demi-minute aurait suffi pour porter ce bateau au milieu de la ligne des frégates et alors quels auraient pu être les effets de l'explosion! Cette explosion fut suivie, en dix minutes, par une deuxième, qui fut encore plus grande et plus terrifiante que la première. A neuf heures quarante-cinq du soir, le *Mediator* rompit l'estacade en la traversant et, ainsi que tous les navires l'accompagnant, reçut aussitôt le feu des navires français. Les projectiles de la ligne des vaisseaux de combat passaient entre les mâts des frégates avancées et leur causaient certainement des avaries. Ces dernières coupèrent aussitôt leurs câbles. L'*Hortense*, faisant voile, passa au vent de nombreux brûlots et déchargea sur eux plusieurs bordées. Cette frégate et ses deux navires de conserve firent alors retraite vers l'arrière-garde des vaisseaux de la ligne de bataille. De ceux-ci, le premier abordé par un brûlot fut le *Régulus*, lequel, dit-on,

1. Minutes page 131.

fut saisi pendant un quart d'heure par les grappins d'un grand brick en pleine combustion, et malgré cela le vaisseau français de soixante-quatorze s'en tira sans dégâts matériels apparents, excepté quelques légères avaries occasionnées par un abordage avec le *Tourville*. L'*Océan* fut également saisi par les grappins d'un brûlot. En voici quelques détails, donnés par l'un de ses officiers et dont les paroles sont extraites de la traduction de plusieurs lettres interceptées, que nous eûmes la chance de voir : « Une frégate-brûlot dirigeait sa marche sur l'*Océan*. Nous filâmes plusieurs brasses de notre câble N. O., mais le navire s'approchait toujours de nous. Le *Régulus* venait juste de couper ses câbles et tâchait de s'éloigner d'un navire qui menaçait de le brûler. Ce mouvement du *Régulus* nous obligea à couper notre câble N. O. Nous hissâmes la voile d'artimon pour aider notre navire; mais dès que nous vînmes faire tête à notre ancre S. E., trois brûlots fondirent sur nous. Que fallait-il faire? Nous fûmes obligés aussi de couper ce câble, de hisser le petit foc, le grand hunier, de larguer la misaine et de gouverner de façon à éviter les Palles, banc de rocher sur lequel le *Jean-Bart* fut perdu. A dix heures nous échouâmes et, aussitôt après, un brûlot, dans toute l'intensité de sa combustion, nous saisit en travers de l'arrière. Pendant les dix minutes qu'il resta dans cette position, nous employâmes tous les moyens en notre pouvoir pour empêcher le feu de prendre à notre navire. Nos pompes jouèrent, inondant complètement la poupe; avec des espars nous éloignâmes le brûlot et avec des haches nous coupâmes les aiguillettes des grappins attachés à l'extrémité de ses vergues; mais les chevaux de frise de ses flancs le tenaient solidement à nous. Dans cette situation déplorable nous pensions que nous allions forcément brûler, car les flammes du brûlot couvraient tout notre arrière. Deux vaisseaux de notre ligne de combat, le *Tonnerre* et le *Patriote*, tombèrent à ce moment sur nous. Le premier brisa son beaupré dans le gréement du grand mât à tribord, détruisant ses préceintes. La *Providence* vint à notre secours ; — au moment même où le brûlot qui était en travers de notre arrière commençait à dériver le long de notre côté de tribord, le *Tonnerre* se sépara de nous. Sans ce hasard heureux le brûlot serait tombé dans l'angle formé par les deux navires et les aurait infailliblement brûlés. Le brûlot ayant dérivé assez loin en avant pour arriver sous notre beaupré, nous le maintînmes pendant quelque temps afin de laisser au *Tonnerre* et au *Patriote* le temps nécessaire pour échapper à son atteinte. Pendant que ce brûlot était sur nous, nous laissâmes les robinets couler afin de noyer les soutes à poudre, mais l'écoulement d'eau était trop lent pour cela. Nous perdîmes au moins cinquante hommes entraînés par leur zèle à dégager les brûlots; ils tombèrent à la mer et furent noyés; mais nos embarcations en sauvèrent quantité d'autres. Peu de temps après que nous eûmes si heureusement échappé à l'incendie, un autre brûlot nous arriva à tribord : nous tirâmes une bordée et lui coupâmes son grand mât, ce qui heureusement le fit éviter, et il passa tout près de nous. Tout le reste de la nuit nous fûmes entourés de navires en feu. Nos canons tiraient sur les navires anglais, occupés à remorquer des brûlots. Celui qui nous aborda à l'arrière était remorqué par un bateau monté par quinze ou seize hommes : nous tirâmes dessus et l'obligeâmes à larguer la remorque. Dans cette nuit désastreuse le *Cassard* eut cinq hommes tués et quinze mortellement blessés par un projectile venant d'un de ces brûlots ».

« D'après cette peinture fidèle de l'un de ceux qui étaient à bord, le vaisseau-amiral français l'avait échappé belle, et par cette description on peut facilement se faire idée de ce qu'avait dû être la situation de plusieurs autres navires. En fait, la terreur naturellement inspirée par cette flotte de corps enflammés s'approchant, avait été telle que chaque navire français, excepté le *Foudroyant*, coupa ou fila ses câbles et partit à la dérive. Malgré cela, le *Cassard* mouilla de nouveau sur la rade, à une distance d'environ cinq cents mètres en avant du *Foudroyant*, qui avait, croyons-nous, coupé son câble N. O. et se tenait alors sur son câble S. E. A minuit l'ensemble des treize bateaux français restants était échoué. Voici quelles étaient leurs positions, à l'aube du 12, comme les Français eux-mêmes l'ont rapporté :

« L'*Océan* était sur un fond de vase, à la distance d'un demi-mille plein dans l'Est-Sud-Est du mouillage de la rade d'Aix. Ayant à bord, ainsi que les autres navires, une quantité de fournitures pour l'approvisionnement de la colonie où il devait aller, l'*Océan* était lourdement chargé, ne tirant peut-être pas moins de vingt-huit à vingt-neuf pieds. C'est pour cela qu'il s'échoua alors qu'il était encore sur une partie de la rade d'Aix et non pas sur le banc des Palles, comme on avait cru tout d'abord. Ceci explique que l'amiral Allemand ait daté sa lettre officielle du 12 « à bord du vaisseau l'*Océan* en rade de l'île d'Aix ».

« A environ cinq cents mètres dans le S. O. de l'*Océan*, sur un lit rocheux qui s'appelle « Charenton », étaient le *Varsovie* et l'*Aquilon*, et tout près d'eux, mais sur un terrain un peu meilleur, le *Régulus* et le *Jemmapes*. Le *Tonnerre*, l'avant tourné vers le Sud.-Est, sur un fond dur, à deux cents mètres à l'Est du rocher « Pontra », et dans le Nord-Ouest de l'île Madame, située au Sud-Ouest de l'embouchure de la Charente, et au Nord-Est de l'île d'Enette, qui forme l'extrémité Nord du rivage opposé de la même rivière. Ce bateau, depuis deux heures du matin, avait jeté tous ses canons par-dessus bord, à l'exception de dix de trente-six livres, et avait coupé son grand mât ; mais rien ne pouvait le sauver, car il était déjà crevé dans son petit fond. A quelque distance dans le Sud-Ouest du *Tonnerre*, presqu'à l'extrémité des Palles, dans cette direction et près des débris du *Jean-Bart*, était le *Calcutta*, ayant l'avant au Sud-Est. Le *Calcutta* s'échoua d'abord à onze heures trente du soir, fut remis flot à une heure du matin, et bientôt après s'échoua une seconde fois sur le fond rocheux où il se trouvait alors. Le *Patriote* et le *Tourville* étaient sur la vase au large de l'île Madame et non loin du chenal de la Charente. Quant aux quatre frégates : l'*Indienne* était à trois quarts de mille dans l'Est de l'*Océan*, sur la vase, au large de la pointe de l'Aiguille, près de l'île d'Enette; l'*Elbe* et l'*Hortense* étaient sur les Fontenelles et la *Pallas* sur la vase du petit Port-des-Barques, juste à l'entrée de la Charente.

« Tous les navires échoués, principalement les six placés sur la partie dure des Palles, donnaient une bande plus ou moins forte et presque tous, par la nature du fond sur lequel ils gisaient, étaient dans une situation très désespérée. Si bien que, malgré que les brûlots des Anglais n'aient pas causé la destruction immédiate d'un seul bateau de la flotte française, ils avaient laissé presque tous les navires dans un état comparativement sans défense, exposés, si on avait agi promptement, à une attaque de nature différente, attaque plus conforme aux règles d'une guerre régulière et plus en rapport avec l'esprit qui règne généralement à bord d'une flotte anglaise.

« Par sa proximité de la scène du désastre, l'*Impérieuse* fut le premier navire anglais à observer et le premier à communiquer au commandant en chef l'état d'échouement des navires français. La marée descendante obligea l'*Impérieuse* à lever l'ancre au petit jour et à se mettre au large. Lord Cochrane fit alors les signaux télégraphiques suivants au *Caledonia*, qui était mouillé à la distance exacte de douze milles des navires échoués : (48 minutes du matin) « La moitié de la flotte peut détruire l'ennemi; sept à la côte ». (6 h. 40 du matin) « onze à la côte ». (7 h. 40) « seulement deux à flot ». (7 h. 30) L'ennemi se prépare à se relever ». Dès que la marée le permit, vers dix heures du matin, l'*Impérieuse* retourna jeter l'ancre près du banc de Boyard, la partie Sud de l'île d'Aix se trouvant dans le Sud-Est quart Est, ce qui était à peu près au même endroit d'où quelques heures plus tôt les frégates avaient levé l'ancre.

« Immédiatement après le dernier signal télégraphique de l'*Impérieuse*, lord Gambier télégraphia à la flotte : « Préparez les ancres de miséricorde et de rechange aux sabords de l'arrière et que les embossures soient prêtes ». A neuf heures trente-cinq du matin, l'amiral anglais signala à la flotte de lever l'ancre, mais il suspendit l'exécution de ce signal et en fit un autre appelant tous les capitaines à bord du *Calédonia*. Dès que la conférence fut terminée, les capitaines retournèrent à leurs navires, et à dix heures quarante-cinq du matin, suivant le temps moyen noté par les journaux de bord des différents navires, la flotte se mit en route. A onze heures trente du matin, la flotte jeta l'ancre de nouveau par douze à treize brasses d'eau, à la distance de trois milles du sémaphore de l'île d'Aix et, par conséquent, à six milles environ des vaisseaux français échoués. La raison officiellement donnée par l'amiral, pour avoir mouillé à si grande distance, fut que le vent soufflait fort du Nord; cela, combiné avec la force du flot, rendait hasardeux de naviguer dans les rades d'Aix. Mais, suivant le témoignage du capitaine Broughton, interrogé à la Cour martiale de lord Gambier, Sa Seigneurie fut conduite à mouiller aussi loin parce que : « L'ennemi était à la côte et qu'il ne pensait pas nécessaire de faire courir à la flotte des risques inutiles, quand la destruction de l'ennemi semblait avoir été obtenue »[1].

« Une nouvelle preuve de ce que l'amiral anglais (quelle qu'ait été son intention première) avait maintenant abandonné l'idée d'employer la flotte à canonner les ouvrages de l'île d'Aix ou bien les navires français échoués sur le banc des Palles résulte de ce qu'il ne fit pas aux bâtiments le signal ordinaire pour mettre les embossures sur les câbles, et se tenir prêts à mouiller par l'arrière, parce que ce

1. Minutes A. page 222.

signal (nº 14) commençait par avertir les navires de se « préparer au combat ». C'est pourquoi il recourut au télégraphe, comme seul moyen de faire la dernière partie du signal, sans la première. Cependant l'amiral envoya la bombarde *Etna*, protégée par les bricks-canonnières *Insolent*, *Conflict* et *Growler*, vers la rade de l'île d'Aix prendre position pour bombarder les navires français échoués; et le capitaine Bligh reçut l'ordre de prendre sous son commandement le *Valiant*, le *Bellona*, le *Revenge*, ainsi que les frégates et sloops, et d'aller les mouiller aussi près que possible du banc de Boyard, pour être prêt à soutenir la bombarde et les bricks-canonnières. Tandis que ces derniers, comme ils en avaient reçu l'ordre, contournaient vers la rade d'Aix, le *Valiant*, avec sa division, vint mouiller à environ un mille plus près des bateaux échoués que l'endroit où se trouvait alors le *Caledonia* avec le reste des vaisseaux de la ligne de bataille.

« Ce mouvement laissant deviner que la flotte anglaise allait attaquer immédiatement, le *Foudroyant* et le *Cassard*, qui depuis le jour avaient remonté leurs mâts de hune, coupèrent leurs câbles et firent voile pour la Charente, ce dernier à midi quarante-cinq et le premier quelques minutes après; mais en essayant de remonter la rivière les deux bateaux s'échouèrent sur un banc à son entrée, tout près du château de Fouras. Pendant ce temps-là, avec la marée montante tous les navires qui s'étaient précédemment échoués commençaient à se relever, leurs équipages s'efforçant encore de les remettre à flot et de les sortir du banc. L'eau et les provisions furent donc sacrifiées, beaucoup de canons et une grande quantité de munitions jetés par-dessus bord, et des ancres placées au large pour se haler. Depuis six heures du matin, l'*Océan* avait porté une ancre de mouillage, avec six câbles. Vers deux heures du soir, par des moyens similaires, le *Patriote*, le *Régulus* et le *Jemmapes* réussirent à se remettre à flot, mais ils s'échouèrent de nouveau sur la barre vaseuse, à l'entrée de la Charente. Entre temps, la mer étant presque haute, l'*Océan* se remit aussi à flot. Il s'approcha de sept cents mètres plus près du chenal de la rivière, où il fut de nouveau arrêté par la vase.

« Voyant ainsi les navires français se mettre graduellement hors de portée d'attaque, ce qui détruisait tout le résultat de l'entreprise, et observant que les trois navires les plus proches, le *Calcutta*, l'*Aquilon* et le *Varsovie*, disposaient des ancres et des aussières, dans l'intention d'effectuer une manœuvre semblable, lord Cochrane, à une heure du tantôt, juste comme l'*Ætna* et les trois bricks-canonnières passaient près de lui, appareilla avec l'*Impérieuse*, qui avait préalablement viré de bord, et, sans ordre ou signal à cet effet, il descendit vers l'ennemi. A une heure trente de l'après-midi, la frégate hissa ses huniers et se dirigea directement sur le groupe des bateaux échoués sur les Palles. S'apercevant alors qu'on n'avait aucune intention de faire une attaque sérieuse contre ces navires, qui essayaient de forcer de voiles afin de se déséchouer, lord Cochrane fit le signal (n° 405) : « Les bateaux ennemis font voile »; et dix minutes après, à une heure quarante, trouvant qu'on n'y donnait aucune attention, il fit hisser le signal (n° 364) : « Le navire est en détresse et requiert de l'aide immédiatement ». Ce dernier signal remplissait bien le but qu'il visait; mais lord Cochrane ne put se faire comprendre sans avoir recours à l'opération ennuyeuse du télégraphe.

« A une heure cinquante du tantôt, l'*Impérieuse* diminua sa voilure et tira un coup de canon sur le *Calcutta*, puis, à deux heures du soir, mouilla sur le banc des Palles par cinq brasses, vira à une demi-encablure et retint ses embossures. La bordée de tribord arrivait ainsi à porter sur la hanche tribord du *Calcutta*. L'*Impérieuse* commença à tirer sur ce navire et tira, occasionnellement, avec les canons du gaillard d'avant à tribord et les canons de bossoir sur le *Varsovie* et l'*Aquilon*. A deux heures dix minutes, trouvant que le feu des caronades de vingt-quatre et dix huit livres de l'*Insolent* et du *Growler* tombait en dehors de l'*Impérieuse* et que, même, le feu des plus fortes caronades du *Beagle* (lequel brick avait jeté l'ancre plutôt en dedans de la ligne prise par les bricks-canonnières) ne produisait aucun effet visible, lord Cochrane leur fit ordonner de venir plus près en dedans. Mais le signal ne faisant aucune distinction entre les navires et les bricks, l'*Ætna* se crut aussi obligé d'y obéir, se trouvant en meilleure position pour lancer ses projectiles. Dans cette circonstance critique, le capitaine de l'*Impérieuse* adopta un expédient plus décisif que courtois : il commanda de mettre le feu aux pièces du premier pont de la frégate, pour tirer sur les bricks, ou peu s'en fallait, ce qui fut exécuté, et ces derniers comprenant le conseil dérivèrent dans une position plus effective, mais se tinrent en dehors de l'*Impérieuse*.

« Quelques minutes après deux heures du soir, trouvant que l'*Impérieuse* était chaudement engagée avec les navires ennemis, lord Gambier fit à l'*Indefatigable*, alors mouillée avec l'escadre avancée près du haut-fond de Boyard, le signal de lever l'ancre. Sur cet ordre, la frégate appareilla à deux heures quinze et, obéissant à un signal spécial, se dirigea vers l'*Impérieuse*. Mais le vent, bien que favorable, étant faible et le jusant commençant, l'*Indefatigable* n'avançait que très lentement, quoique portant ses bonnettes de cacatois et de perroquet. Peu de temps après que l'*Indefatigable* eut levé l'ancre, le reste des frégates et les moindres navires firent de même, se plaçant derrière elle. Vers deux heures trente du soir, le *Valiant* et le *Revenge*, sur un signal de l'amiral, appareillèrent aussi et marchèrent au feu.

« Pendant ce temps, l'*Impérieuse* continuait son engagement avec le *Calcutta*. A trois heures vingt de l'après-midi, lorsque l'*Indefatigable* et les autres frégates s'approchèrent, l'équipage de l'*Impérieuse* les acclama. C'est alors que lord Cochrane, voyant que le *Calcutta* avait cessé de tirer et que les Français l'abandonnaient, envoya un aspirant avec une embarcation équipée pour en prendre possession. Vers trois heures et demie, l'*Indefatigable* prit son ancrage en dedans ou à tribord de l'*Impérieuse* et lorsque lord Cochrane l'eut hélé pour l'informer que le *Calcutta* était échoué, il dirigea son feu sur ce dernier. L'*Indefatigable* tourna ensuite ses canons de l'avant contre le *Varsovie*, et l'*Eagle*, l'*Emerald* et l'*Unicorn* se postèrent à l'avant de l'*Indefatigable*. Un moment après, le *Valiant*, le *Revenge* et le *Pallas* arrivèrent et mouillèrent, le dernier en tête des autres frégates, le *Valiant* tout près de l'arrière de l'*Indefatigable* et le *Revenge* à environ six cents à huit cents mètres au N. E. de l'*Impérieuse*. Ainsi mouillés sur leurs embossures et formant un croissant autour des vaisseaux français, les navires anglais ouvrirent sur eux un feu fourni et destructif. Les coups dirigés sur le *Calcutta* rendirent nécessaire de retirer l'embarcation de l'*Impérieuse* et lord Cochrane envoya d'autres embarcations pour informer les frégates que le navire français s'était rendu.

« Déterminé à montrer quel avait été son plan en mouillant où il l'avait fait, le capitaine Newcome, après avoir levé l'ancre, se jeta bravement entre l'*Indefatigable* et la coque du *Jean-Bart*. Filant alors son ancre, le *Beagle* ouvrit un feu nourri sur les navires français échoués, et un moment après, s'apercevant que son gouvernail touchait presque les débris du *Jean-Bart* et que le *Beagle* se trouvait en grand danger, exposé au feu de l'*Indefatigable*, le capitaine Newcome se mit en route et fit voile vers l'arrière de l'*Aquilon*. En arrivant à portée de pistolet du vaisseau français de soixante-quatorze, le *Beagle* lui envoya un feu bien dirigé et destructif.

« Ayant soutenu la canonnade de nombreux navires qui leur avaient été opposés, sans pouvoir faire usage de leurs canons autres que ceux de chasse ou de l'arrière, le *Varsovie* et l'*Aquilon* firent, à cinq heures et demie du soir, le signal de soumission en montrant chacun un « Union Jack » (pavillon anglais) à leur corne d'artimon.

« Au même instant, le *Theseus*, ayant quitté la rade des Basques sur un signal à trois heures trente de l'après-midi, mouilla entre le *Revenge* et le *Valiant*.

« A six heures du soir, le *Tonnerre*, qui se trouvait juste hors de portée du navire anglais le plus proche, le *Revenge*, fut incendié par ses officiers et son équipage, qui se sauvèrent tous en atterrissant à l'île Madame. A sept heures trente du soir, le navire sauta. On dit que le *Calcutta* aurait été incendié par un aspirant de l'*Impérieuse* et cela sans ordre. Vers huit heures et demie du soir il sauta, produisant une explosion formidable, car ses cales contenaient une énorme quantité de poudre et autres munitions de guerre.

« Les seuls navires anglais qui éprouvèrent quelques pertes dans cette attaque furent le *Revengé* et l'*Impérieuse*. Le *Revenge* eut : un marin et deux fusiliers tués, un lieutenant, James Garland, cinq marins et neuf fusiliers blessés, dont deux mortellement, et presque tous les autres contusionnés. Le navire avait son beaupré fortement avarié, une grande partie de ses manœuvres courantes et des ses voiles coupées en morceaux, cinq bordés de son gaillard d'arrière brisés et un barreau enlevé. En plus de cela, de nombreux projectiles avaient frappé différentes parties de la coque. On rapporte que ce fut le feu des batteries de l'île d'Aix qui occasionna les avaries de la coque et tua ou blessa les hommes de l'équipage, endommageant aussi les gréements de l'*Aquilon* et du *Varsovie*.

« Les pertes de l'*Impérieuse* consistaient en : trois marins tués, l'aide-médecin Gilbert, le comptable Mark Marsden (ou Manden), sept marins et deux fusiliers blessés. La frégate reçut plusieurs boulets dans sa coque et ses mâts; son gréement et ses voiles furent fortement endommagés. Les pertes et les avaries furent principalement causées par le feu des trois adversaires échoués sur les Palles, surtout celui du *Calcutta*. L'*Indefatigable* et le *Beagle*, bien que n'ayant perdu aucun homme, reçurent plus ou moins d'avaries dans leurs mâts et leurs vergues, par le tir des ennemis. Il est à remarquer que, malgré le tir constant des batteries de l'île d'Aix et des Saumonards dans l'île d'Oleron, les obus et boulets n'atteignirent que l'*Indefatigable* et le *Revenge*, parmi les quatorze vaisseaux anglais engagés dans le combat, et encore les dégâts de l'*Indefatigable* consistaient en un mât de hune à peine écorché.

« Quant aux pertes des Français dans cette bataille, nos renseignements ne sont pas absolument certains : on dit que le *Calcutta* eut sa coque criblée avant qu'aucune aide ne vînt à l'*Impérieuse* et que, sur un équipage de deux cent trente hommes, il n'y eut pas un seul tué, mais douze sérieusement blessés. Il paraît que le commandant de l'*Aquilon* fut tué comme il était assis à côté de lord Cochrane, dans l'embarcation de l'*Impérieuse*, par un boulet provenant d'un canon du *Tonnerre* lequel partit accidentellement tandis que le bâtiment brûlait. A bord de l'*Aquilon* les pertes furent peu importantes parce que, dit-on, lorsque le capitaine Maingon s'aperçut qu'il ne pouvait pas répondre au feu ennemi, il ordonna très prudemment à ses officiers et à ses matelots de se coucher. Le *Varsovie* eut en tout cent tués et blessés. L'*Océan* envoya ses embarcations pour sauver l'équipage de ce navire, mais la mitraille des vaisseaux anglais empêcha celles-ci d'accoster.

« Les contradictions existant dans les heures constatées par les navires anglais et notre impuissance à remédier à ce mal, en nous référant aux minutes notées par les navires français, nous empêchent de nous servir utilement des extraits suivants, traduits d'une lettre écrite par un des officiers de l'*Océan :* « Pendant ce combat (celui contre les navires échoués), nous tirâmes avec quelques-uns de nos canons d'arrière. Le flot ayant relevé notre navire pendant un court instant, nous le mîmes à la côte à quelques encablures plus haut. Un vaisseau anglais de la ligne essaya de venir mouiller sous notre arrière, mais il toucha le fond et s'en tira avec de grandes difficultés. Si cela n'était arrivé, nous aurions été canonnés d'une jolie façon ». Nous ne pouvons découvrir qu'aucun navire anglais de la ligne, envoyé sur rade d'Aix, ait eu l'intention de malmener l'*Océan;* mais le bâtiment auquel il est fait allusion fut indubitablement le *Revenge*. Cependant ce navire ne s'échoua pas réellement, il ragua seulement la vase avec sa quille. Un fait est certain : l'*Océan*, au moment où il était ainsi menacé ou supposé de l'être par le feu d'enfilade des navires de la ligne, s'était retiré à un point situé presqu'à demi-mille plus près de la flotte anglaise. Sur ce point exposé, le bâtiment français à trois ponts était échoué longtemps avant le jour, et pendant quatre ou cinq heures le bateau s'inclina fortement. En résumé, un couple de frégates bien manœuvrées et placées sur chaque côté aurait pu presque l'anéantir.

« Même après que cette occasion fut perdue, cinq bateaux français de la ligne de combat et une frégate étaient encore attaquables, soit par les brûlots, soit par des frégates, bricks-canonnières et bombardes. Ces vaisseaux étaient : l'*Océan*, le *Cassard*, le *Régulus*, le *Jemmapes*, le *Tourville* et *l'Indienne*, tous échoués à l'embouchure de la rivière. Malheureusement il n'y avait plus de brûlots en réserve, la flotte n'en avait plus du tout et le seul bateau-bombarde présent était l'*Ætna*. Cependant trois transports furent hâtivement convertis en brûlots, et à cinq heures et demie du soir, le contre-amiral Stopford, avec le *Cæsar*, accompagné des trois brûlots et des embarcations de la flotte installées pour lancer des fusées, se dirigeait vers la rade d'Aix, recevant un feu bruyant, mais sans effet, des batteries et d'Oléron. À sept heures quarante du soir, l'île d'Aix portant du N. au N. N. E., le *Cæsar* frappa sur ce qu'on supposa être l'extrémité S. E. du banc de Boyard. Comme la marée était presque basse, le *Cæsar* ne reflotta pas avant dix heures et demie du soir, quand il évita sur l'ancre à jet qu'on avait mouillée. Le *Valiant* s'était échoué une demi-heure avant le *Cæsar* et s'était remis à flot quelques minutes plus tard, également sans avaries. Ni le *Theseus*, ni le *Revenge* ne s'échouèrent. Comme il manœuvrait pour sortir de son mouillage primitif peu de temps après que le *Theseus* se fût placé à son arrière, le *Revenge*, heureusement maintenu à flot, à la grande surprise de son capitaine, atteignit un bon mouillage entre Boyard et les Palles, par cinq brasses et demie d'eau, à la fin du jusant d'une grande marée, hors de portée d'obus et de boulet et où il y avait place pour cinq ou six vaisseaux de la ligne de combat. Ce fut en essayant d'atteindre ce mouillage que le *Valiant* s'échoua sur le bord des Palles. L'*Indefatigable* et l'*Impérieuse* s'échouèrent aussi mais s'en tirèrent sans dommage, après une heure et demie. Vers huit heures du soir, tous les autres, frégates et bricks, excepté l'*Impérieuse*, levèrent l'ancre et mouillèrent avec le *Revenge* dans le passage de Maumusson[1].

« Il était près de minuit avant que les trois brûlots fussent prêts à se mettre en route. Le vent devint alors variable et le 13, à deux heures du matin, se mit à souffler du S. O., en venant directement du passage conduisant à la rade d'Aix. Profitant de cette circonstance, le contre-amiral Stapford appareilla à deux heures trente du matin et se mit en route. A quatre heures du matin le *Cæsar* prit son ancrage dans la petite rade des Basques. Comme les brûlots que le contre-amiral avait, à son départ, laissés à la charge du capitaine Bligh, ne pouvaient pas encore agir, on ne fit rien de plus, sinon de mettre le feu à l'*Aquilon* et au *Varsovie*, dans lesquels, dit-on, l'eau atteignait les faux-ponts. Quelques personnes ont pensé, cependant, que le *Varsovie*, qu'on disait être un des plus beaux navires du monde, aurait

1. Entrée de la rade des Trousses, que les Anglais ne semblent pas bien connaître. *(Note du traducteur).*

pu avec un peu d'effort être sauvé. Mais le *Varsovie*, aussi bien que l'*Aquilon*, fut, par ordre du capitaine Bligh, condamné à la destruction.

« Le temps passé à transporter les prisonniers et leurs effets fit qu'il était déjà trois heures et quelques minutes du matin avant qu'on pût mettre le feu à ces navires. A trois heures trente du matin les flammes commencèrent à monter, et comme on ignorait que les soutes des deux vaisseaux avaient été noyées, l'*Impérieuse* s'éloigna pour éviter les effets de l'explosion attendue. Ainsi firent les trois brûlots qui, par ordre du capitaine Bligh, s'étaient éloignés vers le mouillage de l'*Impérieuse*, afin d'être utilisés quand il le faudrait sur les ordres de lord Cochrane. Pendant qu'ils manœuvraient pour sortir, l'un d'eux alla s'échouer au large de l'île d'Aix et y resta ; mais il ne semble pas que les quelques marins qui se trouvaient à bord aient été perdus ou faits prisonniers.

« L'apparition de deux corps enflammés entraîna des faits extraordinaires du côté des Français. Prenant le *Varsovie* et l'*Aquilon*, qui étaient en feu, pour des brûlots anglais, l'*Océan*, le *Tourville*, l'*Indienne* et d'autres navires échoués ouvrirent la canonnade sur eux. Et ce ne fut pas tout. Le commandant et l'équipage du *Tourville* eurent une telle frayeur, en croyant voir s'approcher ces terribles engins, qu'ils abandonnèrent leur navire, sans même attendre de carguer les voiles qu'on avait hissées pour s'efforcer de le déséchouer, ou même sans voir si le feu qu'on avait mis au navire, en deux emplacements, avaient commencé à prendre. Quand, de la pointe des Barques[1], où le capitaine et l'équipage avaient accosté, on s'aperçut, au point du jour que le *Tourville* n'avait aucunement souffert du feu, soit des brûlots, soit de l'incendie volontaire, et que la ligne de combat des vaisseaux et frégates anglais s'éloignait pour re-

1. Port des Barques. (Erreur souvent répétée). (*Note du traducteur*).

tourner en rade des Basques, le commandant La Caille se prépara à revenir à son navire. Deux heures après l'avoir quitté il était de retour à son bord, en même temps que l'équipage de trois embarcations revenant de faire du service à bord de l'*Océan*, soit en tout deux cent trente officiers et matelots sur un équipage d'au moins six cent soixante hommes.

« Le commandant français apprit alors que, pendant son absence, une seule embarcation anglaise aurait pu capturer le *Tourvillle*, sans la bravoure d'un de ses quartiers-maîtres qui, à l'insu de M. La Caille, était demeuré à bord. Nous ne saurions dire de quel bâtiment venait l'embarcation qui aurait pu s'emparer si facilement d'un vaisseau français de soixante-quatorze. Assurément, si l'officier avait su que le *Tourville* était abandonné, une attaque bien décidée eût été couronnée de succès.

« Voici un récit sommaire de l'histoire du quartier-maître français : il s'appelait Eugène-Joseph-Romain Bourgeois, âgé de trente et un ans. Etant résolu à rester jusqu'à la fin sur son navire, il s'était glissé inaperçu, de la barque dans laquelle on lui avait donné l'ordre d'aller, puis avait pénétré dans le *Tourville* par un sabord du premier pont. Dès que toutes les embarcations se furent éloignées, il commença à construire un radeau, prévoyant le cas où les deux brûlots supposés aborderaient le *Tourville*, ou bien que le feu mis à bord, en deux endroits, viendrait à se développer. Il venait juste de terminer son radeau quand une embarcation anglaise s'approcha du *Tourville*. Il la héla deux fois et, ne recevant pas de réponse, il tira un coup avec le mousquet, que, dans sa hâte à fuir, la sentinelle avait laissé choir à la coupée. L'embarcation répondit au feu, mais l'intrépide Bourgeois ne s'effraya pas pour si peu; il courut à la cabine du commandant et, prenant au ratelier une brassée de fusils, il en déchargea rapidement vingt, les uns après les autres. Cela produisit l'effet désiré et la barque rama au large. Il était à bord depuis une heure quand il découvrit, étendus sur le premier pont, trois de ses camarades ivres-morts. Peu de temps après, trois embarcations arrivèrent, venant du bord de l'*Océan*, et un jeune aspirant de 1re classe nommé Marinier, prit le commandement des trente hommes présents et prit les dispositions utiles pour la défense du vaisseau. Vraiment, chaque homme de cette petite troupe semblait avoir juré de défendre le *Tourville* jusqu'à toute extrémité.

« A cinq heures du matin, conformément au signal fait par le contre-amiral Stopford, le capitaine Bligh fit route avec le *Valiant*, le *Theseus* et le *Revenge*; suivis par l'*Indefatigable*, l'*Unicorn*, l'*Eagle* et l'*Emerald*. Tandis que l'*Impérieuse* se dirigeait vers le mouillage qu'elle allait prendre et passait à portée de voix de l'*Indefatigable*, lord Cochrane proposa au capitaine Rodd de faire passer l'*Indefatigable* d'un côté de l'*Océan*, l'*Impérieuse* prendrait l'autre. Le capitaine Rodd refusa d'agir ainsi, prétextant que son grand mât de hune avait été traversé par un boulet, que son tirant d'eau était trop élevé pour le service qu'on voulait de lui et qu'il ne se sentait pas autorité d'agir sans ordre, alors que deux officiers supérieurs, les capitaines Bligh et Beresford étaient présents. A six heures du matin, l'*Impérieuse* mouilla dans le pertuis de Maumusson [1] et à six heures trente le *Pallas* passa faisant voile vers la rade des Basques, après les autres vaisseaux. Le capitaine Seymour héla l'*Impérieuse* pour savoir si, oui ou non, il devait rester. Lord Cochrane lui ordonna de le faire s'il n'avait pas reçu d'ordres contraires. Le *Pallas* mouilla immédiatement, et le *Beagle* et les bricks-canonnières suivirent son exemple. A huit heures du matin, devançant la marée, lord Cochrane envoya les bricks et la bombarde attaquer les navires français les plus près échoués à l'embouchure de la Charente. Il avait l'in-

1. Les Trousses (*Note du traducteur*).

tention de suivre avec ses deux frégates, si la hauteur de l'eau était suffisante ; mais ce ne fut pas le cas. A onze heures du matin, le *Beagle*, l'*Ætna*, le *Conflict*, le *Contest*, l'*Encounter*, le *Fervent*, le *Growler*, la goélette à fusées *Whiting*, les deux côtres à fusées *Nimrod* et *King George* arrivèrent au mouillage, puis ouvrirent le feu sur l'*Océan*, le *Régulus* et l'*Indienne* qui étaient échoués. Pendant la nuit précédente, l'*Océan* avait débarqué tous ses hommes et la plus grande partie de ses soldats. On avait eu la même faiblesse pour les peureux de l'équipage. Il restait exactement à bord six cents officiers et marins déterminés à défendre leur navire jusqu'à la dernière extrémité. Dès l'aube on avait fait écouler l'eau du 3e plan et le lest mobile ; de plus, cent barils de farine et une grande quantité de provisions salées avaient été jetés par-dessus bord. Mais l'*Océan* ne bougea pas. Le *Beagle* prit très hardiment position, par seize pieds d'eau (son tirant d'eau était douze pieds et demi à l'avant et environ quinze à l'arrière), près de la partie arrière du trois-ponts français et le canonna pendant cinq heures. L'*Océan* répondit au feu avec ses huit canons de retraite de l'arrière, et bien que ses deux caronades de poupe, surchauffées, eussent été chavirées dès le début du combat, on peut calculer qu'il tira deux cent soixante coups de trente-six livres, trois cent quarante coups de vingt-quatre livres et trois cent quatre-vingts de douze livres.

« Le *Beagle* semble avoir pris très grande part à l'action. En tout cas ce brick souffrit plus que tous les autres, ayant eu sa coque atteinte en plusieurs endroits, sa grande vergue et son grand mât de hune perforés, son gréement fixe et ses manœuvres courantes très abîmés. Cependant le *Beagle* ne subit aucune perte en hommes, ou du moins aucune ne fut inscrite. La bombarde et les bricks-canonnières semblent s'en être tirés sans perte d'hommes, ni dégâts matériels, excepté que l'*Ætna*, ainsi que cela se produisit souvent depuis, eut son mortier de treize pouces éclaté. Au moment où la flottille cessa de tirer, l'*Océan* et le *Régulus* (la marée était haute) se préparèrent à pousser plus avant dans la Charente. A quatre heures du tantôt, la marée perdant, le *Beagle* et les bâtiments qui l'accompagnaient levèrent l'ancre et manœuvrèrent pour retourner à leur mouillage primitif, exposés pendant une partie de ce temps au feu nourri des batteries de l'île d'Aix; mais, néanmoins, cela ne semble pas avoir occasionné le moindre mal aux navires anglais.

« Les avaries éprouvées par l'*Océan* pendant ce combat furent les suivantes : un projectile de trente-deux livres venant du *Beagle* traversa le mât d'artimon jusqu'à la mèche; son gui de brigantine fut coupé en deux, six grands haubans et deux d'artimon coupés entièrement, sa vergue de grand hunier mise à mal, et deux chaînes de porte-hauban et les trois vergues de perroquet enlevées. La coque avait été atteinte par plusieurs projectiles et éclats d'obus, et les ponts étaient labourés en plusieurs endroits. Mais, malgré ces graves avaries, l'*Océan* n'eut qu'un seul homme tué, un jeune aspirant qui se tenait auprès de l'amiral au début du combat. L'amiral Allemand commanda immédiatement que tous les hommes disponibles aux canons de chasse sur l'arrière descendissent dans la cale. Grâce à cette sage précaution aucune autre existence ne fut sacrifiée et quelques hommes seulement furent légèrement blessés.

« Le *Régulus* était à trop grande distance pour être beaucoup troublé par les boulets, surtout par ceux des caronades. Trois obus cependant tombèrent à son bord et l'un d'eux traversa tous les ponts, éclatant dans la cale. Nous ne savons pas quelles furent ses pertes. L'*Indienne* eut seulement trois hommes blessés, dont un eut la cuisse emportée. Pourtant on dit que plusieurs boulets frappèrent ses mâts. Le *Cassard*, le *Jemmapes* et le *Tourville* semblent également avoir pris une faible part dans cet engagement, mais ils étaient trop loin pour en souffrir.

« Tandis que ce combat se passait, l'*Impérieuse* et le *Pallas* étaient à l'ancre, empêchés par la force et la direction du vent et la rapidité du courant, de s'avancer en sécurité pour attaquer les navires échoués.

« A midi, le *Doterel*, le *Fox-Hound*, le *Redpole* et deux autres bateaux-fusées, venant de la rade des Basques, se joignirent à lord Cochrane et s'approchèrent des deux frégates. Par ces navires, lord Cochrane reçut de lord Gambier deux lettres, l'une publique, l'autre privée. La lettre publique ordonnait à lord Cochrane de tâcher d'attaquer l'*Océan* avec les navires à bombes et à fusées, mais elle exprimait un doute assez fort sur le succès de cette attaque. Lord Cochrane reçut l'ordre d'aller en rade des Basques au changement de marée. La lettre privée était ainsi conçue : « Votre succès a été tellement admirable que je ne voudrais pas voir ternir son éclat par une tentative impossible, et je pense, avec les capitaines qui viennent de vous laisser, qu'il est inutile de faire de nouveaux efforts pour détruire les navires. Vous devez donc rejoindre, dès que vous le pourrez, avec la bombarde, etc..., car je désire vous entendre sur certaines choses auxquelles vous faites allusion, avant de clore mes dépêches ». A la première lettre, lord Cochrane répondit : « Je viens d'avoir l'honneur de recevoir la lettre de votre Seigneurie. Nous pouvons détruire les navires qui sont à la côte, et j'espère que votre Seigneurie l'approuvera ».

« Quelques minutes avant ou après la réception de la lettre de lord Gambier, on croyait, à bord de l'*Impérieuse*, que le signal de rappel avait été fait par le *Caledonia*. L'*Impérieuse* répondit au signal supposé (car il est douteux qu'il fût fait) et télégraphia qu'on pouvait détruire l'ennemi. Peu de temps après, le *Beagle*, l'*Ætna* et les navires de moindre tonnage mouillèrent près de l'*Impérieuse* et du *Pallas*.

« Le matin du 14, à deux heures et demie, en jetant pardessus bord la plus grande partie de ses canons et d'autres choses lourdes, le *Tourville* se remit à flot et entra dans la Charente. Mais peu après, par suite d'une prétendue maladresse de son pilote, ce vaisseau se mit à la côte sur la rive opposée de la rivière, au large de Fouras, et tout près des débris d'un des grands brûlots, probablement le *Mediator*.

« L'*Océan* eut aussi peu de succès dans ses efforts pour entrer dans le chenal, car il s'échoua du même côté de la rivière que le *Tourville*. Mais le *Patriote*, l'*Hortense*, l'*Elbe* et la *Pallas* eurent plus de chance et remontèrent la rivière, où ils furent hors de danger.

« A sept heures du matin, l'*Impérieuse* était rappelée, dit-on, par un signal du *Caledonia*, lequel signal ordonnait aussi à lord Cochrane de communiquer avec le capitaine Wolfe, de l'*Eagle*, qui avait ordre de remplacer Sa Seigneurie dans le commandement de la flottille d'Aix. A midi, l'*Eagle* rejoignit l'*Impérieuse*, et à quatre heures et demie du matin ce dernier, conformément aux ordres de l'amiral, leva l'ancre et fit route vers la rade des Basques. Le 15, l'*Impérieuse* fit voile vers l'Angleterre avec les dépêches de lord Gembier. Environ une heure avant que l'*Impérieuse* laissât son mouillage du passage de Maumusson[1], l'*Ætna* et cinq des bricks avaient attaqué le *Régulus*, l'*Indienne* et les autres vaisseaux à proximité. Le bombardement et la canonnade continuèrent jusqu'à sept heures du soir et ne cessa qu'après que l'*Ætna* eut consommé tous ses obus de dix pouces. L'effet de cet engagement semble avoir été peu de chose des deux côtés. Pendant le combat, le *Jemmapes* s'était dégagé et avait monté la rivière.

« En raison de la forte brise qui soufflait du N. O. les Français pensaient que la marée du 15 atteindrait une hauteur extraordinaire. Pour se préparer, l'*Océan* jeta par-dessus bord tous ses canons du 3e pont, la moitié de ceux du premier et quatre canons de vingt-quatre livres de son pont intermédiaire. Dès que le navire commença à sentir la marée

1. Voir la note en renvoi ci-dessus.

montante, on fit un grand effort en virant sur les câbles qu'on avait élongés la veille, et la voile d'artimon, ainsi que toutes les voiles de l'arrière furent hissées, pour que le navire vienne faire tête au vent, qui soufflait encore fortement du N. O. A deux heures du matin, l'*Océan* sentit l'effet de ses voiles et sortit de sa souille. Les voiles de l'avant furent alors établies, les câbles coupés et le trois-ponts français s'avança en coupant la vase. Après avoir ainsi forcé sa route pendant cinq cents mètres, l'*Océan* atteignit le chenal de la rivière, et à deux heures trente du matin il mouillait à la pointe des Barques[1], en complète sécurité. A quatre heures de l'après-midi, en exécutant les mêmes manœuvres que l'*Océan*, le *Cassard* eut le même succès. Si bien que les seuls bâtiments qui restaient échoués à l'embouchure de la Charente étaient : le *Foudroyant*, le *Régulus*, l'*Indienne* et le *Tourville*, ce dernier le plus avancé de tous. Contre ces navires on ne pouvait tenter aucune attaque efficace, même si le temps l'avait permis, parce qu'il n'y avait plus de bombarde dans la flotte anglaise, car le mortier de treize pouces de l'*Ætna* avait éclaté et tous les obus de dix pouces étaient épuisés.

« Dans la matinée du 16, à dix heures, après plus de cinq jours d'efforts dont on doit faire gloire à son commandant, M. Proteau, à ses officiers et à son équipage, l'*Indienne* fut incendiée et sauta une ou deux heures après. Le 17, à quatre heures du matin, la marée étant presque haute, le *Foudroyant* et le *Tourville* se dégagèrent et montèrent la rivière, le dernier mouillant devant la pointe du Vergeroux et le premier un peu plus bas que la pointe des Barques. Il ne restait plus maintenant que le *Régulus*, qui était, comme on l'a déjà noté, sur la rive N. E. de la rivière, juste sous la ville de Fouras.

« Les 18 et 19 passèrent sans qu'on essayât de détruire ce navire. Le premier jour, il n'y avait plus de bombarde; le

1. Port-des-Barques. *(Note du traducteur).*

deuxième jour, le *Thunder* arriva; mais le temps était trop mauvais pour que les petits navires pussent coopérer avec lui. L'officier de l'*Océan*, dont nous avons déjà cité la lettre, dit, à la date du 19 avril : « Nous commençons à désespérer de sortir le *Régulus*, qui est toujours dans la même position. Les ennemis sont encore en rade, au nombre de vingt navires. Ils n'ont pas fait un seul mouvement pendant ces trois jours, ce que l'on ne conçoit pas très bien, car ils auraient facilement pu attaquer le *Régulus* et obliger son équipage à l'abandonner ».

« Le 20, le *Thunder*, couvert par les bricks-canonnières, s'avança pour attaquer le *Régulus;* mais quelques décharges des mortiers de treize pouces de ce dernier le réduisirent bientôt au même état que l'*Ætna*. Le 21 et le 22 se passèrent au repos. Le 23, quatre bricks-canonnières prirent chacun à leur bord deux des longs canons de dix-huit livres de l'*Eagle*, et avec les deux bombardes, l'*Ætna* s'étant approvisionnée en obus de dix pouces, venant du *Thunder*, usèrent de tous les moyens, pendant toute la journée du 24, pour chasser les Français hors du *Régulus*, mais cela sans succès. Ce fut la dernière tentative faite et au point du jour, le 29, le *Régulus* se remit à flot et rejoignit bientôt ses compagnons à Rochefort. Le même jour, l'amiral lord Gambier, sur le *Caledonia*, fit voile vers l'Angleterre et la rade des Basques fut bientôt débarrassée de ces navires.

« Quoique ce soit un sujet plutôt délicat à traiter, on ne nous empêchera pas de soumettre quelques réflexions sur les moyens d'action employés dans le but avoué de détruire la flotte française ancrée dans la rade d'Aix. En premier lieu, nous demanderons : Est-il nécessaire qu'une attaque par brûlots ait lieu pendant la nuit? Il est clair que si les officiers qui commandaient en rade des Basques avaient eu la clarté du jour pour se diriger, bien peu d'entre eux auraient manqué leur but. Pour détruire les vaisseaux français à l'estacade, un ou plusieurs des bateaux explosifs furent admirablement conçus; mais s'il n'y avait pas eu tant de navires assemblés à l'estacade, l'explosion, quoique violente n'aurait pu produire que peu ou pas d'effet. Cela fut évidemment démontré par le sort de l'*Indienne*, qui s'échappa sans mal relatif, bien que placée à cent dix mètres à peine du navire qui fit explosion devant elle. Si on n'avait pas employé accidentellement le *Mediator* comme brûlot, il est probable que l'estacade n'aurait pas été brisée, et alors tous les navires, aussi bien que les bateaux-explosifs, seraient restés en dehors, sans résultat.

« L'existence d'une estacade devait être supposée et un lourd brûlot ou un bateau explosif, si on l'avait jugé préférable, aurait dû être envoyé à grande distance devant les autres bâtiments pour rompre cette estacade et leur ouvrir un passage. Le reste des brûlots, enchaînés par deux ou quatre, aurait pu alors s'avancer avec certitude absolue de produire de l'effet, en admettant, comme nous l'avons suggéré plus haut, que cette opération se serait passée pendant le jour.

« Une autre question se présente, applicable aussi bien à une attaque de jour que de nuit : supposons que le combat eût été retardé pour laisser la marée monter deux heures de plus. Est-ce que les vaisseaux français ne se seraient pas échoués sur des fonds durs des bancs, aussi bien qu'avec une eau moins profonde, à basse mer? Par conséquent ils auraient eu moins de chances de se remettre à flot avec la marée suivante.

« Il nous reste à examiner l'attaque des navires échoués. Nous devons dire ici, en toute justice, que lord Gambier n'avait pas de navires de faible tirant d'eau, comme on aurait dû lui en fournir pour le genre de travail qu'il devait exécuter. Dans la plupart des marines on entend par « canonnière » un petit navire portant de un à quatre lourds et longs canons, capables, par la façon dont ils sont montés, d'être utilisés des deux côtés, et par l'étendue de leur portée d'inquiéter l'ennemi à grande distance. Mais, dans la marine anglaise, une canonnière ou brick-canonnière est un navire qui porte, sur chaque côté, cinq ou six caronades de dix-huit livres, dont la portée effective est à peine les deux tiers de celle d'un long canon du même calibre. Lord Gambier avait cinq petits bâtiments de cette condition ; jusqu'au moment où cette affaire se termina, il n'avait qu'une, rien qu'une bombarde. Ce n'était pas le genre de force que le capitaine Kreats avait imaginé, lorsqu'en avril 1807 il proposait d'attaquer l'escadre française mouillée dans la même rade. Il demandait des petits navires avec de longs canons et de « cette espèce qui a coutume de lancer des obus de huit pouces, partant de caronades de soixante-huit livres[1] ».

« Manquant certainement de petits navires dans ses forces navales, l'amiral aurait dû avoir plus de vigueur et de décision dans l'attaque par ses gros vaisseaux. Après le *Caledonia* et le *Gibraltar*, le *Cæsar* et le *Revenge* avaient le plus fort tirant d'eau de tous les bâtiments de la flotte de lord Gambier. Qu'avaient donc alors à faire le *Cæsar* et le *Revenge* dans la rade d'Aix, tandis que le *Bellone* et le *Resolution* étaient à l'ancre en rade des Basques ? Pourquoi n'avoir pas versé à la mer l'eau des transports que l'on transformait en brûlots, au lieu de la transporter aux navires de la ligne de combat ? Chaque demi-pied supplémentaire que ces derniers tiraient avait grande importance dans le service où ils étaient engagés. Les petits navires même ne furent pas employés à propos. Pourquoi le *Doterel* et le *Fox-Hound*, avec leurs caronades de trente-deux livres, ne furent-ils pas envoyés en rade d'Aix avant le 13 ? Alors apparurent les effets de l'ignorance de la navigation et des défenses de la côte, et vinrent des discussions sur l'exactitude des cartes marines.

« On découvrit, à la fin, mais trop tard pour être de quelque utilité, qu'il y avait, en rade d'Aix, place suffisante pour

1. Minutes, etc., page 18.

manœuvrer des vaisseaux contre une flotte, en dehors de la portée des batteries des deux côtés[1]. On ne sut même pas que le fort de l'île d'Aix aurait pu être réduit au silence par deux ou trois des navires anglais de soixante-quatorze[2]. A ce sujet, nous pouvons citer la remarque faite par l'officier de l'*Océan :* « Les batteries de l'île d'Aix ne nous donnèrent pas la moindre protection, car l'ennemi se fraya très facilement un passage jusqu'à la rade. Deux vaisseaux de notre ligne (le *Foudroyant* et le *Cassard*), ne croyant pas pouvoir garder leur position au mouillage, allèrent s'échouer sous Fouras. Je ne pensais pas que même la flottille (allusion à quelques-unes des canonnières qu'on préparait) pût empêcher les navires de traverser jusqu'à la rade, cette rade que l'ennemi connaissait si bien pendant les quinze jours qu'il y resta à l'ancre et avait eu si bien le temps d'étudier, qu'il y entrait et en sortait comme si elle eût été celle d'un de ses ports. »

« A son retour en Angleterre, lord Cochrane, pour sa vaillante conduite lors de cette affaire, fut créé chevalier de l'ordre du Bain. Peu de temps après il signifiait au premier lord de l'Amirauté, que, de son siège au parlement, il ferait opposition à tout vote de remerciements qu'on voudrait adresser à lord Gambier pour sa conduite en rade des Basques.

« Lord Mulgrave communiqua cet avis à l'amiral et lord Gambier, dûment informé, exigea qu'une cour martiale fût tenue sur sa conduite entre le 17 mars et le 29 avril. La cour martiale fut accordée et, le 26 juillet, les amiraux Sir Roger Curtis et William Young, les vice-amiraux John Thomas Duckworth, Henry Edwin Stanhope, Billy Douglas et George Campbell, le contre-amiral John Sulton et les capitaines John Irwin, Robert Hall, Edward Sterling Dickson et Richard Dalling Dunn se réunirent à Portsmouth pour en-

1. Démonstration de la nécessité des fortifications du pertuis d'Antioche. *(Note du Traducteur).*

2. Minutes, pages 210-214-231, etc...

tendre lord Gambier sur l'accusation suivante : ... « Et attendu que, d'après les livres de bord et les carnets de signaux du *Caledonia*, de l'*Impérieuse* et des autres bâtiments employés dans cette affaire, il appert que le dit amiral lord Gambier, le 12 du dit mois d'avril, alors que les navires ennemis étaient à la côte et qu'on avait fait le signal qu'ils pouvaient être détruits, négligea ou tarda, pendant un temps considérable, de prendre les mesures nécessaires pour les détruire... »

« La cour siégea du 26 juillet au 4 août. Les dossiers du procès sont maintenant sous nos yeux et nous ne pouvons nous empêcher d'observer que plusieurs des membres, particulièrement le président Sir Roger Curtis et l'amiral Young se montrèrent très favorables à l'accusé. En deux ou trois occasions, l'amiral Young essaya de rudoyer lord Cochrane, et l'interrogatoire de plusieurs témoins, dont les dépositions appuyèrent l'accusation, aurait été digne d'un habitué du Westminster Hall. Nous ne saurions ne pas remarquer cette circonstance singulière que le capitaine Maitland, de l'*Emerald*, qui n'avait pas caché son opinion sur le caractère des agissements en rade d'Aix, avait été envoyé dans la station d'Irlande avant que la cour martiale fût sur le point de s'installer. Il est vrai que le secrétaire de l'Amirauté informa lord Gambier que le capitaine Maitland, si Sa Seigneurie le désirait, aurait pu recevoir l'ordre de revenir, mais comme on doit le supposer lord Gambier ne désirait pas retarder le procès pour cette raison, et des dix-sept capitaines employés en rade des Basques, à l'exception du capitaine Richardson, du *Cæsar*, le capitaine Maitland fut le seul qu'on n'interrogea pas comme témoin devant la cour martiale.

« En résumé, nous ne sommes donc pas du tout surpris du jugement que la cour martiale prononça sur lord Gambier. Le jugement fut comme il suit : « Ouï les dépositions produites à l'appui de l'accusation; ouï le dit Right Honorable lord Gambier dans sa défense et ce que Sa Seigneurie eut à dire à l'appui; après avoir mûrement pesé et délibéré; considérant l'ensemble, la cour est d'opinion que l'accusation contre le dit Right Honorable lord Gambier n'a pas été prouvée et qu'au contraire sa conduite, à cette occasion, aussi bien que sa conduite en toute circonstance et dans ses actes comme commandant en chef de la flotte de la Manche sur rade des Basques, du 17 mars au 29 avril 1809, a été empreinte de zèle, de jugement, de capacité et d'attention appliquée à bien accomplir le service de Sa Majesté; la cour juge qu'il doit être très honorablement acquitté ».

« Lord Gambier, lors de son procès, affirma que les bateaux français les plus éloignés des deux lignes étaient en dedans du but en blanc des ouvrages de l'île d'Aix, ce dont on peut démontrer la fausseté en donnant les distances exactes.

« Egalement insoutenables sont les deux derniers des quatre arguments sur lesquels Sa Seigneurie s'appuya, pour sa défense. Un de ces deux arguments était que « trois des sept navires ennemis échoués sur les Palles étaient, à partir du premier moment où ils se mirent à la côte, totalement hors de portée des canons de n'importe quel bateau de la flotte qui aurait pu être envoyé, et qu'en aucun moment, soit plus tôt, soit plus tard, ils n'auraient pu être attaqués ». L'autre était que « quatre des onze vaisseaux dont se composait la flotte ennemie ne furent jamais en position d'être attaqués, après que les brûlots eurent manqué leur but principal[1] ». Pour détruire le premier de ces arguments de justification, il suffit seulement de remarquer la position, près du *Calcutta*, du *Régulus* et du *Jemmapes* (deux des trois vaisseaux ci-dessus), jusqu'à l'après-midi du 12, à deux heures; et le deuxième argument s'écroule sous Sa Seigneurie quand le premier coup de canon anglais frappe l'*Indienne*, que son commandant disait être à une demi-lieue à l'Est de l'*Océan* et le plus au N. E. de tous les navires échoués de la ligne de combat.

« La négligence ou l'impossibilité d'envoyer les bombardes

1. Minutes, page 187.

promises contribua certainement à gâter l'entreprise, mais pas au point qu'on suppose généralement, en raison de l'état d'insuffisance de tous les mortiers de treize pouces alors en usage dans la marine anglaise (principalement par leur trop grande légèreté, mal auquel on a remédié depuis). On allégua que l'Amirauté aurait dû choisir des officiers connaissant la navigation des rades des Basques et d'Aix; mais on se souviendra qu'au moment où l'attaque fut résolue, une flotte anglaise était déjà à l'ancre dans la première rade. Si on avait substitué d'autres officiers à ceux qui étaient déjà sur les lieux, on aurait pu supposer qu'il y avait eu non seulement manque d'informations, mais aussi manque de zèle. En fait, la nomination de lord Cochrane, le plus jeune parmi tant de capitaines de la même flotte, pour conduire cette entreprise, créa des jalousies, quand l'accord le plus parfait aurait dû dominer. Avec un peu de tact et d'adresse, on aurait pu mener la chose à bien, sans offenser personne, ou il fallait alors l'exécuter hardiment. Et comme lord Gambier avait exprimé un doute sur le succès du plan dressé par l'Amirauté, on aurait dû le faire relever par un autre amiral, qui n'aurait pas vu des difficultés extraordinaires dans cette affaire.

« Interrogé, longtemps après, sur l'attaque de sa flotte dans la rade d'Aix, on dit que Napoléon exprima l'opinion suivante, contenue dans l'extrait d'une publication anglaise bien connue :

« ... La conversation vint alors sur lord Cochrane et la tentative faite par Sa Seigneurie de capturer ou détruire les navires dans la Charente. Je disais que l'opinion d'un officier de marine très distingué, que je nommai et qu'il connaissait parfaitement, était que si lord Cochrane avait été convenablement soutenu il aurait détruit tous les vaisseaux français. — Non seulement il aurait pu les détruire, répondit Napoléon, mais il aurait pu et aurait dû les prendre, si votre amiral l'avait soutenu comme il aurait dû le faire. Car, dit-il, je crois que la conséquence du signal fait par Allemand aux navires de faire tout leur possible pour se sauver : — « sauve qui peut », — fut que, frappés de panique, ils coupèrent leurs câbles. La terreur des brûlots était si grande qu'ils jetèrent aussitôt leur poudre par-dessus bord, si bien qu'ils n'auraient pu offrir la moindre résistance. L'amiral français fut un imbécile; mais le vôtre fut tout aussi mauvais. Je vous assure que si lord Cochrane avait été soutenu il aurait pris chaque navire. Ils n'auraient pas dû être effrayés par vos brûlots, mais la crainte leur fit perdre tout sentiment et ils ne surent plus comment agir pour se défendre ». (O'Méara. « Napoléon en exil », vol. II, p. 292).

« La destruction de trois deux-ponts français et d'un navire armé en flûte ne semble pas justifier l'exorde à la façon de Nelson : « La faveur du Tout-Puissant envers Sa Majesté et la Nation s'est clairement dévoilée, etc... » Encore bien moins comprend-on l'éloge pompeux contenu dans la lettre du secrétaire de l'Amirauté à lord Gambier : « Leurs Seigneuries m'ordonnent de vous complimenter sur le brillant succès de la flotte sous votre commandement, etc... » La seule partie de l'affaire dans laquelle apparaisse le fait le plus *brillant*, fut quand les brûlots étaient enflammés et lorsque les bateaux explosifs sautèrent en l'air, pour donner à ce mot (brillant) la signification métaphorique qu'il contient. Mais ce fut vraiment quand le capitaine Wooldridge, du *Mediator*, brisa l'estacade, et surtout quand lord Cochrane, avec l'*Impérieuse*, se lança sans ordres à l'attaque des bâtiments de ligne échoués.

« A la Chambre des lords, les remerciements furent votés à lord Gambier sur la proposition de lord Mulgrave, malgré quelques dissidents, mais sans opposition réelle. A la Chambre des communes, lord Cochrane demanda copie des minutes du procès de lord Gambier, mais il échoua devant le succès de l'amendement du Chancelier de l'Echiquier, qu'on pourrait aussi bien substituer « jugement » à « minutes ». M. Perceval proposa alors « que les remerciements de la Chambre soient transmis à l'amiral R. Hon. lord Gambier pour le zèle, le jugement et l'attention soutenue à bien servir Sa Majesté, qualités qui distinguèrent la conduite de Sa Seigneurie comme commandant en chef de la flotte en rade des Basques, et qui contribuèrent à ce que la flotte française, réfugiée sous ses propres batteries, fut poussée à la côte, puis abandonnée et détruite en grande partie les 11 et 12 avril 1809 ». Cet amendement ayant été soumis, un débat s'ensuivit; mais le vote fut finalement enlevé par une majorité de 161 voix contre 39.

« La deuxième proposition était : « que les remerciements de la Chambre soient transmis au contre-amiral Hon. Robert Stopford, à Sir Harry Neale, capitaine de la flotte, et aux différents officiers et capitaines de la flotte sous le commandement de lord Gambier, pour leur brave et très méritante conduite en cette *glorieuse* affaire, marquée tout particulièrement par le succès *brillant* et *sans exemple* dans la difficile et périlleuse attaque par brûlots, conduite sous le commandement immédiat de lord Cochrane ». Une troisième proposition concluait au remerciement des marins et fusiliers de la flotte pour leur brave et méritante conduite. Ces deux propositions furent adoptées à l'unanimité. Pour la dernière, on ne pouvait faire aucune objection; mais quant à la deuxième, si les mots « glorieuse », « brillante » et « sans exemple » avaient été des expressions moins banales, la proposition n'aurait pas été adoptée, croyons-nous, comme elle le fut. Dans tous les cas, si la Chambre avait su que les officiers qui demeurèrent en rade des Basques avec l'amiral lord Gambier avaient eu aussi peu à faire avec le « péril » ou le déploiement de bravoure qui conduisirent au succès final, les expressions flatteuses employées auraient été, sinon exclusivement, du moins plus directement adressées au capitaine lord Cochrane et aux officiers servant avec lui en rade d'Aix.

« Mais ce ne fut pas seulement du côté anglais qu'un blâme fut infligé au sujet des événements qui se passèrent dans le voisinage des rades des Basques. Les capitaines du *Tonnerre*, du *Tourville*, de l'*Indienne* et du *Calcutta* passèrent en jugement, accusés de félonie. Le procès dura du 21 juin au 8 septembre et se termina par le jugement suivant :

« Le capitaine Clément de la Roncière, proclamé, par une majorité de huit voix contre une, non coupable de la perte du *Tonnerre*, fut acquitté. Pour le commandant La Caille, le Conseil de guerre, prenant en considération qu'il ne perdit pas le *Tourville*, qu'il revint à son bord deux heures après l'avoir laissé, qu'ensuite il défendit son navire contre l'ennemi et le conduisit au port en sécurité, fut condamné par une majorité de six voix sur neuf à deux ans d'emprisonnement, à être rayé de la liste des officiers et dégradé de la Légion d'honneur. Le commandant Proteau fut acquitté à l'unanimité pour la perte de sa frégate; mais néanmoins le Conseil, par une majorité de cinq voix contre quatre, le condamna à trois mois d'arrêts dans sa chambre, pour avoir mis le feu à l'*Indienne*, sans avoir auparavant averti l'amiral de ses intentions. Le commandant Lafon fut reconnu coupable, par une majorité de cinq voix contre quatre, d'avoir honteusement abandonné le *Calcutta* en présence de l'ennemi, et fut condamné à subir la peine de mort à bord du vaisseau-amiral l'*Océan*, jugement qui fut exécuté le jour suivant, 9, à quatre heures de l'après-midi.

« Toutes les remarques que nous croyons nécessaires de faire sur le procès des officiers français peuvent être exprimées en peu de mots : Si les faits divulgués dans ce procès sur la position de plusieurs des navires échoués, et l'impossibilité de se défendre dans laquelle ils se trouvaient alors, si ces faits avaient été connus de la cour martiale qui se tint à propos de cette affaire et acquitta très honorablement lord Gambier, ses membres auraient été certainement plus capables de juger des circonstances soumises à leur examen.

Mais nous ne pouvons nous persuader que, même dans ce cas, la cour, composée comme elle l'était, aurait prononcé un jugement plus conforme à la justice et comme il aurait dû être en réalité « pour le bien du service de Sa Majesté ».

« Nous avons jeté un regard sur un compte rendu de l'affaire des rades des Basques, dans un ouvrage contemporain; mais la partialité, visible à chaque ligne des quelques pages traitant ce sujet, excite en nous un tel dégoût que nous ne le citerons que pour mentionner que le *Jean-Bart*, naufragé six semaines avant que les brûlots fussent envoyés en rade d'Aix, y est déclaré avoir été « perdu sur le banc des Palles, quelques jours après, en conséquence de cette attaque », et que, parmi la demi-douzaine de capitaines sur lesquels l'écrivain jette ses critiques, aurait été le capitaine Froux (ou Prowse) qui n'était pas présent et ne commandait même aucun navire. (Brenton, vol. IV, p. 287).

« Nous allons maintenant examiner rapidement en quel état la flotte de M. Allemand fut laissée au moment où lord Gambier s'éloigna des rades des Basques. L'*Océan* et le *Foudroyant* étaient amarrés à une bonne lieue en rivière, où ils étaient échoués. Ce dernier n'avait plus que vingt-six de ses canons à bord, et le premier à peine autant. L'*Océan* avait de nombreuses voies d'eau et était en mauvais état; ses coutures s'étaient ouvertes pendant la fatigue qu'il avait éprouvée et dont il souffrait encore. Le *Cassard*, le *Tourville*, le *Régulus* et le *Patriote*, avec les trois frégates, étaient à l'ancre devant Rochefort et devaient retourner en rade d'Aix dès qu'ils pourraient être approvisionnés en canons et ancres de la fonderie impériale, ou provenant des réserves destinées aux navires en chantier à Rochefort, consistant en deux navires à trois ponts, l'*Iéna* et la *Ville-de-Vienne*, et d'une frégate de quarante canons. Un joli navire de quatre-vingts canons, le *Triomphant*, avait été récemment lancé et se préparait à prendre la mer.

Pour protéger le mouillage d'Aix, dès qu'il serait en état

d'y retourner, l'amiral Allemand avait ordonné de construire une nouvelle estacade, composée en partie de chaînes prises sur les débris des brûlots. Il devait aussi y avoir une deuxième estacade en dedans de la principale, et toutes les deux devaient être protégées par une nombreuse flottille de navires portant de lourds canons et des mortiers. Pour encourager les marins choisis pour les équiper, le ministre de la marine promit de hautes récompenses à ceux qui aborderaient un vaisseau ennemi armé. « Mais, ajoute l'officier français dont les excellentes lettres nous ont été si utiles, il est d'abord nécessaire d'inspirer à nos marins l'esprit dont ils étaient animés avant cette malheureuse affaire. En vérité, la plus grande partie des marins est complètement découragée. Chaque jour je les entends se lamenter sur leur situation et se répandre en éloges sur nos ennemis. Ceci, à mon avis, est le plus grand préjudice que les Anglais nous aient causé ».

Un autre document de l'époque nous donnera mieux encore, peut-être, l'impression causée en Angleterre par l'affaire des brûlots. C'est en ces termes que s'exprima, en décembre 1809, une adresse et pétition du lord-maire, des aldermen et de la bourgeoisie de la cité de Londres, assemblés à l'Hôtel-de-Ville, à Sa très-excellente Majesté Royale, en son conseil : « Très gracieux souverain, attachés à l'illustre maison de Votre Majesté par affection et par devoir, nous montrerions mal la sincérité de notre loyauté si nous cachions à Votre Majesté que nous comptons parmi les plus considérables de nos griefs, les efforts qui ont été faits pour accuser les fidèles sujets de Votre Majesté de manquer d'attachement à sa personne et à son gouvernement, toutes les fois qu'ils ont exercé leur droit indubitable de se plaindre des abus de l'Etat, ou d'attribuer la honteuse issue d'entreprises coûteuses à l'ignorance ou à l'incapacité de ceux qui les ont projetées ou exécutées : comme si l'infaillibilité était l'apanage du ministère, et appartenait de droit à ceux qui sont appelés aux conseils de Sa Majesté. C'est avec un égal chagrin et une égale indignation que nous avons vu les résultats désastreux des différentes expéditions (guerres contre la France) dans lesquelles les armées de Votre Majesté ont été malheureusement engagées et qui marquent évidemment la honteuse imbécillité de ces conseillers insensés, qui ont si scandaleusement prodigué le sang et les trésors d'un peuple patient, fidèle, mais accablé! Nous ne pouvons nous empêcher de représenter à Votre Majesté que, tandis que les affaires de la nation étaient aussi indignement conduites au dehors, les dilapidations, les malversations et les profusions les plus scandaleuses ont eu lieu dans l'intérieur. Nous ne prenons aucun intérêt aux projets des différents partis, d'après la ferme conviction que nous ne devons pas attendre la réforme des abus de l'Etat de ceux qui sont intéressés à les maintenir; mais nous ne pouvons nous empêcher d'exprimer notre ardent désir que Votre Majesté soit à l'avenir plus heureuse dans le choix de ceux à qui elle confiera dorénavant la conduite des affaires. »

ODE

sur les événements arrivés en rade de l'île d'Aix dans les journées des 11, 12 et 13 Avril 1809, par un habitant de Rochefort. [1]

« Eh! quoi! je sens trembler la terre!
Quel bruit vient d'ébranler les airs?
Au loin grende un affreux tonnerre!
D'où partent ces nombreux éclairs?
Pareille à l'aube matinale,
Est-ce une aurore boréale,
Qui vient enflammer l'horizon?
Ou quelque volcan sur les ondes,
Du sein de leurs grottes profondes,
S'élève-t-il en tourbillon?

« J'entends, j'entends des cris d'alarmes,
On s'agite de toutes parts,
On est prêt à courir aux armes,
La foule couvre les remparts.
Voyez, voyez cette lumière!
Ah! c'est l'Anglais incendiaire
Qui vient de lancer ses brûlots.
Redoutant des forces égales,
De ces machines infernales
Il souille, il fait rougir les flots.
Je vois une forêt flottante
Qui s'avance rapidement :
De mille feux étincelants
Elle éclaire tout l'occident.
Elle a déjà franchi la rade
Et, se portant sur l'estacade,
Elle la brise avec fracas.

1. Contemporain.

Alors tous les brûlots arrivent,
Devant nos vaisseaux ils dérivent,
S'enflamment, sautent en éclats.

Les vents, la nuit et Neptune
Semblent, pour servir les Anglais,
Offrir encore à leur fortune
L'espoir du plus honteux succès.
En vain sur eux nos canons tonnent;
Leurs brûlots embrasés sillonnent
La mer dont ils enflent les eaux.
On veut les fuir; mais ils s'approchent,
Par leurs mains de fer ils s'accrochent
Aux manœuvres de nos vaisseaux.
Bientôt, dans ces dangers extrêmes,
Le feu s'attache à l'*Océan*[1];
Des braves, s'oubliant eux-mêmes,
A la voix de leur Commandant[2],
Sur l'épouvantable machine
Volent et trouvent leur ruine.
Dans ce dévouement généreux,
Au moment de perdre la vie,
Leurs bras repoussent l'incendie :
L'Amiral est sauvé par eux.

Chacun, dans cette nuit affreuse,
Que percent d'horribles clartés,
Prévoit l'atteinte périlleuse :
Des brûlots, ils sont écartés.
Si, dans son audace inhumaine,
L'Anglais n'en eût fait qu'une chaîne[3],
Il eût consommé son forfait.
Mais la main de la Providence,
Trompant sa vaine prévoyance,
De ce crime a détruit l'effet.

1. Nom du vaisseau Amiral, *(Note de l'auteur de l'ode).*

2. Le vice-amiral Allemand qui, dans cette affaire, eut autant de présence d'esprit que de bravoure, *(Note de l'auteur de l'ode).*

3. On trouva les brûlots munis de chaînes destinées à les lier ensemble; quelques-uns seulement étaient ainsi unis, peut-être les autres avaient-ils rompu les chaînes et c'est ce fait imprévu qui, peut-être, sauva nos vaisseaux d'une destruction complète. *(Note de l'auteur de l'ode).*

Non, de sa cruelle industrie,
Non, non, il ne jouira pas.
Il a couvert d'artillerie
Ses brûlots porteurs du trépas;
En vain la poudre, la mitraille,
Comme au plus fort d'une bataille,
Eclatent de chaque bord :
Après ces vives canonnades
On les a vus, près de nos rades,
S'abîmer enfin loin du port.
Il avait médité la perte
De la flotte et de l'Arsenal;
De débris la plage couverte
Prouve ce projet infernal.
Malgré la perfide entreprise
Des vaisseaux brûlés sur l'écueil
Il n'a pu faire aucune prise;
Les autres ont sur le rivage
Bravé son impuissante rage
Et humilié son orgueil.

Honneur au brave capitaine[1]
Qui, d'ennemis environné,
Par sa défense a rendu vaine
La fin du combat obstiné.
C'est ce navire qu'on vit naguère
Briller dans la sanglante affaire
De nos vaisseaux à Trafalgar :
La mort de Nelson nous rappelle
Qu'il reçut la balle mortelle
Du bord de ce vaisseau *Jean-Bart*.
De son gouvernement coupable
Sachons distinguer tout Anglais
Qui peut, d'une action louable,
Nous présenter les nobles traits.
Cochrane, rival magnanime,
Tu t'attendris sur la victime
D'un coup funeste du malheur :

1. Le capitaine Lucas, commandant le vaisseau le *Régulus*. *(Note de l'auteur de l'ode).*

Maingon[1], blessé, dans tes bras, tombe;
Tes soins ont honoré sa tombe
Des égards dus à sa valeur.

Des crimes de ton Ministère,
Albion, nous serons vengés.
Un jour nous porterons la guerre
Jusque dans tes ports assiégés.
Au favori de la Victoire
Le ciel a réservé la gloire
D'y voir flotter ses étendards :
Là, son aigle armé de la foudre,
Réduira tes vaisseaux en poudre,
Déchirera tes léopards.

En vain, pour détourner l'orage
Dont il menace ton pays,
Tu viens livrer à son courage
Tes alliés par toi trahis.
Ah! de ta fausse politique,
De ton art machiavélique,
Tous les peuples, enfin lassés,
A ton ambition outrée
De leurs ports fermeront l'entrée
D'où tes marchands seront chassés.

Alors, perdant cette énergie
Que ton crédit te donne encor,
Semblable à ce roi de Phrygie
Qui changeait son pain même en or[2],
Au sein d'une vaine richesse
Tu sentiras, de la détresse,
Et les besoins et les horreurs.
Alors ton Ministère avare,
Du peuple, en ses excès barbares,
Ne pourra calmer les fureurs.

---

1. Capitaine de vaisseau commandant l'*Aquilon*. *(Note de l'auteur de l'ode).*

2. Midas, qui reçut de Bacchus irrité le don funeste de convertir en or tout ce qu'il touchait et même ses aliments. *(Note de l'auteur de l'ode).*

Crains de ce sinistre présage,
Crains pour toi l'accomplissement;
Moins ambitieux et plus sage,
Eclaire ton gouvernement;
Partage l'Empire de l'Onde,
Donne ainsi le repos au monde,
Par tes agens bouleversé,
Et l'univers enfin paisible
Les absoudra, s'il est possible,
De tout le sang qu'ils ont versé.

VOCABULAIRE DES EXPRESSIONS TECHNIQUES EMPLOYÉES DANS CET OUVRAGE

Comme toute science, tout art ou métier, la marine a sa technologie. Celle-ci varie, naturellement, à mesure que le temps modifie les types et les moyens; quelques expressions n'ont plus, en ce commencement de XXe siècle, la même signification qu'il y a cent ans; par exemple, une « canonnière » de nos jours n'est pas le même navire qu'on désignait sous ce nom en 1809.

D'autre part, les personnes étrangères aux choses de la mer ne connaissent que bien vaguement le sens de certains mots spéciaux à la marine et, conséquemment, ne pourraient se rendre un compte exact de conditions ou de circonstances rapportées dans la présente relation.

C'est pourquoi il a paru utile de présenter ici l'explication précise des expressions techniques qu'il a fallu employer pour suivre de très près les dires des témoins auxquels l'auteur a dû recourir. On s'est borné, du reste, à celles employées dans cet ouvrage.

A

Abattre. — Mouvement horizontal de rotation que fait un navire obéissant au vent, à la lame, au courant, qui le jettent hors de sa position ou de sa direction normale. On dit aussi « abattre » en carène, quand on incline un bâtiment sur son flanc pour quelque réparation ou radoub.

Aborder. — Toucher une côte, une île, etc. Heurter un autre navire, volontairement ou involontairement; s'y accrocher pour l'attaque.

Accore. — Lisière, contour d'un banc ou d'un écueil à partir d'un point où la profondeur de l'eau n'est plus appréciable à la sonde. Une côte est dite « accore » lorsqu'elle est inclinée, coupée verticalement, élevée et escarpée.

Affourcher, s'affourcher. — Retenir un navire par deux ancres qui travaillent ensemble dans des directions différentes et dont les câbles forment une fourche.

Aire. — Vitesse acquise par un bâtiment, son sillage, sa route.

Allège. — Petit bâtiment employé à recevoir une partie du chargement d'un autre pour l'alléger.

Amener son pavillon. — Abaisser le pavillon national en signe de défaite ou de reddition, dans un combat.

Ancre de retenue. — Ancre qui retient le bâtiment et l'empêche de céder au courant ou au vent.

Apparaux. — Mot collectif qui désigne toutes choses nécessaires à un navire, telles que câbles, ancres, voiles, etc.

Appareiller. — Mettre à la voile après avoir levé l'ancre, larguer ses amarres et se mettre en route. Partir.

Appel. — Effort que fait une manœuvre, un câble qui se raidit et attire le navire dans une direction.

Assurer les couleurs. — Déployer son pavillon en le saluant d'un coup de canon à boulet.

Armer un canot. — Y faire descendre les hommes nécessaires au service qu'on en attend, avec mâts, voiles, etc.

Artifices. — Matières préparées à s'enflammer, telles que fusées, pots-à-feu, etc.

Arrimer. — Distribuer avec soin et en vue d'un parfait équilibre, répartir et ranger solidement les choses qui entrent dans le chargement d'un navire. D'un bon arrimage dépend, pour une part, la marche du navire.

Aussière. — Cordage à trois torons ou cordons tordus ensemble. Trois aussières tortillées ensemble forment un câble.

Atterrir. — Prendre connaissance d'une terre, d'un port.

B

Bâbord. — Côté gauche d'un navire quand on regarde de l'arrière à l'avant. On dit aussi « bas-bord ».

Baleinière. — Embarcation légère, étroite et longue, dont les deux bouts sont semblables.

Bande. — « Donner de la bande » : pencher, tomber sur un flanc.

Banc. — Amoncellement de sable, graviers, galets ou vase, selon la direction des courants. Certains bancs émergent à marée basse, d'autres sont toujours recouverts de plus ou moins d'eau, tel celui de « Boyard ».

Barre. — La barre du gouvernail est le levier en fer ou en bois, implanté dans la tête du gouvernail et qui sert à le mouvoir, soit à la main, soit au moyen de drosses enroulées sur une roue. On appelle, en géographie, du même nom, les amoncellements de sable en travers de l'embouchure d'une rivière, ainsi que la vague élevée et transversale que forme aux embouchures des fleuves la rencontre des eaux de courants contraires.

Bâtiment. — Tout navire, depuis le plus grand jusqu'au plus petit.

Batterie. — Emplacement qu'occupent sur un navire de guerre les pièces de canon et l'ensemble de ces pièces. On le dit aussi du pont et des sabords où sont placés les canons. *Batterie haute, Batterie basse* (la plus près de la surface de la mer). Se dit également de la rangée de canons.

Beaupré. — Mât couché en saillie à l'avant du navire, plus ou moins obliquement.

Bombarde. — Bâtiment armé de mortiers pour lancer des bombes. « Galiote-à-bombes ».

Bord. — Le côté d'un navire. Se dit aussi du bâtiment même : « monter à bord ».

Bordée. — Chemin que fait un navire en louvoyant. « Courir des bordées ». — Répartition d'un équipage pour le service alternatif. — Décharge simultanée de tous les canons rangés de l'un des côtés d'un vaisseau.

Bossoir. — Pièces de bois en saillie à l'avant d'un navire, à tribord et à bâbord, pour y suspendre les ancres prêtes à tomber.

Bout-dehors, Boute-dehors, Boute-hors. — Pièces de bois longues et rondes qui s'ajoutent au bout des vergues et servent à établir des voiles légères supplémentaires appelées « bonnettes ».

Bouée. — Appareil en bois, en fer, etc., flottant sur un point déterminé pour indiquer une passe, un danger ou une position. Il y a des bouées de sauvetage que l'on jette dès qu'un homme tombe à la mer, comme premier secours.

Bouteille. — Parties appliquées à la poupe tribord et bâbord, en dehors du bordé, pour servir de cabinets d'aisance aux officiers.

Brague. — Gros et fort cordage servant à limiter le recul d'un canon et à le retenir en place.

Brasse. — Mesure de longueur de deux bras étendus, estimée à 1 m. 624.

Brider. — Lier ensemble deux pièces ou des cordages.

Brick ou Brig. — Navire à deux mâts à voiles carrées, armant jusqu'à vingt canons, sans batterie couverte. Brig est l'abrégé de *Brigantin.*

Brûlot. — Navire disposé pour incendier les vaisseaux ennemis en se consumant lui-même par le moyen des artifices et matières combustibles dont il est chargé.

C

Câble. — Gros cordage en chanvre, de la longueur de 120 brasses, servant à l'amarrage des ancres et des bâtiments, aux manœuvres, aux remorques, etc.

Carnet de bord. — Sert à noter les ordres, faits, incidents du service.

Chaloupe. — Petit bâtiment non ponté, allant à la voile et à l'aviron; la plus grande des embarcations d'un navire.

Chasse-marée. — Petit bâtiment ponté, à deux mâts et voiles courbes, bon marcheur, comme les lougres, sloops, etc.

Cale. — Fond intérieur d'un navire, s'étendant d'un bout à l'autre, sous le premier pont ou le faux-pont, et divisé en compartiments appelés « soutes ».

Caler. — Se dit de l'enfoncement d'un navire dans l'eau, du déplacement d'eau par sa masse.

Caler les mâts (de hune ou de perroquet). — Les descendre d'une certaine quantité, pour donner moins de prise à la tempête, aux projectiles, etc.

Canot. — Petite embarcation légère, non pontée, affectée au service d'un navire.

Canonnière. — Bâtiment ponté, peu élevé au-dessus de l'eau, assez long et armé de quelques pièces de canon; tant en batterie qu'à l'avant et à l'arrière. La chaloupe-canonnière, pontée, porte un gros canon à chacune de ses extrémités.

Cap. — Avant d'un bâtiment considéré par rapport à la direction donnée.

Caronade. — Bouche-à-feu très courte, en fer, d'un poids bien inférieur à celui des canons de même calibre, mais d'une portée moindre.

Civadière. — Vergue gréée en-dessous du beaupré pour servir à tenir les haubans des bout-dehors des mâts de foc qui passent à chaque extrémité de cette vergue.

Contre-bord. — Se dit de la position de deux navires qui passent à l'encontre l'un de l'autre.

Corne. — Sorte de vergue qui embrasse le mât par une de ses extrémités et s'y appuie. Le pavillon national flotte à la corne d'artimon.

Corvette. — Bâtiment de guerre classé après la frégate et avant le brick, de vingt à vingt-six canons ou caronades sur deux étages. Les petites corvettes ont toute l'artillerie sur le pont.

Culer. — Reculer, aller en arrière.

Cutter. — Petit bâtiment de guerre, à un mât et à larges voiles. C'est le « côtre » français. Le cutter arme six et même huit canons.

D

Debout. — Se dit lorsqu'on présente l'avant du navire. On dit « debout au vent », ou « à la lame», ou « au courant ».

Dépasser. — Dépasser un mât de perroquet, de hune, c'est le faire descendre assez pour reposer du pied sur le pont.

Dérive. — Déviation de la route d'un navire ou de la position, causée par l'action du vent ou du courant. « Dériver » ou « aller en dérive » signifie aller au hasard du vent ou des courants.

Désemparé. — Se dit du navire qui a éprouvé des avaries qui l'empêchent de manœuvrer.

Déverguer — Séparer, ôter une voile de sa vergue. Le contraire se dit « enverguer ».

Division. — Groupe de trois bâtiments au moins, neuf au plus, formant le tiers environ d'une escadre et placé sous les ordres d'un chef particulier.

E

Echouer. — Toucher le fond ou la côte de manière à ne pouvoir flotter.

Embosser. — Faire présenter le travers à un bâtiment de guerre en vue du combat.

Embrasure. — Ouverture percée dans le massif d'une fortification pour donner passage à la bouche d'une pièce d'artillerie.

Encablure. — Longueur d'un câble de 120 brasses ou de 200 mètres environ; mesure de distance.

Endenter. — Disposer les bâtiments sur deux lignes parallèles, ceux de la deuxième ligne en arrière des intervalles de la première, de manière à présenter alternativement un navire en saillie et un en retraite.

Empenneler. — Disposer une petite ancre sur le fond, en dehors d'une grosse ancre, en la fixant à celle-ci, pour qu'elles travaillent ensemble à retenir plus sûrement le navire contre un fort courant, une grosse mer ou un vent violent.

Enrochement. — Amas de pierres sur un fond mobile pour le défendre des affouillements et des dégravoiements. Un enrochement avait été établi sur le banc de « Boyard » pour la construction du fort projeté.

Entraverser, S'entraverser. — Action de présenter le flanc, le travers à l'ennemi pour le canonner.

Entre-pont. — Intervalle qui sépare deux ponts d'un navire. Etage inférieur d'un vaisseau, compris entre la batterie basse et la cale.

Escadre. — Réunion de dix navires de guerre au moins, vingt-six au plus, sous un même commandement.

Espalmer. — Nettoyer la carène du navire depuis la quille jusqu'à la ligne d'eau. Un bâtiment espalmé de frais fournit une meilleure marche.

Espingole. — Petit canon en cuivre, court et monté sur pivot, que l'on place dans les hunes ou dont on arme les embarcations. On charge les espingoles de boîtes à balles.

Etale. — Etat de la mer au moment où elle ne monte plus et ne descend pas encore, ou ne descend plus et ne monte pas encore.

Etrave. — Pièce courbe ou suite de pièces courbes écartées ensemble qui s'élèvent à l'avant du navire, dans son plan diamétral, depuis l'extrémité de la quille jusque sous le beaupré.

Eviter. — Changer de position sous l'effet d'un courant faisant tourner le navire horizontalement sur ses amarres, qui servent alors de point fixe vers l'avant. Le navire évité présente alors l'avant au vent ou à la marée, selon le cas.

F

Filer. — Lâcher lentement, par degrés, un câble tendu, pour soulager l'ancre, par exemple.

Flot. — Flux, marée montante. « Etre à flot » se dit d'un navire soutenu sur l'eau sans toucher le fond. Demi-flot, trois quarts de flot : lorsque l'eau a monté à la moitié, aux trois quarts du flux prévu.

Feux. — Les bâtiments à la mer allument, la nuit, des fanaux de couleurs variées, s'ils sont en route, ou blancs s'ils stationnent, pour indiquer leur route ou leur position. Le feu d'une batterie est l'effet des coups qu'elle tire.

Flotte. — Nombre considérable de navires naviguant ensemble, soit pour la guerre, soit pour le commerce. On dit aussi « Armée navale » quand plus de quinze bâtiments de guerre sont réunis sous les ordres d'un même commandant.

Flûte. — Bâtiment de guerre dont l'armement et l'équipage ont été réduits pour en faire un *transport* de vivres, d'approvisionnements, de troupes.

Foc. — Voile triangulaire qui se place à l'avant du bâtiment entre le mât de misaine et le beaupré, ou entre ce dernier et le grand mât dans les bâtiments qui n'ont pas de mât de misaine.

Fortune. — Qualificatif des agrès (voiles, gouvernails, mâts, vergues) qu'on emploie accidentellement pour remplacer ceux perdus dans une tempête ou pour toute autre cause fortuite.

Frais. — « Vent frais » vent médiocrement fort et bon pour faire route. On dit « grand frais » quand le vent est violent.

Franchir. — Signifie, quand il s'agit des pompes, assécher les cales envahies par l'eau.

Frégate. — Bâtiment de guerre ayant une seule batterie couverte et portant de 40 à 50 bouches à feu, y compris celles du pont. Pour la force, la frégate vient immédiatement après le vaisseau, mais sa marche est plus rapide.

Funin. — Cordage en général.

G

Gaillard. — Portions de pont établies à l'avant et à l'arrière d'un bâtiment.

Galerie. — Sorte de balcon à l'arrière d'un vaisseau, régnant sur toute la largeur et avec balustrade. Les vaisseaux à trois ponts de 120 canons avaient deux galeries.

Galiote. — Moyen bâtiment, d'un petit tirant d'eau et sans mât de misaine. Les galiotes de guerre, dites « à bombes », étaient construites pour porter ordinairement deux mortiers établis sur une plate-forme en avant du grand mât.

Gargousse. — Petit sac cylindrique en parchemin, serge, toile ou papier fort, qui contient la poudre destinée à la charge d'un canon.

Goélette. — Bâtiment léger et rapide, à deux mâts, du port de 50 à 100 tonneaux, qui porte deux voiles inclinées sur l'arrière. Les goélettes de guerre servaient de mouches dans les escadres; elles portaient six ou huit canons.

Grains. — Changements violents et momentanés dans l'atmosphère et qui se manifestent par un accroissement du vent, s'il en règne, ou qui s'élèvent dans le calme.

Grappin. — Petite ancre à quatre ou cinq branches recourbées dont on se sert pour accrocher un bâtiment, pour y attacher un brûlot. On s'en sert aussi dans les petites embarcations.

Grécment. — Tout ce qui sert à garnir un navire de ce qui le met en état de naviguer : manœuvres, voiles, poulies, etc.

Grelin. — Petit câble de la longueur de 120 brasses.

Grenade. — Petite boule en fer, lancée à la main.

H

Haler. — Tirer horizontalement, ou à peu près, un câble à l'aide d'un autre cordage. Si l'effort produit un effet de bas en haut on dit « peser », de haut en bas, « tirer ».

Haubans. — Gros cordages qui tiennent les mâts à tribord et bâbord.

Haut-fond. — Elévation sous-marine, assez près de la surface de la mer et qui constitue un danger pour la navigation.

Hisser. — Elever, hausser un objet à une hauteur déterminée au moyen d'un cordage. En général, tirer en haut.

Hune. — Plate-forme élevée, en saillie, autour des mâts inférieurs et servant à l'attache des cordages. Chaque mât a sa hune, dont le nom est emprunté au mât qu'elle couronne.

J

Jusant. — Reflux de la marée.

L

Lest. — Choses pesantes, pierres, sable, gueuses en fonte, etc., qu'on embarque en sus du chargement, pour maintenir un navire en équilibre sur l'eau et dans la position la plus favorable à la sécurité de la navigation et à la marche. A bord des bâtiments de guerre, la quantité de lest est en rapport direct avec le nombre de canons, car ceux-ci, étant placés dans les parties hautes, exhaussent le centre de gravité et exigent un contrepoids dans les fonds. Le *lest volant* est celui qui, peut être placé ou déplacé à volonté.

Liberté de manœuvre. — Faculté laissée par l'amiral à tout commandant de navire de régler ses mouvements, de faire toute évolution, de prendre toute disposition qu'il juge plus favorable à la manœuvre, dans une opération, un danger, etc.

Lit du courant. — Direction du flux et du reflux; partie où cette direction se fait sentir. Le « lit du vent » est la direction du vent.

Longe. — Banc de sable étroit et allongé.

Louvoyer. — Faire route en zig-zag, au plus près du vent, en lui présentant tantôt un bord, tantôt l'autre, et en avançant contre le lit du vent.

M

Manœuvres. — En général, tous les cordages qui servent à tenir la mâture, à gouverner, à faire agir les vergues, etc.

Mâts. — Colonnes en bois, plus ou moins grosses et longues, suivant la force du navire, et qui s'élèvent au-dessus du pont supérieur pour porter la voilure. On distingue le *mât de misaine* placé à l'avant, le *grand mât* au centre, le *mât d'artimon* à l'arrière, le *mât de beaupré* couché en avant de la proue. Aux bas-mâts sont superposés d'autres mâts dits *mâts de hune, de perroquet, de perruche, de cacatoès*, etc.

Mouche. — Petit bâtiment de guerre léger, chargé d'observer les mouvements de l'ennemi, de porter des ordres, etc. C'est l'éclaireur d'une force navale.

Mouiller. — Laisser tomber l'ancre, qui mord le fond, arrête et fixe le navire.

Mortier. — Bouche-à feu servant à lancer des bombes ou des matières inflammables.

P

Panne. — Situation d'un navire dont les voiles sont placées de façon qu'il se maintienne sans marcher, soumis seulement à la dérive.

Parer. — Préparer, éviter, se soustraire, dégager.

Passavant. — Passage ménagé à tribord et à bâbord pour passer du gaillard d'arrière au gaillard d'avant.

Passe. — Sorte de canal de mer entre deux terres, deux bancs, deux écueils, par où un navire peut passer sans échouer.

Péniche. — Embarcation légère, rapide à la voile et à l'aviron, présentant tous les avantages des grands canots gréés en lougres. Les péniches sont employées comme garde-côtes; elles bordent un grand nombre d'avirons et sont armées de pierriers, parfois d'un canon en cursive.

Pièce (de canon). — Bouche à feu de gros calibre. Selon que le canon peut lancer des boulets de 8, 24, 36 livres, etc., on dit : « pièce de 8, de 24, de 36, etc.

On dit *Pièce* en parlant de futailles, et selon la contenance on les appelle « pièce d'une, pièce de deux ».

Plein. — Etre au plein (ou plain) signifie « échouer », « être à la côte ». Le « plein de l'eau » est l'état de la mer à la fin du flot.

Ponton. — Navire désarmé et incapable de se déplacer de lui-même, servant de magasin, de caserne, etc.

Porte-haubans. — Pièces construites en bordage épais, liées au bord par de petites consoles et chevillées dans la muraille du vaisseau, afin de fixer les bas-haubans.

Poste. — Place, lieu réservé à bord, à diverses catégories de personnes : poste des aspirants, des malades, etc.

Poulaine. — Espèce de tillac en caillebotis, à l'avant du vaisseau et suivant ses contours.

Poupe. — Face arrière d'un navire. C'est l'opposé de la proue.

Préceinte. — Ceinture de bordage.

Proue. — La partie de l'avant d'un navire.

R

Raguer. — Se traîner sur un fond, un rocher.

Ranger. — Passer près, prolonger sa marche parallèlement et à peu de distance.

Ras, Raz ou Rat. — Plate-forme flottante dont se servent les ouvriers pour les travaux à faire à la carène d'un navire à flot.

Relâcher. — Se retirer pour un temps dans un lieu où le navire trouve un abri ou des ressources pour ses besoins.

Relever. — Remettre à flot après un échouage.

Relever une position. — Déterminer la position d'un objet soit au moyen du compas, soit à l'estime de l'œil, par rapport à l'observateur.

Retenue. — Cordage, ancre pour maintenir en une position voulue.

S

Sabord. — Ouverture quadrangulaire aux flancs des navires, par laquelle passe la volée de la pièce de canon et que l'on ferme au besoin, par des *mantelets*. Les *sabords de retraite*, percés à l'arrière, permettent de tirer encore sur l'ennemi devant lequel on est obligé de fuir; par les *sabords de chasse*, à l'avant, on tire en poursuivant l'ennemi en fuite.

Sainte-Barbe. — Emplacement d'un vaisseau réservé au maître-canonnier.

Soute. — Compartiment dans la cale, où sont emmagasinés les vivres, les rechanges, les poudres, etc.

Souille. — Lit que se creuse, par son poids, dans le sable ou dans la vase, un navire échoué.

Serre-file. — Navire placé en arrière de la ligne des autres, pendant la manœuvre ou le combat.

T

Tangon. — Espar double, saillant sur la largeur du navire et placé horizontalement, à l'avant du mât de misaine, à tribord et à bâbord, pour amarrer les embarcations afin de ne pas heurter les flancs du bâtiment.

Timonerie. — Lieu où se trouvent, près du mât d'artimon, la roue du gouvernail, les compas et montres.

Toise. — Mesure de longueur de six pieds, ou environ deux mètres.

Ton. — Tête de la hune.

Toucher. — Heurter le fond.

Transport. — Navire ayant peu ou point d'artillerie et disposé pour transporter des troupes, des munitions, des approvisionnements.

Travers (par le). — C'est-à-dire dans une direction approchée de la perpendiculaire à la longueur du navire.

Traversé. — Barre de graviers, de sable, de vase à l'entrée d'une baie, d'une rade ou d'un port.

Tribord. — Côté du navire que l'on a à sa droite, quand de l'arrière on regarde l'avant. On disait autrefois « stribord ».

V

Vaisseau. — Grand navire de guerre, ayant au moins deux ponts, conséquemment deux batteries couvertes, plus la batterie découverte, sur le pont supérieur. Les vaisseaux étaient classés par rang : *vaisseau de Ier rang,* à trois ponts, quatre batteries et cent vingt canons ; — *vaisseau de 2e rang,* à deux ponts, trois batteries, cent canons ; — *vaisseau de 3e rang,* à deux ponts, trois batteries, quatre-vingt-dix canons ; — *vaisseau de 4e rang,* à deux ponts, trois batteries, quatre-vingts canons ; — certains vaisseaux, pourtant, ne portaient que soixante-quatorze et même soixante-dix canons.

Vaisseau de Compagnie. — Navire de commerce armé par la Compagnie des Indes, de grande dimension et pouvant établir une batterie de canons ou de caronades.

Vents. — Considérés suivant la direction d'où ils soufflent, sont dits : vent de N., d'E., etc.; eu égard à leur force on les désigne par : presque calme, petit frais, joli frais, bon frais, grand frais, et gros frais.

Voilure. — Ensemble des voiles nécessaires à un navire.

Volée. — Décharge de plusieurs canons qu'on tire en même temps. La *volée d'un canon* est la partie comprise entre les tourillons de la pièce et sa bouche.

TABLE DES MATIÈRES

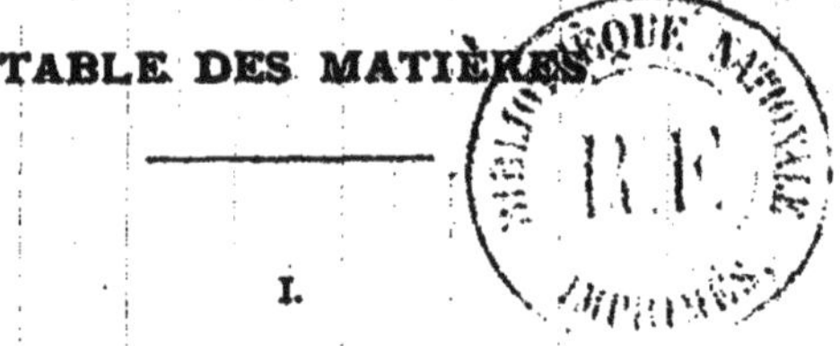

I.

ÉVÉNEMENTS ANTÉRIEURS A 1808.

II.

III.

SITUATION DE LA FRANCE EN 1809.

IV.

L'ESCADRE WILLAUMEZ.

V.

LES FLOTTES FRANÇAISE ET ANGLAISE EN PRÉSENCE.

VI.

ATTAQUE PAR LES BRÛLOTS.

VII.

LE LENDEMAIN DE L'ATTAQUE.

VIII.

SORT FAIT A NOS VAISSEAUX.

IX.

RÉSULTATS OBTENUS PAR LES ANGLAIS.

X.

LE MINISTRE DE LA MARINE ET L'EMPEREUR.

XI.

LE PROCÈS.

XII.

L'EXÉCUTION.

Le Butin de l'Abeille
Par le Baron Deslandes in-8, . . 3 fr. 50

Euryale et Aglaé
Par l'abbé Patoux, in-8. . . . . 3 fr. 50

Notre-Dame de Chartres
Par Alex. Assier, in-8 . . . . . 3 fr. 50

Rome au XXe siècle
Par Denis Guibert, in-12 . . . . 3 fr. 50

Légende de Mort et d'Amour
Par Gaston Routier, in-12. . . . 3 fr. 50

Les Origines de N.-D. de Lourdes
Par l'abbé P. Moniquet, in-12 . 3 fr. 50

Le Roman d'un Jésuite
Par Beugny d'Hagueruc, in-12 . . 3 fr. 50

La Dame Blanche du Val d'Halid
Par Arthur Savaète, in-18. . . 3 fr. 50

La Main Noire
Par Arthur Savaète, in-12 . . . 3 fr. 50

Le mont Saint-Michel
Par Ern. Goethals, in-18 ill. . 3 fr. 50

Les miracles historiques du St-Sacrement
Par le P. Eug. Couët. . . . . 3 fr. 50

Notre-Dame de Lourdes
Par Henri Lasserre, in-12. . . 3 fr. 50

Bernadette
Par Henri Lasserre, in-12. . . 3 fr. 50

Les Episodes miraculeux de Lourdes
Par Henri Lasserre, in-12. . . 3 fr. 50

Une Grande Dame dans son ménage
Par Ch. de Ribbe, in-12 . . . 3 fr. 50

La Guerre et l'Homme de Guerre
Par Louis Veuillot, in-12 . . . 3 fr. 50

Histoire du Mexique
Par Gaston Routier, in-12. . . 3 fr. 50

Histoire populaire de la Révolution française
Par Rastoul, in-12 . . . . . . 3 fr. 50

Le Marquis de Tournoël
Par Gaston Routier, in-12. . . 3 fr. 50

Martyrs en Orient
Par le Cardinal Lavigerie, in-8 . 3 fr. 50

Missions catholiques
Par Decker, in-12 . . . . 3 fr. 50

Choses d'Allemagne
Par Théodore Joran, in-12. . . . 4 fr.

Grippart
Par Ch. Chair, S. J., in-8 ill. . 4 fr.

Les catacombes de Rome
Par L'Epinois et Paul Allard, in-8. 4 fr.

Les souvenirs du bocage Vendéen
Par Dom Roux, in-8 . . . . 6 fr.

A travers l'Europe
Par Hermeline, in-8. . . . . 4 fr. 50

Louise de Bourbon-Condé, fondatrice du monastère du Temple
Par Dom Rabory, in-8. . . . . 5 fr.

Vie nouvelle du St curé d'Ars
Par Jean d'Arche, in-8. . . . . 5 fr.

La Bienh. Jeanne d'Arc
Par l'abbé Malassagne, in-8 ill. 5 fr.

Un Allemand en France
Par Hans Jacob, in-8 . . . . 5 fr.

Chinois et Chinoiseries
Par Pol Karigan, in-8 ill. . . . 5 fr.

Les Rivales Amis
Par Arthur Savaète, in-8 . . . 5 fr.

Les Vengeurs de la main noire
Par Arthur Savaète, in-8 . . . 7 fr.

Voyage chez les Anciens, ou économie rurale dans l'antiquité
Par le Ch^r Beaurredon, in-8 . . 5 fr.

Annam et Cambodge
Par le R. P. Bouilleveaux, in-8 . 6 fr.

La Bretagne à l'Académie française au XVIIIe siècle
Par Kerviller, 2 vol. . . . . 12 fr.

Orient et Occident
(Récits et nouvelles)
Par J. d'Avenel, 2 vol . . . . 6 fr.

La Fleur merveilleuse de Woxindon
Par le R. P. Spillmann. . . . 7 fr. 50

Alphonse XIII, roi d'Espagne
Par Gaston Routier, in-8 ill. . 7 fr. 50

Histoire de Pie IX
Par St-Albin, 2 vol. . . . . 10 fr.

ARTHUR SAVAÈTE, ÉDITEUR, 15, RUE MALEBRANCHE, PARIS.

PRIME EXCEPTIONNELLE

A TOUS NOS CLIENTS

15 FRANCS le Volume au lieu de 75 FRANCS

Reliés 22 FRANCS

chacun des Volumes ci-après de la

GALLIA CHRISTIANA

In provincias ecclesiasticas distributa, qua series et historia archiepiscoporum, episcoporum et abbatum Franciæ vicinarumque ditionum ab origine ecclesiarum ad nostra tempora deducitur.

OPERA ET STUDIO **DYONSII SAMMARTHANI**

Presbyteri et Monachi Ordinis Sancti Benedicti e Congregatione Sancti Mauri necnon aliorum Monachorum ejusdem Congregationis

Editio accuratissime correcta a **Dom P. PIOLIN**

Monacho Ordinis Sancti Benedicti

Tome premier : HISTOIRE DES PROVINCES ECCLÉSIASTIQUES DU MIDI ARCHEVÊCHÉS : *Albi, Aix, Arles, Avignon, Auch.* ÉVÊCHÉS suffragants.

Tome second : HISTOIRE DES PROVINCES de *Bourgogne* et de *Bordeaux*, c'est-à-dire les diocèses suivants : ARCHEVÊCHÉS : *Bourges, Bordeaux.* ÉVÊCHÉS suffragants.

Tome troisième : HISTOIRE DES PROVINCES de *Cambrai, Cologne* et *Embrun.* ARCHEVÊCHÉS : *Cambrai, Cologne, Embrun.* ÉVÊCHÉS suffragants.

Tome quatrième : PROVINCE DE LYON.

Tome cinquième : HISTOIRE DES PROVINCES de *Malines* et de *Mayence*, c'est-à-dire ARCHEVÊCHÉS : *Malines, Mayence.*

Tome onzième : PROVINCE DE NORMANDIE.

Tome treizième : PROVINCES de *Toulouse* et de *Trèves.* ARCHEVÊCHÉS : *Toulouse, Trèves.*

Ces sept tomes sont de l'édition PALMÉ, annotés par Dom PIOLIN et les tomes suivants sont la reproduction de l'édition originale.

Tome septième : PREMIÈRE PARTIE DE L'HISTOIRE DE LA PROVINCE ECCLÉSIASTIQUE DE PARIS.

Tome huitième : DEUXIÈME PARTIE DE L'HISTOIRE DE LA PROVINCE DE PARIS *et des quatre évêchés suffragants de Paris.*

Tome neuvième : PREMIÈRE PARTIE DE L'HISTOIRE DE LA PROVINCE ECCLÉSIASTIQUE DE REIMS.

Tome dixième : Suite du tome neuvième : PROVINCE DE REIMS.

Tome douzième : HISTOIRE DES PROVINCES ECCLÉSIASTIQUES DE SENS ET DE LA TARENTAISE *et de leurs évêchés suffragants.*

La collection entière, douze tomes in-folio à 180 francs au lieu de 950 francs.

Imprimé par Desclée, De Brouwer et Cie. — 41, rue du Metz, Lille.

www.ingramcontent.com/pod-product-compliance
Ingram Content Group UK Ltd.
Pitfield, Milton Keynes, MK11 3LW, UK
UKHW012020240726
13965UKWH00002B/486